アントレプレナーシップの原理と展開

ENTREPRENEURSHIP

企業の誕生プロセスに関する研究

高橋徳行 TAKAHASHI NORIYUKI
大驛 潤 OHEKI JUN
大月博司 OHTSUKI HIROSHI ［編著］

千倉書房

はしがき

　アントレプレナーシップは、経営学の"るつぼ"である。会計学、ファイナンス、組織論、人事管理、マーケティング、オペレーション、戦略論など、経営学の主な領域はすべてアントレプレナーシップを学ぶ際に登場する。

　このことは、実際に新しい組織をつくって新しい事業を始めることを想像するとよくわかる。資本金と現金・預金勘定のみであった貸借対照表の勘定科目が日を追うごとに変化し（会計学）、自己資金だけで資金が回らなくなると外部から資金を調達し（ファイナンス）、小なりと言えどもどのような機能を企業内に持つべきかを検討する必要が生じ（組織論）、どちらかと言えば世間相場よりも低い給与で働く従業員を上手に管理しなければならない（人事管理）。世に知られていない新しい商品・サービスを提供するのであるから周知活動や販売活動は必須であり（マーケティング）、注文を受けてから商品・サービスを届けるまでの手順もしっかり定める必要があり（オペレーション）、潤沢ではない経営資源の配分決定はアントレプレナーにとっては毎日の仕事でもあり、同時に中長期的な視点も欠かせないものである（戦略論）。

　このことに着目して、独自の教育プログラムを開発し、今では US ニューズ＆ワールド・レポートの MBA アントレプレナーシップ教育部門で 29 年連続全米第 1 位をキープしているのが米国のバブソン大学である。起業プロセス（事業立ち上げ期から成長期に至るまでの各段階）ごとに、そのプロセスを乗り越えるために必要な経営学の知識を組み合わせ、さらに融合したプログラムを開発したのである。それまでは、アントレプレナーが専門であっても、経営学の分野ごとに学ぶプログラムが主流であり、最後にビジネスプランを作成させることにアントレプレナーシップの教育プログラムの特徴を持たせていた。

　しかし、バブソン大学のように起業プロセスごとに必要な知識や情報を上手に組み立てられるところばかりではない。そして、教科書にしても教育プログラムにしても、組み立てに失敗すると「既存の経営学の寄せ集め」という印象を持たれてしまう。

　アントレプレナーシップ研究の独自性はどこにあるのか、というテーマは研究者の間でも統一したものはなく、また本書でも第 5 章ではその固有領域とし

て事業機会というキーワードを紹介している。ここであらためて整理すると、アントレプレナーシップ研究の独自性とは新しい事業や企業の誕生プロセスにかかる研究と表すことができるだろう。

　つまり、誕生プロセスが中心なのである。そのことを強く意識して作成された教科書や教育プログラムなのか、そうではないのかによって、「既存の経営学の寄せ集め」に見えてしまうのか、アントレプレナーシップの特徴を十分に取り込んだものになるかが決まるのであり、本書もその点を強く意識して編集している。

　また、アントレプレナーシップ研究の蓄積が急ピッチで進む中で、理論と事例やケースのバランスをどのようにとるのかという問題もある。実践の場により近づくには、事例やケースを中心に組み立てる方が良いものの、日本のように、そもそも起業をキャリアの選択肢に入れていない人の割合が、他の先進国と比べて圧倒的に多いことを想定すると、いきなり事例やケース中心の教科書やプログラムに触れるのではなく、アントレプレナーシップを学問として学ぶところから始める選択肢も豊富にあった方が良いであろう。

　すべての人ではないが、事例やケースを中心としたものに触れると、「自分は起業するつもりはないのに」と言い始める人がいる。事例やケースを学んだとしても、本質的には起業という不確実な状況の中でどのように目的に向かって進んでいくのかを学ぶのであって、それは大きな会社やお役所に勤めても必要な能力を学んでいるのであるが、そのように受け取られないことも少なくない。

　その点を踏まえて本書の特徴をもう1つ付け加えるならば、理論や実証研究の成果を中心に構成したものであり、かつ執筆者の研究成果をもとに執筆され、しかも初学者にも理解できるように編集されていることである。アカデミックな論文集に掲載されるレベルの内容が平易に述べられており、基本的には、予備知識がなくても理解できるものとなっている。

　アントレプレナーシップを、自ら新しい組織をつくり、新しい事業を始める人だけの学びにとどめるのはとても残念なことである。生活の中でも仕事の中でも不確実性が高まる今、アントレプレナーシップはビジネスという舞台の上で繰り広げられる不確実性への対応を研究分野に持つ学問であるが、それは他

のさまざまなシーンにも適用可能な要素を数多く有している。

　本書を通して、最近の理論や実証研究の成果を学び、その学びを現在、そして未来の読者固有の活動に活かしていただければ、著者として望外の幸せである。

　最後になるが、本書の企画から出版に至るまで、千倉書房の千倉成示社長、川口理恵さん、そして山田昭さんには、本書の校正や内容に関する助言を含めて、スケジュール管理、原稿提出後の校正作業、表紙のデザインに至るまで、すべてのプロセスで多大なる支援をいただいたことに感謝を申し上げたい。

　2023 年 3 月

執筆者を代表して

高橋　徳行

目　　次

序 章
アントレプレナーシップの
研究課題と概念枠組み

大驛　潤

　社会科学の領野からさまざまに見えるアントレプレナーの現象を明らかにし、概念の枠内にアントレプレナーの実像を適切に位置づけることが、本書の目的である。

　もっとも、標準的枠内に展開される概念においては、執筆者個々の主張や事例のディティールが失われる問題点が浮揚する。この問題点をあえて回避するため、今回は、執筆者のアカデミックな姿勢を尊重し、個々のフレームワークや議論の視点を統一することは、極力避け、最低限の統一とした。

　これにより、執筆者のアカデミックな主張が際立つと考えられる。本書は上記の目的に立って、書かれたものであり、その構成は以下の通りである。

　第1章（大月博司　執筆）では、アントレプレナーシップの研究課題として、「アントレプレナーシップと経済活動」を考察する。先進国の中で一人負けの様相を示しているわが国でスタートアップ（起業活動）への期待が高まっている。そしてその担い手のアントレプレナーのあり方がアントレプレナーシップとして問われている。しかし、アントレプレナーシップをどのように理解するかは時代とともに変化してきている。この用語がわが国に紹介されたとき訳語は、「企業家精神」であり、その精神的特性が強調された。そのため、アントレプレナーシップは目に見えないものであり、それを教育素材として扱うことができず、ビジネスパーソンの間で共有するには至らなかった。

　その後、とりわけアメリカでは重厚長大産業の低迷から産業構造の変革が求められる中で、新しいスタートアップが活況を呈するようになり、結果的に

GAFA のようなグローバル企業の登場をもたらした。その中でアントレプレナーの行動特性などを踏まえたアントレプレナーシップの研究・教育も盛り上がった。しかし、わが国では過去の栄光（日本的経営の神話）が忘れられないのか、なかなか産業構造の変革を進められない中で、30 年にわたる経済的低迷状況から脱し得ることができないでいる。

　アントレプレナーシップの育成・発揮が経済的発展をプッシュすることは今や明らかなこととされるが、その理由が十分に理解されているとは言えない。本章では、アントレプレナーシップの特質を整理してその本質を明らかにするとともに、経済的活動への影響について言及する。

　第 2 章（高橋徳行　執筆）では、アントレプレナーシップの研究課題として、日本の起業活動の特徴について述べる。

　日本の起業活動の水準は緩やかではあるが、最近 20 年間で上昇してきた。これは 1999 年に『中小企業基本法』が改正され、創業支援が政策プログラムとして展開されるようになったからである。

　例えば、日本政策金融公庫（当時の国民生活金融公庫）では、2001 年『新創業融資制度』が設けられ、最初の貸付限度額 150 万円が、現在 3,000 万円に増額され、起業活動の活性化に影響を与えている。しかし、日本の起業活動の水準は現在も先進国グループ全体と比較して低く、先進国グループの平均を下回ったままである。その原因を考えるため本章では、一般成人を「起業態度を有する」と「起業態度を有しない」の 2 グループに分け、各グループからの起業化率（TEA）と各グループの一般成人に占める大きさをまず比較した。結果、「起業態度を有する」グループの起業活動水準は、先進国グループの水準を上回っていることが明らかになった。

　しかし、「起業態度を有する」グループと「起業態度を有しない」グループの一般成人全体に占める割合を比べると、日本における「起業態度を有する」グループの全体に占める割合が先進国グループの半分にも満たない。つまり、1999 年『基本法』が改正され、日本の起業活動水準は上昇したが、それは「起業態度を有する」グループの起業活動が活発化したことによるもので、「起業態度を有する」グループの割合に影響を与えることはできなかった。

　「起業態度を有する」グループの起業活動水準が十分高い水準であることを

踏まえると、日本全体の起業活動を活発化させるには、「起業態度を有する」グループを増やせるか否かにかかっている。そのため、新しい政策が望まれていたところ、2018 年『産業競争力強化法』が改正され、「起業態度を有しない」グループに働きかけ、「起業態度を有する」グループの拡大を目指す新政策が実行可能となった。しかしながら、「起業態度を有する」グループに働きかけ、起業支援政策を実施している自治体数に対して、新政策を実行する自治体数は、5 分の 1 にとどまっており、今後の課題となっている。

　第 3 章（水野学　執筆）では、「起業とイノベーションの関係」をアントレプレナーシップの研究課題とする。日本では "イノベーション" を技術革新と翻訳されたこともあり、イノベーションを、専門的な知識やスキルを持った人や組織が取り組む、何か難しい研究や科学的発見と考えられてきた。しかしイノベーション研究の父、シュンペーターは、「イノベーションとは新しいものを生産する、あるいは既存のものを新しい方法で生産することである」と定義している（Schumpeter, 1934）。つまり新結合のことであり、従来とは違う形で、利用可能な物や力を結合させ、そこから新しい価値を生み出す行為をすべてイノベーションと考えるものである。

　さらにシュンペーターは、このイノベーションを起こす経営者を起業家とし、単なる事業を運営する行為とは異なると主張する。すなわち、起業とイノベーションを表裏一体とする。そのイノベーションの担い手は、これまでの研究や社会的通念ではメーカーと考えられてきた。イノベーションとは、消費者調査や市場分析を通じて発見された「他者」のニーズを、経済的利益の獲得を目的として解決しようとする活動である。過去その担い手はメーカーと呼ばれてきた。つまり、イノベーションを使って起業する人や組織、すなわちメーク（創造・製造）する主体をメーカー（企業）と捉えてきた。

　しかしイノベーション研究が進むと、製品やサービスの使い手であるユーザーもまた、イノベーションの担い手となっていることが、明らかになってきた。そこでは、自分自身が抱える課題を解決するために、イノベーションに取り組む消費者や組織をユーザーイノベーターと呼ぶ。このユーザーイノベーターの存在は、従来の起業論に、これまでとは違う新しい起業家や起業に向かうプロセスを提示する。それは①経済的利益ではなく、楽しさややりがいが起

業に結びつくこと、②製品市場規模ではなく、機会費用の大小によって起業が左右されやすいこと、③ニッチで多様性が高い市場において、起業が促進されやすいこと、④不確実性が高く、ニーズも曖昧な状態の市場であればあるほど、ユーザー起業家の強みが発揮されること、である。

ただ現状では起業家を取り巻く社会環境は、伝統的なメーカー起業家を前提としているため、ユーザー起業家の数はそれほど多くはない。しかし、それらを支援するサービスが次々に誕生してきている。今後、起業とイノベーションを考える上で期待されるところである。

第4章（大驛潤　執筆）では、「成功した起業家のその要因とは何か、またそこに到達するプロセスの枠組みとは何か」、この研究課題に挑む先行研究の検討からスタートする。資本形成の方法はいくつかあるが、本章ではそれを起業家の活動として捉え、検討する。

起業家の成功は、「少しの個人的資質と、多くの偶然（機会）で構成されている」と言われると、多くは驚くであろうか。一般に、起業家の成功物語や成功論などを見聞きし、その知見を取り入れようとする者は後を絶たない。とりわけ起業前の起業家予備軍ほど、"事業で成功したからには、その秘訣がどこかにあるに違いない"と考え、その成功の要因を模索するのが常である。

しかしながら、「どうやら、事業での成功とは、資質よりも偶然の機会の要素の方が大きい」としたら、いかに考えるであろうか。本章は、近年の研究に基づいて、これらに関して論を進める。従来、「資質」について考える際は、正規分布に対して、平均と分散を考え、どの程度そこから離れているか想定していた。しかし、資本の形成は、何らかの平均があり、それからの乖離を計る分散を見ることで予測できるものではないことが、先行研究より導かれた。資本形成では正規分布とは明らかに異なる形、すなわちベキ乗分布に従っているという結果である。

このような状況下、現在、成功した起業家とその要因、またそこに到達する枠組みの分析が経済学と経営学の臨界で生まれている。それと同時に、起業家研究において、「資質論」といった伝統的枠組みを超えて、成功した起業家の要因を、経済的ないし、社会的正統化を協議した1つの枠組みから考察しようとする「行動論」や「制度論」が現れている。

　本章では、これらの先行研究のもと、「成功した起業家の資質」に関して考察することによって、そこから派生する理論的フレームワークの拡張等、アカデミックに貢献できるインプリケーションを導出することを、その目的とする。そして最後に制度論の視点からも、今後の課題を示す。

　第5章（真木圭亮　執筆）では、アントレプレナーシップの研究課題として、「事業機会の認識と評価」をその研究対象とする。起業家研究における事業機会の位置づけとして、2000年以降の起業家研究において事業機会は中心的な研究課題となっている。起業という行為は、起業家と事業機会という2つの現象が重なりあってはじめて生じるものだからである。従来の研究のように起業家だけに焦点を当てるのではなく、その両方に焦点を当てることで起業という行為をより理解することができる。

　事業機会は幅広い概念だが、本章では、その中でもより革新性の高い起業家的機会に焦点を当てる。起業家の重要性は彼らがイノベーションを起こすからであるため、ありふれた事業機会ではなく新奇性の高い事業機会を中心に論じていく。事業機会の認識に関しては、アイデアと事業機会は同じようなものとして考えられがちだが、これらは明確に異なる。アイデアは事業化まで至ってはじめて事業機会となる。

　起業家の事業機会の認識にはさまざまな要因が影響を与えるが、本章では起業家の事前知識、ソーシャル・キャピタル、認知／人格特性を中心に整理する。事業機会に関する論点として、事業機会は客観的に存在するのか、起業家の主観の上に成り立つのかというものがある。これについては明確な結論を出すことは困難である。それよりも、起業家が客観的情報と主観的解釈をどのように織り交ぜてアイデアを事業機会に育て上げていくのかを検討することが、起業家の「行動」を理解するためには重要である。

　また、リーン・スタートアップに関しても検討した。リーン・スタートアップとは、仮説の構築、仮説の検証、学習というサイクルを繰り返していくことで、事業機会をより確実なものとしていく手法である。本章が前提としている起業家的機会の追及には、リーン・スタートアップのように未知の部分を既知に変えていく手法が有効であると考えられる。

　最後に、事業機会の評価を取り上げる。事業機会はその実現可能性と経済的利益の大きさの2つの側面から評価される。実現可能性の評価基準については、昆虫食の事例を交えつつイノベーション普及学の知見から検討している。経済的利益の大きさについては、ニッチ戦略の視点から検討している。創業間もない企業は経営資源に乏しいため、焦点とする市場を限定するニッチ戦略は適している。しかし、革新性の高い起業家的機会は、そもそも事前に評価することが難しい。そのような場合には、事業機会そのものよりも、起業家が十分な注意力を持ち、積極的に試行錯誤をできるか否かが評価基準となる。

　第6章（大驛潤　執筆）では、アントレプレナーシップの研究課題として、「戦略の固有性」に軸足を置き、その戦略的フレームワークを提出する。アントレプレナーシップにおける戦略論とは、とくに顕著な固有性として、「不確実性」の条件の下で、その対応を体系的に研究する学問となる。

　具体的に、リスクと不確実性を区分した後、発生する確率も結果も未知で、確率分布もランダムという特徴を持つ「第3の不確実性」をアントレプレナーシップの戦略的固有性の対象とする。この"第3の不確実性"に対する主要戦略として、（1）エフェクチュエーション理論、（2）ブリコラージュ戦略、（3）創発的戦略、以上3つを先行研究として検討し、その課題を提示する。その後、"第3の不確実性"に対応した戦略として「戦略オプション・フレームワーク」の有用性を提示する。これは、"第3の不確実性"を前提に「起こりうる複数のシナリオ」を列挙し、それに応じた戦略を複数具備するフレームワークとなる。本章は、事前に作られた複数の戦略オプションと、それを取捨選択・修正する過程で得られるコンセンサス・ビルディングと呼ばれる知見、発見、アイデアが、アントレプレナーシップを通じて融合し、軌道修正を行いながら進化していくプロセスの重要性を提唱する。

　第7章（廣田章光　執筆）では、「起業のマーケティング」において、具体的に、人工物（製品・サービス）の開発を取り上げる。この人工物（製品・サービス）の開発には正しい問題を発見することと共に、正しい解決を創造することが必要である（Norman, 1993；2013）。本章では、ソーシャル・イノベーション実現への前段階に存在する、社会が正しく問題を共有する段階に注目する。そして社会に開放する場を創るイノベーションが、社会の人々の「小さなイノ

ベーション」を促進し、それらのイノベーションを通じて「正しい問題の社会共有」（シェアリング・イシュー）に繋がることの効果について考察をする。

　社会が広く抱える問題を社会全体で解決するためには、問題をどのように定義しその問題を誰が解決するかが曖昧である。そのため社会問題は解決が進みにくいと考えられる。特に日本社会は問題の社会共有が限定され、社会に閉じて解決する傾向にある。社会に問題が共有されないため、特定の人々や社会機能にその解決が集中し、結果として問題解決水準が上がらない現象が存在する。本章では、認知症の状態にある人々が抱える問題や、その問題を特定の領域に「閉じて解決」する場合、解決が限定してしまう状態を確認する。そして社会に広くイノベーションの可能性を広げるため、イノベーションを実現する前段階として、社会で問題を共有する段階（「シェア・イシュー」）の必要性を指摘する。

　このような問題は社会に存在する区分に横断的に存在する。そのためシェア・イシューと共に、複数の社会区分が連携して解決に取り組むことが必要となる。このような課題に有効な連携方式が、「コレクティブ・インパクト（Collective Impact)」（Kania and Kramaer, 2011）である。コレクティブ・インパクトは、多様な小規模組織や個人が連携し、高度かつ長期的な解決を実現するアプローチである。本章では認知症の人々が、ホールスタッフとして活躍する期間限定レストランである「注文をまちがえるレストラン」を事例に、問題と解決の枠組み（Schon, 1983；Norman, 1993；2013）を手がかりに「閉じて解決」をする問題に対し「（社会に）開放し解決」をするためのコレクティブ・インパクトによるイノベーションについて考察する。

　第8章（松野奈都子　執筆）では、アントレプレナーシップの研究課題として、「人材の担保と活用」について検討する。

　ベンチャー企業の創業には、複数の人物が関わることも少なくない。近年の研究が注目しているのが、創業者としての役割を果たす「起業チーム」である。創業される企業には、基盤となる業務手順や組織構造が存在していないため、起業チームはベンチャー企業を組織として運営していくために必要なすべての活動に関わっていく重要な存在である。

　ここでは、まず、起業チームがどのように形成されるのかを確認する。起業

チームのメンバーは、ベンチャー企業に必要な資源を持っている人が選ばれる場合もあれば、人的魅力や社会的繋がりを基盤として選択される場合もある。次に、起業家的活動に人々が参加する動機をアイデンティティの側面から説明する。発明家・創業者・開発者という3つのアイデンティティは、潜在的起業家が起業家的活動に参加することを促進する。そして、ベンチャー企業の組織づくりのために起業家が考慮しなければならないのは、どのようなスタイルのリーダーシップを発揮するのかということである。ベンチャー企業は明確な手順や組織構造が存在しない混沌とした組織であるため、起業家が強いリーダーシップを発揮することが求められる。特に創業前の段階では、ビジョンを掲げ、ビジョンに賛同してくれる他者の協力を取り付けることは、リーダーに求められる重要な役割である。

　起業家に求められるリーダーシップは、起業チームが同質的か、それとも多様性が存在するのかによっても異なる。同質性が高ければ、メンバーの視野の拡大や責任分担といったタスクに関連する仕事に注力することが求められるが、多様性のあるチームでは、人間関係を調整したり、共有された理解を作り出したりする必要がある。

　株式会社キャリア・マムの事例では、社会的な繋がりに基づいて起業チームが形成されているが、起業家が明確なビジョンを掲げ、発信したことによって、そのビジョンに魅力を感じた人材を確保することが可能となっていた。また、キャリア・マムの起業チームは「母親」という類似したアイデンティティを持っているメンバーで構成されていた点に特徴がある。仕事の経験や起業家的アイデンティティが異なる場合には、チームの凝集性が低下するが可能性があるが、アイデンティティといった個人の内面の同質性が、キャリア・マムの凝集性の高いチームを作り出していると推測される。

　第9章（高橋徳行・大驛潤　執筆）では、アントレプレナーシップの研究課題として、「資金調達制度・政策」について検討する。

　金融機関の視点で、起業活動としての資金調達を見た場合、3つのリスクが存在する。第1にスタートアップ企業に対するリスク、第2に新しい事業機会に対するリスク、第3に金融取引における規模に関するリスクである。

　一般に、銀行借入に代表される間接金融による資金調達は難しい。理由は、

同じ事業機会を追求する場合でも、例えば、伝統的な大手企業がはじめるのと、スタートアップ企業がはじめるのとでは、金融機関の態度が違うのは当然である。もちろん、その違いは成功の確率よりも金融機関内での稟議の通りやすさから生じているかもしれない。銀行は起業家の事業が大成功しても成功の果実を共有することができないため、成功の程度よりも安全性を重視するのが常である。一方、起業家は失敗の確率がある程度高くても成功報酬が高ければ、事業そのものの期待値は増えるのでリスクをかけても挑戦する意味が出てくる。起業家がある程度高い金利を支払ってでも、銀行借入をしたいと考えた場合、銀行は高い金利＝高いリスクと考え、そのような起業家を金利でカバーできないほどの高リスクと認識し、貸出をためらう。

　他方、成長可能性が高い事業を始める起業家の場合は、ベンチャーキャピタル（VC）を利用できる。VC は、リスクマネーを社会的に効率良く循環させるために、発展した仕組みである。この VC は、リスクは高いが成長可能性もある起業家への資金供給を行う機関として重要な役割を担っている。とは言え、VC の 1 件当たり投資金額が増加する中、資金調達の谷間（空白地帯）が存在する。スタートアップ時、起業家は、本人、家族・親戚、友人、いわゆる 3 F（Founder, Family, Friend）から何とか調達できる。しかし、それ以上の調達ステージになると、VC から援助が必要になるものの、投資家は、決められた投資額以上しか関心を示さないので、「3 F」と「VC や金融機関」の間の資金調達が、ちょうど空白地帯になる。この空白地帯を埋める存在として、最近は個人投資家と呼ばれるビジネスエンジェルの存在が注目されている。本章では、Zoomビデオコミュニケーションズを例に、個人投資家の重要性を確認する。日本では、包括的な調査が行われていないので、ビジネスエンジェルの規模がどの程度なのかは推測の域を出ないものの、かなりの裾野を持つものと予想され、起業家にとっての重要な資金調達先と言える。

　以上、起業家が、3 F と呼ぶ、起業家＝創業者（Founder）、家族（Family）、そして友人（Friends）から資金調達を行い、次に VC や金融機関からの資金調達ができるまでの間、いわゆる「3 F」と「VC や金融機関」の谷間を乗り切る上で個人投資家が大きな役割を果たす点を再確認する。

　第 10 章（大驛潤　執筆）では、アントレプレナーシップの研究課題として、

「新しい資金調達制度・政策」について検討する。

　技術革新（fintech）の浸透で、既存資金調達手段とは異なる 3 つの方法が隆起している。第 1 に、クラウドファンディングである。とりわけ、「株式型」は、非上場株式発行で、多くの公衆から、インターネット経由で、少額資金を集めるもので、その利便性は高い。従来、非上場株式が流通するパブリック・プラットフォームはなかったため、その有効性は言わずもがなである。年間の上限投資金額 50 万円（投資家が 1 社に対し）で、株式発行での資金調達を可能とし、小口投資家の資金が、およそ数千万単位の資金調達が、一回応募で成立したりする。その意味で、「株式型」は、スタートアップ企業にとって、魅力ある資金調達手段と考えられる。また、株式型に限らず、クラウドファンディングでは単なる資金調達だけでない、マーケティング効果を誘発する副産物がついてくる。投資家は、投資企業を支援するので、当然、バイラル・マーケティングが発生する。

　第 2 に、暗号資産活用の資金調達である。これは複数あるが、ここでは、2021 年以降、急増した IDO（Initial DEX Offering）と称する暗号技術を利用した資金調達手段を概説する。概念的には、既存の IPO（新規株式公開）の暗号資産版と考えれば分かりよい。IPO と比較して、IDO では分散型取引所を介するため、上場審査や監査の強制がなく、敏活力ある資金調達手段として肝要である。

　第 3 は、インターネット上の「投資家マッチング・プラットフォーム」の普及である。現在、起業家ないし起業家予備軍が、そのプラットフォームを使って、資金提供を呼びかけ、投資家に出資してもらうことも可能となっている。具体的に、本章では、起業家ないし起業家予備軍が、例えば、オンライン・サロン（投資家マッチング・プラットフォームとして活用）、すなわち、「フェイス・トゥ・フェイス関係が無い」ネット上での出会い経由から、オフサロンで、実際に双方が会って、プレゼンテーション等により、資金調達する新しい仕組みについて、概説する。

　現在の資金調達手段を鑑みると、自己資金、親族、金融機関、CV 以外にも、多様化しており、クラウドファンディングや暗号資産活用、投資家マッチング・プラットフォーム、と複数の資金調達手段を利用できる「新たな資金調

達」の状況下にある。資金調達手段の多様化と、起業は相即不離の関係にある。起業家の着想が多くの賛同者を得ると、資金も集まりやすく、リスクヘッジを堅固に行えば、従来よりも起業しやすい時代になっている。

　第11章（高橋徳行・大驛潤　執筆）では、アントレプレナーシップの研究課題として、起業家が、事業機会発見後、市場でのポジショニングを確立し、事業が軌道に乗った後の成長企業へと至る道のりを考究する。

　起業家は商品・サービスを仕上げた後、次に事業化へと進む。立ち上げた商品・サービスを、継続して利益を創出する規模感の事業にまで落とし込むステージに入る。転がり始めた起業家の着想を一人前の完成された事業まで、創り上げ、規模の拡大を図っていく段階となる。

　発見した事業機会において、持続的に競争力を維持する能力に関しての考察である。このような能力を、本章では持続的競争上の優位性と表現している。第1に、競争戦略の枠組みを、資源ベース理論の観点から理論的に考察する。そこでは、ポジショニング理論に加え、なぜ資源ベース理論が重要なのかを確認する。その後、起業後の企業存続率について、データを用いて言及し、企業倒産の落とし穴を指摘する。第2に、事業機会を発見し、新市場を創造した日本駐車場開発株式会社を例に、ポジショニングと持続的競争上の優位性の関係を考察する。起業後、経営基盤を確立するまでの間、企業に求められる持続的競争上の優位性とは何なのかを検討する。第3に、起業家の経営にスピードが要求される理由として、後発の市場参入前に、十分な能力を蓄えるための参入障壁構築能力、そしてそれを下支えする"時間の経済"の論理に関して検討する。

　時間の経済は、競合他社の観点に立てば、Dierickx and Cool（1989）が提唱し、Vermeulen and Barkema（2002）が実証した「時間圧縮の不経済」となる。これを模倣困難性の視点から「現場の知識」（Hayek, 1945）と「情報粘着性」（von Hippel, 2001；2005）、「経路依存性」の概念も含めて考究する。なお、この時間概念は、Barney（1996；2002）で指摘された模倣困難性の柱にもなっている。

　最後に、結論として、持続的競争上の優位性を資産化し、次の事業に繋げる

ことの重要性を資源ベース理論の枠組みに依拠して概説する。理論的インプリ
ケーションとしては、今後、経営資源に、主体的な「企業の活動システム」を
合わせて、戦略の仕組みをつくる理論的ベクトルを推進すべきとする。

　第12章（古田駿輔　執筆）では、アントレプレナーシップの研究課題として、
「アントレプレナーシップの制度化」を取り上げる。スタートアップ企業に
とって、これは、存続・成長は起業するのと同じくらい重要なテーマである。
なぜなら、起業したとしても自動的にスタートアップ企業が存続することに繋
がらないからである。

　起業という夢を兼ねただけで市場から撤退する結果になるアントレプレナー
と、起業して「行動」、そして成果に結びつけられるアントレプレナーは大き
な違いがある。その違いを生み出しているのは、アントプレナーの活動である
アントレプレナーシップであり、「存続」に焦点を当てなければならない。だ
が、アントレプレナーの先行研究では個人特性や環境要因などのアントレプレ
ナーの創出に大きな関心がある一方で、存続にはあまり関心を向けてこなかっ
た。

　本章では、アントレプレナーシップによる「新規性」の高い製品・サービス
の存続について新制度派組織論の視点から検討を加える。アントレプレナー
シップとはアントレプレナーの精神面に加え、活動面に着目した概念である。
アントレプレナーシップでは、資金調達や人材育成など組織のマネジメントや
経営戦略に重点が置かれている。だが、アントレプレナーの先行研究では、ア
ントレプレナーが適切な組織や戦略を構築できれば、自らの製品・サービスが
市場に受け入れられるということを前提としている。アントレプレナーが提供
する製品・サービスは新規性が高いため、顧客や既存企業に受け入れられるか
どうかは不透明である。

　この点を踏まえれば、いかに新規性の高い製品・サービスが市場に受け入れ
られるかを議論しなければならない。製品・サービスにおける市場からの受容
に関する重要性はドメインの研究で示されている。ドメインとは、組織の活動
範囲を指しており、組織が事業に必要な活動や経営資源を充足するために適切
なドメインを設定する必要がある。組織にとって意味のあるドメインは、市場
（主に顧客）が受け入れてドメイン・コンセンサスがされたものである。アン

トレプレナーが提供する製品・サービスは新規性が高いために、従来のビジネス環境で提供されている製品・サービスとのギャップが大きく、まだ顧客から受け入れられていないことが想定される。

　それゆえ、アントレプレナーが新規性の高い製品・サービスをいかに市場に定着させるかが問題となる。市場に定着させるためには、正統性が重要であるものの、新規性の高い製品・サービスは正統性が曖昧である。なぜなら、新規性の高い製品・サービスを評価するための評価基準が定まっていないからである。そのため、アントレプレナーはステークホルダーが置かれている状況を理解したうえで、正統性を獲得する活動である制度的アントレプレナーシップが求められるのである。アントプレナーは市場では周辺に位置づけられているため、ビジョンを掲揚し、仲間づくりをしていきながら、正統性を獲得することが重要で、本章はそれを考察するものである。

　第13章（堀川宣和　執筆）では、元経営者として起業家経験を踏まえ、アントレプレナーシップの研究課題に関して、「起業家による実践アントレプレナー」という問題提起をする。それは、現在の日本には他国に比べ、起業家の輩出率が低いという問題提起である。筆者である堀川氏は現在、実際に大学で経営学の教鞭を執ることと、過去に起業（企業経営）した経験があること、という2つの側面を持っており、その経験と知識に基づいて、本章を執筆している。

　したがって学術的側面よりも、多くの起業家たちや企業家たちとの繋がりから得られる情報や自分自身の経験を基に、経験則的に書くことで、現状の認識に捉われず、新たな起業家精神についての論点を提案する。特に本章では、起業家精神と企業家精神が一般的に1つとして扱われているものを区別し、その違いについて考察する。

　起業家精神と企業家精神には当然、共通する要素もあるが、それら異なる要素も存在する。しかも、それら異なる要素の中には起業家精神と企業家精神で相反する要素も存在する。この相反する要素が一般的にいわれる起業家精神に内包されていることが、起業家の輩出において、障害になっていると考える。本章でこの相反する要素について考察することで、日本における起業家の輩出率の向上に貢献できればと考える。

　第 1 節では、筆者の生い立ちから起業家精神の育成に関わる点を考察することで、起業家精神と企業家精神の違いについて考えていく。第 2 節ではそれら異なる精神の要素が企業経営の中でどう関係するかについて考察する。そして第 3 節で、この相反する精神の要素が持つ課題について、どのような形で考えていかなければならないかを提案する。

　なお、第 1 章、第 2 章、第 3 章、第 4 章は、「起業と社会」を、第 5 章、第 6 章、第 7 章、第 8 章、第 9 章、第 10 章は、「起業のマネジメント」を、第 11 章、第 12 章、第 13 章は、「スタートアップ企業の成長」を対象として、アントレプレナーシップの実像を理論的に考察する。

第1部

起業と社会

第1章
アントレプレナーシップと経済活動

大月　博司

1　スタートアップを取り巻く状況

　スタートアップ（起業活動）は新規に会社を興すことを意味しており、その主体となるのがアントレプレナー（entrepreneur：起業家）[1]である。そして、彼らの活躍次第でスタートアップの推移は、成功したり失敗したりさまざまな様相を示す。しかも、個人事業主としての起業家の場合と既存の企業内の起業家の場合ではその生起プロセスは多様である。

（1）　スタートアップの主体

　アントレプレナー（起業家）という概念は、18世紀にフランスで生まれたとされるが、当時は起業事例との関連で喧伝されることがなく関心をもたれなかったため、それほど普及することはなかった。しかし、ヨーゼフ・A・シュンペーター（Schumpeter, 1934）がこの概念について、経済成長の動因となるイノベーション（新結合）を実現する人（イノベーター）として用いてから広く使われはじめた。その影響で、今日でも起業家は「イノベーションを企図し、実行していく人物」（清水, 2022）と理解されることが多い。またシュンペーターによれば、起業家は単に起業するだけでなく、企業活動において創造的な破壊を実行する人であって、既存の企業活動を効率的に行う管理者とは異なるのである。
　こうした見方に対してイスラエル・M・カーズナー（Kirzner, 1983）は、起業

家をして既存の事業に新たな機会を発見しそれに俊敏に対応する人であると捉えた。これは、新結合を実現するイノベーターとして捉えたシュンペーターの見方とは異なっている。つまり、市場システムの均衡を前提にその破壊を想定したシュンペーターの主張に対して、カーズナーは市場均衡に向かうプロセスに起業家の存在を見出したのである。そして彼の主張のユニークさは、起業家の本質を意思決定の機敏性にあると見なしたうえで、市場の創造的破壊をもたらすイノベーションの創出には必ずしも関わらない起業家の存在にあるという点に見られる。

　ところでスタートアップは、新しいビジネス機会（例えば、CD／DVD等の購入・レンタル市場に配信サービスの機会）を認識・追求することが基本となるが、その際に生じる脅威を起業家は対処する必要もある。そして、起業を成功させるには、発見したビジネス機会を活かして業績を上げ続けることが求められる。しかし、追求を通じて生じる脅威に対処する行動をとらないと業績アップに繋がらない。したがって、スタートアップは、起案―行動―結果のサイクルと脅威を踏まえた行動結果のフィードバックを十分に活用して、事業の見直しや行動の見直しを繰り返し行うことが必要なのである。

（2）　スタートアップの制約要因と促進要因

　わが国でもスタートアップ現象は見られるが、米国と比較するとその量的低調さは歴然としている。その制約要因としてよく指摘されるのは、まず第1に、起業に失敗した場合のリスクの違いである。わが国では、一度でも起業に失敗すると当事者のキャリア上の汚名や経済的損失が大きく、スタートアップに挑戦する意欲が高まらない。特にスタートアップの可能性が高い若手の場合でも、大企業に就職し安定した職を得ると、あえてリスクの高い起業にチャレンジする意識が芽生えにくいのである。

　第2に、わが国においては米国と比べて解雇規制が強く、これが起業の意欲を削ぐという点である。規制が強いと企業は行動の自由も少なくなりリスクを取りづらい。企業といえども、失敗に対する社会的プレッシャーが高い中で、リスクの伴うスタートアップへの挑戦ハードルは非常に高いものになってい

る。

　第3に、わが国は、競争の激しい飲食業は別として、基本的に市場からの退出を否定的に捉える社会であるため、企業（事業）譲渡の引き合いが高まっても実際にはそれが進まない点である。このため、企業買収等によるゼロからでないスタートアップの機会があまり増えない。事業にライフサイクルがあることから、企業（事業）の譲渡を前提とする新規事業の創出やM&Aなど、企業の新陳代謝に繋がるものが企業社会の健全性を保つために必要なはずである。にもかかわらず、それが少なくスタートアップの可能性を閉じた社会になっているのである。

　このような点を踏まえ、わが国でもスタートアップを促進するための政策がさまざまなかたちで実施されてきたが、それらは散発的で統一感のないものとなってしまった感がある。しかし今日ようやく、こうした点を反省し、スタートアップについて官民一体となって本格的な環境作りが実施されるようになった。これが、スタートアップを促進する要因として作用し、実際にそれが増大することが期待されるところである。

　スタートアップの担い手である起業家は、起業における会社設立、新規事業の計画策定、組織構築、組織マネジメントなどをそつなくこなすことが求められる。それができなければ、スタートアップは途中で頓挫してしまう。起業家はチャレンジ精神をもつ個人に関わるものだが、実際は大企業内でも新規事業の開発としてその存在が求められている。とりわけ長寿企業ほど、環境変化に伴うコアビジネスの陳腐化に直面しているため、その傾向が強い。

　どのような企業においても、その創業時に起業家の活躍があったことを振り返ることができよう。そして、成長を実現してきた企業が将来も持続的に存続・発展するには、企業を引っ張る新たな起業家の活躍が期待されるところである。しかし、起業家は自由に活動できるわけではない。それは、スタートアップ（起業活動）においてさまざまなコンテクストに直面し制約を受けるからである。例えば、外的なコンテクストとなる景気の場合、それが良い場合と悪い場合とで起業家への精神面で影響が異なるのは当然だが、さらにその行動面でも異なる。

　一般的にスタートアップは時間を要するので、それが結果を出すまでにはい

ろいろなプロセスが伴う。大まかに言えば、起業はその事前、事中、事後においてもプロセス的に推移する。このことから、いろいろな促進策が可能となる。しかし、それぞれの局面において、それを制約するいろいろな問題に直面する。そのため、アントレプレナーはさまざまな力を発揮して個別の問題に対処しながら進む必要に迫られる。こうした力の発揮に関わるのがアントレプレナーシップである。

2　アントレプレナーシップ（entrepreneurship）

　ビジネス機会を認識することから開始するスタートアップのプロセスにおいて、問題解決を直ちに行う人がいる一方、慎重な人もいるなど、起業家にはいろいろな種類が想定される。そしてそこでまず問われるのが、ビジネス機会を認識（発見）して、それを成果として導き動かすことができるものは起業家の内側（見えない部分）にあるのか、それとも外側（見える部分）にあるのか、といったその所在についてである。しかし、それだけが明らかになっても、起業家のスタートアップを成功させる行動が説明できるわけではない。なぜなら、スタートアップに取り組んでも、その途中で想定外の問題に直面することが避けられないからである。それゆえ、そうした問題をも乗り越える行動に求められる起業家（アントレプレナー）の特徴（資質）を表すアントレプレナーシップを明らかにすることが必要である。

（1）　アントレプレナーシップの捉え方

　アントレプレナーシップは、「アントレプレナー」＋「シップ」の合成語である。これは、リーダーシップが「リーダー」＋「シップ」が合成されたものと同じである。一般的に、「シップ」という用語が「〜のあり方、状態、性質、能力など」を表すため、リーダーシップの場合、リーダーとしての職責を発揮する際に有効な精神的特性、行動特性、能力特性だとされる。したがって、アントレプレナーシップは、アントレプレナーとして成果をもたらす精神的特性、行動特性、能力特性に関するものと言える。

　元来、アントレプレナーシップが重要だと認識されはじめたのは、シュンペーター（1934）がイノベーション（新結合）を生み出すのにそれが重要な要因だと主張してからである。そしてわが国では、アントレプレナーシップは「企業家精神」という訳語が当てられたため、長きにわたり起業家の「精神的特性（論）」として扱われてきた。そのため、実際にアントレプレナーシップを発揮して企業成長を実現した松下幸之助や本田宗一郎などについて、どのような精神的特性を持っていたかに関心が持たれることが多かった。そして、その特殊な人物像の記述がなされるだけであったため、個別に明らかにされた精神的特性は実務家にとって興味深く参考にはなるが、実践できるような知見を得ることができなかった。

　アントレプレナーシップを発揮するとはどのようなことを指しているのか。起業家は、彼／彼女を問わず、広く捉えれば起業する人、企業活動を展開する人である。これは、起業家という存在を示す静態的な捉え方であり、その行動、すなわち起業プロセスに焦点をおいたものではない。したがって、アントレプレナーシップは、そうしたプロセスをスムーズに展開するときに影響するものと見なした方が有効と言える。そうだとすれば、アントレプレナーシップを発揮するとは、起業プロセスを展開するために起業家としての特徴的な行動特性を示しながら、その能力を発揮することに他ならないと言える。

　アントレプレナーシップは基本的に起業家の特徴（資質）を表現するものとされるが、その捉え方は論者の間で異なり一様ではない。しかも、環境状況の変化に応じて、アントレプレナーシップへの期待の度合いが異なるため、なおさらである。例えば、「既存の経営資源にとらわれずにビジネス機会を追求するプロセス」（Stevenson and Jarillo, 1990）という見方や、これをさらに精緻化した「新しいビジネス機会を追求する程度」（清水，2022）、そして「創業機会を発見・活用することやそれに伴うプロセス」（加藤，2022）など、その捉え方に差が見られる。

　これらは従来の精神論的な見方を踏まえて総括しようとするもので、アントレプレナーシップを発揮する局面を想定した捉え方である。もともとアントレプレナーシップは、企業家精神と訳されたように、企業家の精神的特性や意思決定への取り組み方（リスクへの心構えなど）といったそれ自体の特性を静態

的に捉えられたものだった。だが、それでは可能な起業行動の前提条件を特定化するものに過ぎない、限定的な捉え方と言える。

　わが国では実際、スタートアップ（起業活動）の現象に関心が持たれるようになる中で、「企業家」に変わって「起業家」という用語が広く使われようになった。そして、アントレプレナーシップを静態的に捉えるより、動態的な起業活動を前提にプロセス的に捉える方が実態を説明するのに有効だと思われるようになった。このため近年、アントレプレナーシップをより広義に、そしてプロセス的に捉えることが多くなり、「行動特性」や「能力特性」の側面が重視され、多面的に捉えられるようになったのである。以上を踏まえ、本章ではアントレプレナーシップは次のような、「精神的特性」、「行動特性」、「能力特性」から成り立ち、それらを総合的に発揮するものだと整理しておきたい（**図1-1**）。

　　・精神的特性：利己主義、利他主義、合理主義など
　　・行動特性：俊敏性、適応性、リスク対応など
　　・能力特性：分析、探索、防衛、スピード、決断など

　この見方だと、ビジネス機会の追求はこのような特性を活かしながらアント

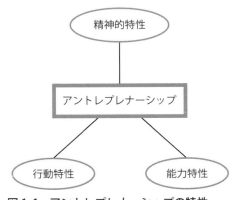

図1-1　アントレプレナーシップの特性

出所：筆者作成。

レプレナーシップを発揮することによるものだと理解できる。換言すると、起業家として、①精神的特性のみを発揮するもの、②精神的特性＋行動特性を発揮するもの、③精神的特性＋能力特性を発揮するもの、④精神的特性＋行動特性＋能力特性をすべて発揮するものなど、アントレプレナーシップといってもその中身は異なるのである。それゆえ、アントレプレナーシップ発揮の程度が想定されると、その中で④がもっともアントレプレナーシップを発揮していることになる。

　また３つの特性の中で、例えば行動特性に関して言えば、操作可能な概念として扱えることができる。そのため、統計ベースの実証研究も可能となり、検証結果からの知見を実践適用する可能性も高い。さらに、ビジネス機会の追求は、起業家の市場認識をベースに、試行錯誤のさまざまなプロセスを経て機会を得る特性を表している。こうした多面的側面から、今日のアントレプレナーシップの研究は多様に発展することになったのである。

（2）　アントレプレナーシップの有効性

　アントレプレナーシップが多面的に捉えられているとは言え、シュンペーターの指摘以来、もっとも期待されるのはイノベーションの動因と見なされる点である。そのため、アントレプレナーシップが発揮されるほどイノベーションが生起するという見方が通念となっている。わが国ではこの点が強調され、近年アントレプレナーシップを経済の活性化に結びつけようとする予算措置も多く執られるようになってきた。例えば、中小企業庁の「創業・ベンチャー支援策」や通産省の「スタートアップ支援策」である。

　しかし、アントレプレナーシップの発揮がさまざまな分野で期待される中で、その発揮は成功から失敗までさまざまである。実際にアントレプレナーシップの発揮が有効だと言えるものはどのようなものなのだろうか。アントレプレナーシップの発揮について、その現象を組織レベルの観点で構造的に検討すると、その多面性が読み取れる。またアントレプレナーシップの発揮をプロセスで捉えると、ビジネス機会の発見・追求、そしてアントレプレナーシップ発揮の程度などが識別できる。

　アントレプレナーシップをどのように捉えるにせよ、それを発揮することがスタートアップを成功させるのに重要な要因であることは間違いない。実際、ゼロからの起業の際にアントレプレナーシップの発揮が必須とされた。だが、それは既存企業の新規事業展開にも求められることでもある。なぜなら、事業単位でも革新的な製品・サービスの開発が常に期待されているからである。それゆえ、スタートアップにおけるアントレプレナーシップの発揮は企業外ばかりでなく、企業内でもあり得ると言える。いずれにせよ、ビジネスとして成り立つ機会が認識されることからそれが始まることに変わりはない。

　しかし、アントレプレナーシップを発揮したからといって、期待通りの成果が得られるとは限らない。それは、スタートアップを意図的に成功させようとしても、事業内容ばかりか、それを取り巻く環境にも適したアントレプレナーシップを発揮することが容易ではないからである。将来性のあるビジネス機会を捉えながら、企業内外の環境状況を無視して決断・行動すると想定外の問題を避けられず失敗に陥ることが多いのはこういうことである。そこで問われるのは、有効なアントレプレナーシップの発揮とはどういうことなのか、何を意味するのかである。

　一般的に、有効かどうかの判断は、アントレプレナーシップを発揮することによって意図した結果が得られたかどうかで行われる。例えば、新規事業の機会を発見して、それをビジネスとして成功させることができたというアントレプレナーシップを発揮した場合、それは有効なものだと言える。換言すれば、意図した結果をもたらすようなアントレプレナーシップの発揮は有効なのである。しかし、意図せざる結果が生じるのが通常である。それゆえ、有効なアントレプレナーシップの発揮は容易でない。

　アントレプレナーシップの発揮についてアルヴェレス＆バーニー（Alvarez and Barney, 2010）は、新しいビジネス機会は「発見するものか、それとも創造するものか」という問題設定をし、どちらが有効かという議論をしている。前者は、起業家としてビジネス機会は所与なので、それを発見するアントレプレナーシップが必要であるという発見型の見方である。一方、後者は、起業家が関係者と相互作用しながらアントレプレナーシップを発揮していく必要があるという創造型の見方である。こうしたビジネス機会の存在論的問題が提示され

るや否や、いずれの見方が有効かに関して論争が起こり、さまざまな議論が展開された。

　発見型の場合、ビジネス機会とは、起業家にとって独立して存在していると想定される。そうだとすれば、起業家は市場分析など、ビジネス環境を丹念に調査・分析することでビジネス機会を特定することが必要となる。例えば、伝統的なタクシー業異のビジネス慣行に不満を持つ人が多い中で、新規事業を創出するためにアントレプレナーシップを発揮したトラビス・カラニック（Travis Kalanick）は、既存市場を分析する中でビジネス機会を発見し、そこに「ウーバー」という名称の新しい配車システムを構築して起業を成功させた事例である。

　これに対して創造型の場合、さまざまな試行錯誤や行動を通じてビジネス機会が見えてくると想定するため、起業家はとりあえず試してみるという行為が求められる。この例として有名なのが、ハウス食品における「ウコンの力」である。これは、既存企業内からのスタートアップであり、二日酔いに関する従業員同士の何気ない会話を契機にスタートアップしたものである。もともと主力のカレー製品の原材料として使われてきたウコンの新しいビジネス機会が社内で認識されるようになり、その過程で複数の人がアントレプレナーシップを発揮し、これが次第に現実的な新規事業の展開に繋がったのである。

　またエックハート＆シェーン（Eckhardt and Shane, 2003）は単なるビジネス機会とは別のリスクを伴う「起業家的な機会」の存在とアントレプレナーシップを結びつけた。すなわち、リスク認識のないビジネス機会だとイノベーションと関係しないと想定されるが、起業家的な機会だと新規性のあるイノベーションに繋がる可能性が高いと見なしたのである。そうだとすれば、アントレプレナーシップの発揮について、リスクに挑戦する起業家の精神・行動特性を活かすという見方が有効だと言える。

　起業家を取り巻く環境状況がアントレプレナーシップを発揮するのに影響するのは明らかである。ただし、状況によっては、それを発揮することが容易な場合とそうでない場合がある。例えば、景気が良い場合と悪い場合、前者の方が起業家にとっては有利な状況であり、その能力を遺憾なく発揮できる可能性が高いであろう。しかし、状況が悪くても成功の可能性がないわけでない。ど

のような状況でもスタートアップを成功させることは可能なはずである。その
ために問われるのが有効なアントレプレナーシップを発揮することである。

　企業内外の環境は常に変化するため、それに対応できないと企業は存続が難
しい。環境変化にも直面するスタートアップを成功させるには、状況に適した
有効なアントレプレナーシップか必要なのである。それゆえ、有効なアント
レプレナーシップのあり方はまさに状況依存的と言えよう。

（3）　アントレプレナーシップの効果を高める

　ビジネス状況の変化が増す中で、有効なアントレプレナーシップを必ずしも
発揮できるとは限らない。それは、アントレプレナーシップを特定する行動特
性や能力特性を持っていたとしても、状況に即した行動ができなければそれら
を活かすことができないからである。つまり、環境変化に応じた行動ができな
ければ望ましい結果を得られないように、有効なアントレプレナーシップを
もっていたとしても、状況に応じてそれを発揮できなければイノベーション
（新結合）を起こせないのである。そこで問題となるのは、どうしたらアント
レプレナーシップを有効なものとして実践できるか、しかもその効果を高める
にはどうしたらよいのだろうか、という点である。

　変化する状況にも適応できるようにアントレプレナーシップの効果を高める
には、経験がものをいうとされる。例えば、名だたる経営者の成功ストーリー
から有効なアントレプレナーシップの活用について気づきを得ることができ
る。また活躍中の起業家と直接接することでもいろいろと気づきが得られる
が、そういう人に出会うことは容易でない。しかし近年、文科省の肝いりでア
ントレプレナーシップ教育が促進されているため、成功者の経験を通じたその
活かし方や失敗からの回復ストーリーなど参考になる情報収集が容易にでき
る。これらは間接的な学習になるが、それでも気づきは多い。そして、それを
踏まえたアントレプレナーシップの実践経験ができれば、その効果を高める可
能性は高まる。

　経営トップに期待されるアントレプレナーシップは、ビジネス環境の変化を
踏まえた上で、会社の将来に向けてリスクを伴う経営資源の配分に関する決断

とその実行である。しかし問題となるのは、リスクの測定である。それがきちんとできないと想定外の事態に直面する可能性が高くなるため、リスクの測定とその認識は経営トップにとって、アントレプレナーシップを発揮する際の重要課題と言える。

　もっとも、リスクについてはそれが正当に評価されたとしても、経営トップによってその許容度は異なる。リスク志向型の人とリスク回避型の人では、同じリスクでもその対応行動は違うのである。ミドルやロワーレベルの管理者に問われるアントレプレナーシップも、リスク対応に関しては経営トップと同じ傾向が見られる。しかし彼らはタスク遂行が基本となるため、経営トップの場合と比べて若干異なる側面がある。すなわち、ミドル層やロワー層の場合、所与の仕事というタスク範囲が限定されているため、リスクの測定は比較的容易なのである。そのため、アントレプレナーシップの発揮はトップほど頻繁な出来事とはならない。

　企業活動に関わる人すべてに未開発のアントレプレナーシップが備わっていると想定すると、それを活かさないのはもったいないということになる。とりわけ、アントレプレナーシップが起業活動のプロセスすべての面で求められると解釈すると、それを発揮しないことは、企業価値創造の可能性を塞ぐことになってしまう。換言すれば、アントレプレナーシップを発揮しないと、それは企業にとって機会損失をもたらすことになるのである。

　企業活動においてアントレプレナーシップが有効なものとして機能するほど、関係者にプラスの影響を与えると思われる。これは、いいアイデアほど影響が広がり、それが新しいアイデアを創出するといった好循環をもたらすのと同じである。つまり、アントレプレナーシップの効果が発揮されてより洗練化されると、新しい関係性が可能となり、価値創造やイノベーションに繋がるのである。

　価値創造に関して言えば、マイケル・E・ポーター（Porter, 1985）の主張する価値連鎖（value chain）のアイデアがビジネスの世界に多大の影響を与えたことは周知のとおりである。彼は、企業活動のすべての側面（主要業務と支援業務）において価値創造が可能であることを明らかにした。その点で、企業活動のインプット・設計・製造・販売・アフターケアなど、すべての側面でリスク

は避けられないため、有効なアントレプレナーシップを発揮できるかどうか
は、価値創造に直接関わることが重要と言えるのである。

　以上から、経営トップ層はもちろん、ミドル層、ロワー層のいずれにおいて
も価値創造活動に関わることになるため、各レベルでアントレプレナーシップ
の効果を高めることは重要なことだと言える。具体的にどうすればそれが実現
できるか不透明な点があるとは言え、まずはやってみなければ分からない、と
いう発想が浸透・共有する組織体制になっている必要があろう。

　経済産業省をはじめ文科省などで、新規事業の創出、スタートアップの創
業・成長促進のために、支援人材のネットワーク構築、起業応援の税制・融資
制度の整備、起業家育成、アントレプレナーシップ教育の推進などの取り組み
を実施している。そして目標とされているのは、わが国でスタートアップが
次々と生まれてくるような好循環な成長できるエコシステムの形成である。こ
の方向性は正しいと思われるが、それらが意図通りに実現できるかどうかは不
透明である。長期にわたって予算確保が保証されているわけではないからであ
る。とはいえ、ともかく試行錯誤を覚悟で実行しない限り、目標に近づくこと
もできないのである。

3　求められるアントレプレナーシップ

（1）　アントレプレナーシップの重要性

　アントレプレナーシップの発揮が具体的にどのようなことに反映するかは、
わが国で現に活躍している創業経営者の行動にそれを映し出すことができる。
例えば、ソフトバンクの孫正義、ファーストリテーリングの柳井正、日本電産の
永守重信などの活躍を振り返ると、いずれも独自の精神的特性、行動特性、能
力特性といったアントレプレナーシップを時代状況に応じて大いに発揮してき
たことが見て取れる。彼らは、わが国におけるバブル崩壊（1991年）や世界的
な景気後退をもたらしたリーマンショック（2008年）といった経営環境の激し
い変化に対して、新たなリスクを取りながら能動的に行動し、未来志向の創造

的・革新的事業活動を展開し企業価値を高めてきたと言える。その結果、新市場の開拓による雇用拡大、投資拡大による経済活動の発展、経済成長に大きく寄与し、社会における制度的存在になったのである。こうした事例から、アントレプレナーシップがどれほど重要な存在かが窺い知れる。

　有効なアントレプレナーシップの発揮によってスタートアップが成功するほど経済成長に繋がることは紛れない事実であろう。そのため、国の政策としてスタートアップ支援とその主体となる起業家の育成は合理的方策と言える。この点は、ビジネスの歴史を振り返れば、なおさら納得のいくところである。有効なアントレプレナーシップが発揮されれば、それだけ企業価値の創造・向上をもたらすことになる。すなわち、アントレプレナーシップの発揮によって創造されたマーケットに新たに価値創造された製品・サービスが供給され、それ相応の対価が支払われると、それだけ社会にお金が回り経済的に豊かになると言える。そしてこれが起因となり企業成長に繋がり、結果的に国家の経済成長をもたらすのである。

　さらに、アントレプレナーシップがビジネスにおけるイノベーションの創出に関わりがあるという点からみても、アントレプレナーシップが強く発揮されるほど経済成長に繋がると想定される。そうすると、それが経済政策に反映されるとともに、予算措置も講じてその可能性を確実なものにすることが理にかなった考え方と言える。したがっていずれの観点からも、経済成長を企図する国にとって、アントレプレナーシップは重要であり、その活用は必須とされる。

　また、アントレプレナーシップが新しいビジネス機会の追求だとすると、その程度が問題となり、可能ならば強い方が期待通りの結果をもたらすと考えられる。そのため、できるなら強力なアントレプレナーシップを実現する方策が求められるのである。

　もっともなことだが、重要視されるアントレプレナーシップをどのくらい発揮すべきかを測定することは容易でない。それは、アントレプレナーシップを客観的に見ることができないからである。そうした中で、スタートアップをアントレプレナーシップの代理変数として扱い、その実態は新しく設立された創業数を出すことができるという主張もある。だが、創業するだけなら資金さえ

あれば可能なので、創業数がアントレプレナーシップと完全に相応していると
は言い切れない。その上新しいビジネス機会を追求したとしても、結果的に失
敗することが多く、機会を追求したことでアントレプレナーシップを測定する
ことにはならない。アントレプレナーシップをいかに測定するかは残された課
題と言えるが、それが経済活動にとって重要な存在であることは明らかであろ
う。

(2)　アントレプレナーシップ発揮のレベル

　スタートアップを成功させるにはアントレプレナーシップを発揮することが
求められるが、それが十分に発揮されるとは限らない。なぜなら、スタート
アップには時間とともに一連のプロセスが必要であり、その遂行において想定
外のことが起こるからである。
　アントレプレナーシップは発揮されてはじめてその効果が出るものであり、
発揮されるほどイノベーションの可能性が高まる。そしてスタートアップを成
功させる駆動力を増大させる。しかし、スタートアップのプロセスが進むにつ
れ、アントレプレナーシップ発揮の影響力は少なくなる。なぜなら、スタート
アップの成就が近づくにつれ、未知の領域へのチャレンジが少なくなるからで
ある。それゆえ、アントレプレナーシップの発揮については、すべて 100 ％
要求されるわけでないと言える。
　スタートアップにはリスクが伴うため、リスクを踏まえたチャレンジする考
え方や行動が求められるのは当然である。そこで期待されるのがアントレプレ
ナーシップである。しかし、アントレプレナーシップも発揮の仕方次第でその
効果が異なる。スタートアップが進むと当初のリスクは解消される一方、ビジ
ネス内容に応じて新たなリスクが生まれ、それに対する判断・行為が求められ
るからである。このため、起業プロセスの各段階で異なるリスク対処行動が必
要だと言える。ただし、それら行動のすべてがアントレプレナーシップの発揮
で対応できる種類のものだとは必ずしも言えない。リスク自体が分散され、組
織毎に対応が求められるようになるからである。
　通常、ビジネスの駆動力として強力なアントレプレナーシップが求められる

のは、起業プロセスの前半部分である。例えば、出力ゼロから発電する際に強力なエネルギーが必要なのと同じである。したがって、アントレプレナーシップ発揮の程度は時間とともに変化すると想定される。しかも、最初の急騰期に高くなったレベルから次第に低減すると言える。そして、新しい問題が生じるたびに新たなアントレプレナーシップの発揮が求められるため再び若干高くなることが繰り返される。これを図示すると**図 1-2**のようになると想定される。

　どのようなアントレプレナーシップの発揮が求められるかは状況次第である。そして、発揮できる内容はアントレプレナー自体のもつ特性次第とも言える。しかし、スタートアップが始まれば、その時間はもはや止められないため、アントレプレナーシップとして求められるものと実際に発揮されたものが状況次第で一致するとは限らない。とはいえ、アントレプレナーシップの発揮が十分でなくてもその重要性は変わらない。その理由は、例えば新規事業の場合、不確実性は避けられず、しかもリスクが伴うものなので、それらを行動の糧とする社内の抵抗勢力を打破するためにもアントレプレナーシップが発揮されないと実現できないからである。

　こうした状況依存性から、アントレプレナーシップ発揮のレベルを判定するのにコンティンジェンシー・アプローチ[2)]が適すると思われる。それを用いれ

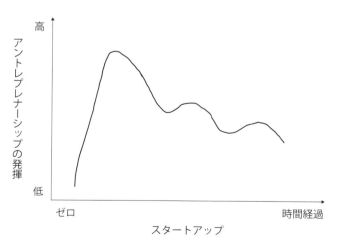

図1-2　アントレプレナーシップ発揮のレベル
出所：筆者作成。

ば、アントレプレナーシップを取り巻く状況との兼ね合いから有効な発揮のレ
ベルが判定できるからである。すなわち、マーケットにおける事業の新規性と
複雑性という次元を設定すれば、最もアントレプレナーシップが求められるの
は新規性が強く複雑性が高い事業の場合であると想定できる（**図 1-3** を参照）。
またその逆に、新規性が低く複雑性も低い場合は、アントレプレナーシップは
それほど求められないと言える。

　アントレプレナーシップが強く発揮される場合とそうでない場合の識別は、
個人事業主の数や新規に創出された企業数で図られることが多いが、それで実
態の説明ができるわけではない。既述のように、アントレプレナーシップを発
揮しても、スタートアップが途中で挫折してしまうこともあるからである。

　アントレプレナーシップの発揮が弱いと経済が停滞し、それが強いと経済の
活況を呈すると想定することができる。論理的に考えてみれば、確かにそう言
える。なぜなら、アントレプレナーシップの発揮が強まるということは、それ
だけ前向きに行動するとともに、能力を全開するように行動することであり、
その結果が新しい機会の創出を含め経済にプラスの効果をもたらすからであ
る。

　しかし、アントレプレナーシップの発揮が強くなるほど、経済的には好まし
いプラスの効果がもたらされるかもしれないが、その反面マイナスの結果をも

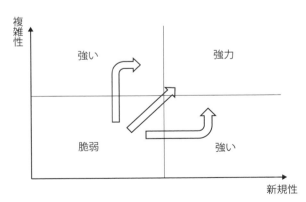

図 1-3　アントレプレナーシップ発揮の強弱

出所：筆者作成。

たらすこともあり得る。例えば、革新的な新規事業の登場に対して既存の法制度や社会制度がそぐわなくなり、人々の意識変革が追いつかないといった現象である。そのためにも、アントレプレナーを育成し、アントレプレナーシップ教育を進め、その発揮を強化しようとする政策には、そのメリットばかりでなくデメリットについても事前に検討しておくことが必須である。

4　アントレプレナーシップと経済活動の関係

（1）　アントレプレナーシップ醸成の問題点

　未知なマーケットでの事業展開であるほどリスクを伴うが、アントレプレナーシップが醸成されれば対応可能である。そして、それが発揮されればされるほどリスク対応の経験値も高まり、リスク対応の策も新しく生まれてくる。そのため、アントレプレナーシップが政府の支援等を介して醸成されれば、それだけイノベーションの可能性も広がると言える。このことから、アントレプレナーシップは経済を活性化するのに有用だということを前提にいろいろな策を練ることは理にかなっている。

　ところで近年、空飛ぶタクシー事業が世界的に注目される中で、わが国でも官民の支援により技術的には見通しが立ちつつあるが、実現するまでには数多くの障害が現れることが予想される。そのプロセスで、従来の道路管理や輸送管理に伴う法制度の見直しは必須になるが、それに対する利害関係者が多く、その調整に多大な時間と手間がかかるのである。こうした未経験の課題に立ち向かうには、革新的な発想で解決策を見つけなければならない。これはスタートアップにおいてアントレプレナーシップが必要とされるのと同じような状況であるが、その実現は、言うは易く行うは難し、と言える。

　もっとも、アントレプレナーシップを発揮する人が多くなればすべての面で良い結果をもたらすとは言い切れないところがある。例えば、アントレプレナーシップによってイノベーションが生まれたとしても、その成果配分が偏在する可能性が高いのである。その点について、グローバル化と情報ネットワー

ク化の進展を背景に創業して成長・発展した GAFA の年間収益や創業者たち
の高額所得を見れば明らかである。

　わが国政府は、2022 年を「スタートアップ創出元年」と位置づけ、スター
トアップを「5 年で 10 倍に増やす」と宣言している。しかし、それが意図通
りに進むとは思われない。これまでも、起業に関して政府や自治体による支援
が充実・拡大してきたが、その成果は芳しくないのである。とりわけ米国と比
べるとアントレプレナーを取りまく環境は劣っていると言わざるを得ない。

　わが国で起業が増えないのは、既に指摘したように起業に伴うリスクが高す
ぎることに起因する。そのため、わが国で本当に起業を促進するためには起業
に失敗した後の政策的ケアを充実することが必要であろう。

（2）　アントレプレナーシップを活かすビジネスエコシステム

　ビジネス環境が変われば、それに応じてアントレプレナーシップの発揮の仕
方が変化するのは当然である。1960 年代の製品主導の時代から 1970 年代の顧
客主導の時代へ、そして 1980 年代以降は価値主導の時代へと変貌してきたが、
それぞれ求められるアントレプレナーシップの焦点も変わってきたのである。
そして 21 世紀になると、グローバル化と情報ネットワーク化の進展を背景に、
人間中心や共創中心の社会へと時代の変貌が見られるようになって、アントレ
プレナーシップの中身も変化を余儀なくされている。

　今日のビジネス環境について言えば、人々がネットワーク・ベースの関係性
を軸に動いていることを理解する必要がある。とりわけ昨今の消費者は、SNS
といったソーシャル・メディアを利用して判断の基準としている。したがっ
て、こうした動向に即した行動を実践できるアントレプレナーシップを発揮で
きる企業でなければ存続が不可能になっている。したがって、新しい企業活動
を推進するアントレプレナーシップは、ネットワークの経済を活かせるもので
なければならない。すなわち、SNS 等の技術とネットワークの経済を前提に、
人々や企業の関係性にビジネス機会を見出すことが求められるのである。その
ために、そうした機会を見えるようにする発想として有用なのがビジネスエコ
システムである。

　ビジネスエコシステムとは、企業間で協業関係がなければビジネスが成り立たないという企業社会の特性を俯瞰して捉えるものである。これは自然界の生物とその環境が相互に関係しながら共存しているというエコシステムの発想を企業社会に応用したものと言える。

　例えば、アップル社は取引先との相互依存関係を抜きに存続できない。今日、どのような企業でも単独では生きていけない時代となっている。そこで問題となるのが、そうした見方を前提とすると、アントレプレナーシップの発揮が及ぼす影響がどのように変わってしまったのかという点である。

　かつてアントレプレナーシップの発揮は、社内限定的なものだったが、それでは相互依存している取引先等の理解を得られない。自前主義より他社と連携した方がコスト面やリスク回避の面から有利であることが論理的にも明らかになってきたため、ビジネスエコシステムの発想は有意義である。この点について、オープンイノベーションが浸透しつつあることをみればその有効性は明らかであろう。

　新しい時代環境において関係性が重要だという主張は、トップマネジメント・チームの存在が有効であることと照応する。例えば、トップマネジメント・チームを編成して急激に成長した企業としてグーグル社（現在は持株会社アルファベットの傘下）が有名である。グーグルはスタートアップのプロセスにおいて、アントレプレナーのラリー・ペイジ（Larry Page）とセルゲイ・ブリン（Sergey Brin）の２人経営体制から、しばらくすると、既にシリコンバレーで経営者として成功してきたエリック・シュミット（Eric Schmidt）を CEO として迎え入れ３人によるトップマネジメント・チームに再編し、経営力を高めた。そしてその後も、シュミットが取締役会会長に就任するとともにラリー・ペイジが CEO に復帰するなど、企業として有効なアントレプレナーシップを発揮できるようにチームの再編を繰り返しながら企業成長を続けたのである。このように、トップマネジメント・チーム内の関係性をうまく活用することによって有効なアントレプレナーシップを発揮することができれば、結果的に企業成長をもたらすことが可能であることが例証される。

　いずれにせよ、有効なアントレプレナーシップが発揮されるほど、またその効果が高くなるほど、企業成長、経済活動の活性化、ひいては国家の経済成長

をもたらすということになるのである。それゆえ、アントレプレナーシップを
有する起業家の育成が大事になる。そして、起業家が有効なアントレプレナー
シップを発揮できるような環境作り、制度作りがさらに重要になる。もちろん
育成プロセスや環境作りが意図通りにいくとは限らないが、それを承知のうえ
でとにかく実施することが重要である。その際、フェッファー＆サットンが指
摘する「なぜ分かっていても実行できないのか」（Pfeffer and Sutton, 2000）状況
を克服するために試行錯誤は必要である。そうすれば、アントレプレナーシッ
プ発揮の可能性が夢でなく現実のものとして開花するはずである。

●注 ─────────────

1) アントレプレナーに関して、従来は「企業家」と訳されることが多かったが、本章は
スタートアップに焦点をおくため「起業家」という訳語をあてている。
2) 環境→組織という環境決定論を想定したアプローチで、組織の環境適応論を生み出し
た。

【参考文献】

Alvarez, S. A. and J. Barney (2010) "Entrepreneurship and Epistemology: The Philosophical Under-
pinnings of the Study of Entrepreneurial Opportunities," *Academy of Management Annals,* Vol. 4,
No. 1, pp. 557-583.

Drucker, P. F. (1985) *Innovation and Entrepreneurship,* New York, Harper and Row Publishing. （上田
惇生訳『イノベーションと起業家精神』、ダイヤモンド社，2007 年）

Dyer, J. H., Gregersen, H. B., and C. Christensen (2008) "Entrepreneur Behaviors, Opportunity Recog-
nition, and The Origins of Innovative Ventures," *Strategic Entrepreneurship Journal*, Vol. 2, Issue
4, pp. 317-338.

Eckhardt, J. T. and S. A. Shane (2003) "Opportunities and Entrepreneurship," *Journal of Management,*
Vol. 29, Issue 3, pp. 333-349.

Kirzner, I. M. (1983) "Entrepreneurs and the Entrepreneurial Function: A Commentary," In J. Ronen
(ed.), *Entrepreneurship*, Lexington, MA: D. C. Heath, pp. 281-290.

Penrose, E. (1995) *The Theory of the Growth of the Firm,* 3rd ed., Oxford University Press. （日高千景
訳『企業成長の理論（第3版）』、ダイヤモンド社，2010 年）

Pfeffer, J. and Sutton, R. I. (2000) *The Knowing-Doing Gap: How Smart Companies Turn Knowledge
into Action*, Cambridge, Harvard Business Review Press. （長谷川嘉一郎監訳『なぜ、わかっ
ていても実行できないのか』、日本経済新聞出版社，2014 年）

Porter, M. E. (1985) *Competitive Advantage: Creating and Sustaining Superior Performance*, New
York: Free Press. （土岐坤・中辻萬治・小野寺武夫訳『競争優位の戦略』、ダイヤモンド社，

1985 年)

Schumpeter, J. A. and R. Opie (1934) *The Theory of Economic Development: An Inquiry into Profits, Capital, Credit, Interest, and the Business Cycle*, Cambridge, Harvard University Press. (八木紀一郎・荒木詳二訳『シュンペーター経済発展の理論（初版）』，日経 BP 社，2020 年)

Stevenson, H. H. and C. J. Jarillo (1990) "A Paradigm of Entrepreneurship: Entrepreneurial Management," *Strategic Management Journal,* Vol. 11, pp. 17-27.

加藤雅俊（2022）『スタートアップの経済学』，有斐閣。

清水洋（2022）『アントレプレナーシップ』，有斐閣。

第2章

日本の起業活動の特徴

——「起業態度を有する」グループによる
少数精鋭型の起業活動[1]——

高橋　徳行

1　はじめに

　日本経済の特徴はさまざまな形で言い表すことができるが、本書のテーマに引き寄せて表現するならば、「若い企業の存在感が薄い経済」と言えるだろう。

　表 2-1 と**表 2-2** は、直近のデータを使って米国に本社を置く企業と日本に本社を置く企業の時価総額のベスト 10 を示したものである。

　この 2 つの表を見比べると、米国ではベスト 10 に 1975 年以降の企業が 7 社入っているのに対して、日本では 1 社に過ぎない。1974 年設立のキーエンスを含めても 2 社にとどまる。私たちが良く耳にする新興企業の代表的企業である楽天、サイバーエージェント、ディー・エヌ・エーなどは、日本のベスト 100 にも届かない。また、日本のトップであるトヨタ自動車の時価総額は Tesla の 3 分の 1 程度の水準である。

　業歴のある企業が重要であることは間違いないが、新しい産業をけん引する中心は若い企業であり、その若い企業の存在感が薄いことが、今の日本経済の状態を象徴しているといえるだろう。

　その裏付けとなるデータとして、グローバル・アントレプレナーシップ・モニター（Global Entrepreneurship Monitor：以下、GEM）[2]という国際調査の最新結果を見ると、日本の起業活動の水準は、先進国といわれるイノベーション主導型経済の国々の平均値を大きく下回っている（**図 2-1**）。

表 2-1　米国に本社を置く企業の時価総額ランキング（2022 年 12 月 3 日現在）

順位	企業名	創業年	時価総額 （10 億米ドル）	備考
1	Apple Inc.	1976	2,351	
2	Microsoft Corporation	1975	1,901	
3	Alphabet Inc.	1998	1,213	グーグル持株会社。クラス A 株と C 株の持株会社の合計
4	Amazon.com, Inc.	1994	960	
5	Tesla	2005	615	
6	UnitedHealth Group Incorporated	1977	500	
7	Johnson & Johnson	1887	467	
8	Exxon Mobil Corp	1999 （1863）	452	前身のスタンダード・オイルの設立が 1863 年
9	Meta Platforms	2004	450	旧社名は Facebook
10	Walmart	1962	415	
≈	≈	≈	≈	
	Coca-Cola Co.	1886	276	1886 年は発売開始の年
≈	≈	≈	≈	
	Toyota Motor	1937	198	本社は日本

資料：https://finance.yahoo.co.jp/stocks/us/ranking/marketCapital

表 2-2　日本に本社を置く企業の時価総額ランキング（2022 年 12 月 5 日現在）

順位	企業名	創業年	時価総額 （10 億円）	備考
1	トヨタ自動車	1937	31,830	
2	ソニー	1946	14,054	
3	キーエンス	1974	13,733	
4	NTT（日本電信電話）	1952	13,448	
5	ソフトバンクグループ	1981	10,454	
6	三菱 UFJ フィナンシャル・グループ	2001（1919）	9,543	1919 年は三菱銀行設立年
7	KDDI	2000（1953）	9,176	
8	ファーストリテイリング（ユニクロ）	1963	8,898	
9	第一三共	2005（1913）	8,409	1899 年は三共設立年
10	任天堂	1889	7,381	

第 2 章　日本の起業活動の特徴　　*41*

≈			≈		≈	≈
89	ニトリ HD		1967	1,872		
≈			≈		≈	≈
	楽天		1997	1,063		
	サイバーエージェント		1998	648		
	ディー・エヌ・エー		1999	233		

資料：https://r.nikkei.com/markets/ranking/caphigh

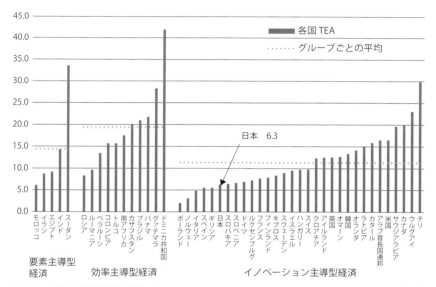

図 2-1　総合起業活動指数（Total early-stage Entrepreneurial Activity：TEA）の国際比較（2021 年）

資料：GEM 調査（2021 年）から作成。

注 1：要素主導型経済、効率主導型経済、イノベーション主導型経済という分類は、Schwab, Klaus（ed.）（2013）*The World Competitiveness Report 2013-2014*, Geneva, World Economic Forum によるものである。

注 2：総合起業活動指数（Total early-stage Entrepreneurial Activity：TEA）とは、18～64 歳を対象に、その中で 100 人あたり何人が起業活動に従事しているかを示す指標である。

　本章では、わが国の起業活動の水準が、米国との比較においてだけではなく、先進国の中でも相対的に低い水準にある理由を、GEM 調査によるデータを使って明らかにする。本章で学ぶことは次の 3 点である。

　第1には、21世紀になってからの日本の起業活動の水準はどのように推移してきたのか。それは他の国と比べてどのような特徴を持つものであったのか。

　第2には、日本の起業活動の特徴を理解するために、成人人口を「起業態度を有する」グループと「起業態度を有しない」グループに分けると、どのような特徴が明らかになるのか。

　第3には、日本の起業活動の特徴を踏まえて、現在どのような政策が展開されているのか。

2　日本の起業活動水準の推移

（1）　水準は低いが緩やかに上昇

　図2-2は先進国グループと日本の総合起業活動指数（以下、TEA）の推移を表したものである。ここからは、①日本の起業活動水準は緩やかながらも上昇してきたこと、②しかしながら、日本の起業活動水準は最近20年間にわたって先進国グループを下回っていることの2点を確認できる。

　緩やかながらも上昇してきた主な理由は、1963年に制定された中小企業基本法（以下、基本法）が1999年に改正されたことである。

　改正法の第5条（基本方針）の第1項に、「中小企業者の経営の革新及び創業の促進並びに創造的な事業活動の促進を図ること」という条文が盛り込まれ、創業支援が初めて政策として認められた。

　例えば、日本政策金融公庫（当時の国民生活金融公庫）では、2001年に新創業融資制度が設けられ、最初の貸付限度額は150万円であったが現在は3,000万円にまで増額された。自己資金要件も、「創業資金総額の2分の1以上」から「10分の1以上」に緩和されている。また、信用保証制度においても、創業等関連保証制度と創業関連保証制度が、2000年と2014年にそれぞれ創設され、対象者は、「新たに事業を開始する具体的な計画を有するもの」や「新たに事業を開始すること」などと定義され、創業する人が信用保証の対象となっ

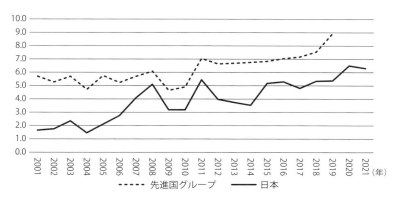

図 2-2　日本と先進国グループの総合起業活動指数（TEA）の推移

資料：各年の GEM 調査から作成。
注 1：ここでの先進国とは、2014 年 GEM 調査実施の段階で、イノベーション主導型経済に分類されていた次の国を指している。すなわち米国、ギリシャ、オランダ、ベルギー、フランス、スペイン、イタリア、スイス、オーストリア、英国、デンマーク、スウェーデン、ノルウェー、ドイツ、オーストラリア、ニュージーランド、シンガポール、韓国、カナダ、ポルトガル、アイルランド、アイスランド、フィンランド、スロベニア、チェコ、プエルトリコ、香港、トリニダード・トバゴ、台湾、アラブ首長国連邦、イスラエルの 31 ヵ国であり、サンプル総数は 1,665,029 である。
注 2：2020 年と 2021 年の先進国の TEA は原データが利用可能ではないので作成していない。

た。ビジネスインキュベーション施設が急激に増加したのも 2000 年代前半である。

（2）　差が縮小しない理由

　それでは、なぜ先進国グループとの差がなかなか縮小しないのか。この問題を次のようなモデルによって考えてみたい。
　まず、一般成人を、「起業態度を有する」グループと「起業態度を有しない」グループに分ける。起業態度の有無の定義は、GEM 調査を使っているが、ここでは起業に関心を持っているか持っていないかの違いによる定義という理解で構わない[3]。
　その一般成人のうち、「起業態度を有する」グループの中でも起業活動を始

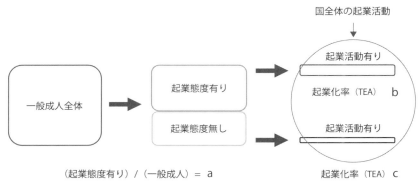

図 2-3　起業プロセスの捉え方のモデル

資料：Reynolds and White（1997）を基に筆者が作成。

めるものと始めないものがいる。同様に、「起業態度を有しない」グループにも起業活動を始めるものと始めないものがいる（**図 2-3**）。

　このモデルに従って、ある国の一般成人のうち、「起業態度を有する」グループの一般成人全体に占める割合を a、「起業態度を有する」グループの起業化率（TEA）を b、「起業態度を有しない」グループの起業化率（TEA）を c とすると、国全体の TEA は次の式で示される。

$$\text{国全体の TEA}\,(a, b, c) = (a * b) + (1-a) * c$$

　つまり、国の起業活動の水準は 3 つの変数で決まることになり、この 3 つの変数に着目して、先進国グループと日本の起業活動水準の差がなかなか縮小しない理由を考えてみよう。

　表 2-3 は先進国グループと日本における 3 つの変数の推移をまとめたものである。ここから明らかになることは次の 3 つである。

　第 1 は日本の「起業態度を有する」グループの割合が低いことである。第 2 は日本の「起業態度を有する」グループの起業化率（TEA）が、2006 年以降は先進国グループを上回っていることである。第 3 は日本でも先進国グループでも「起業態度を有しない」グループの起業化率（TEA）は低いことである。

表 2-3　日本と先進国グループの国全体に占める「起業態度を有する」グループの割
合（a）、「起業態度を有する」グループの起業化率（TEA）（b）、「起業態度を
有しない」グループの起業化率（TEA）（c）の推移

年	日本		(%)	先進国グループ		(%)
	a	**b**	**c**	**a**	**b**	**c**
2001	23.2	5.4	0.5	59.9	9.0	0.8
2002	21.8	6.0	0.6	59.2	8.4	0.8
2003	19.2	9.4	0.7	41.7	12.9	0.5
2004	19.9	7.3	0.0	51.8	8.6	0.5
2005	19.6	9.7	0.2	43.4	12.7	0.5
2006	19.9	13.1	0.2	50.7	9.9	0.4
2007	21.0	17.1	0.6	51.3	10.6	0.5
2008	23.7	18.9	0.8	53.0	10.7	0.9
2009	22.4	10.3	1.1	44.9	9.7	0.6
2010	27.1	9.7	0.8	65.2	7.1	0.7
2011	26.8	16.4	1.4	64.5	10.3	1.1
2012	22.2	13.2	1.3	62.5	9.9	1.1
2013	27.1	10.9	1.1	61.7	10.2	1.1
2014	25.1	11.9	0.7	64.4	9.9	1.1
2015	28.2	15.1	1.3	63.3	10.2	1.1
2016	25.6	15.3	1.9	64.6	10.3	1.1
2017	25.2	15.0	1.4	64.6	10.3	1.4
2018	26.4	15.8	1.6	65.7	10.7	1.5
2019	27.1	14.0	2.2	75.5	11.3	1.7
2020	32.8	17.1	1.7			
2021	28.7	17.8	2.1			

資料：図 2-2 に同じ。
注：図 2-2 に同じ。

（3）　「起業態度を有する」グループが少ない

　表 2-3 からの国全体に占める「起業態度を有する」グループの割合（a）と
「起業態度を有する」グループの起業化率（TEA）（b）の 2 つを取り出し、グ
ラフ化したものが**図 2-4** になる。
　これを見ると、先に述べたようにわが国では「起業態度を有する」グループ
が非常に少ないこと、ただしその少ない「起業態度を有する」グループからの

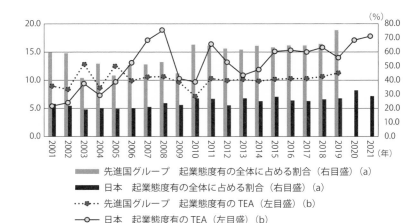

図 2-4　**日本と先進国グループの国全体に占める「起業態度を有する」グ
　　　　ループの割合（a）と「起業態度を有する」グループの起業化率
　　　　（TEA）（b）の推移**

資料：図 2-2 に同じ。
注：図 2-2 に同じ。

起業化率（TEA）は先進国グループをはるかに上回る水準となっていることが
読み取れる。

　このように、1999 年に基本法が改正され、創業支援が政策として認められ
たことによって、さまざまなプログラムが展開されるようになり、日本の起業
活動水準も上昇した。しかしながら、それは「起業態度を有する」グループの
起業活動が活発化したことによるものであり、「起業態度を有する」グループ
の大きさはほとんど変化がなかった。

　「起業態度を有する」グループの起業活動水準はすでに十分高い水準である
ことを踏まえると、日本全体の起業活動を活発化させるには、「起業態度を有
する」グループそのものを増せるかどうかにかかっている。

3　「起業態度を有する」グループ拡大の取り組み

（1）　改正産業競争力強化法の狙い

　先に述べたように、「起業態度を有する」グループ自体の拡大がなければ、わが国の起業活動がこれ以上の改善を示す可能性は低い。しかし、「起業態度を有する」グループ自体を拡大する政策は、改正基本法には盛り込まれていない。

　そのため、新しい政策が望まれていたところであったが、2018年に産業競争力強化法が改正され、「起業態度を有しない」グループに働きかけ、「起業態度を有する」グループの拡大を目指す政策が実行可能となった。

　産業競争力強化法の条文上の改正自体はごくわずかなものであり、**表 2-4** にあるように、第126条の第1項に「創業に関する普及啓発を積極的に行い」という文言が入り、同条第2項では、創業支援事業に「等」が追加され、創業支援「等」事業になったことが創業支援関係の条文の変更点である。

　その狙いを市区町村向けのガイドブックでは次のように説明している（**表2-5**）。

　「これまでは創業に向けて準備を行っている者向けの施策に集中していたところです」とあり、次に「我が国は、創業に関心がある者に対する創業者の割合は諸外国と比較しても高水準である一方、創業に関心がある者の割合が低いというデータがあります」と本章で示したデータを踏まえた改正であることに触れている。そして「創業に対する国民の理解及び関心を深めるため、「創業支援事業」の概念を拡大させて新たに「創業支援等事業」として規定し、「創業支援等事業」に創業に関する普及啓発を行う事業（創業機運醸成事業）も含めることとしています」と言っている。

　改正された条文からだけでは、その真意を読み取ることは難しいが、ガイドブックなどの解説を通して、改正産業力強化法の狙いが「起業態度有り」グループを増やすことであることは明らかである。

表 2-4 産業競争力強化法の改正内容（抜粋）

改正産業競争力強化法（2018年7月9日施行）	産業競争力強化法（2014年1月20日施行）
第百二十六条　経済産業大臣及び総務大臣は、創業支援等事業により創業を適切に支援し、及び**創業に関する普及啓発を積極的に行い**、中小企業の活力の再生に資するため、創業支援**等**事業の実施に関する指針（以下この条及び次条第四項第一号において「実施指針」という。）を定めるものとする。 2　実施指針においては、次に掲げる事項について定めるものとする。 一　創業支援**等**事業による創業の促進に関する目標の設定に関する事項 二　創業支援**等**事業の実施方法に関する事項 三　創業支援**等**事業の実施に関して市町村（特別区を含む。以下同じ。）が果たすべき役割に関する事項	第百十二条　経済産業大臣及び総務大臣は、創業支援事業により創業を適切に支援し、中小企業の活力の再生に資するため、創業支援事業の実施に関する指針（以下この条及び次条第四項第一号において「実施指針」という。）を定めるものとする。 2　実施指針においては、次に掲げる事項について定めるものとする。 一　創業支援事業による創業の促進に関する目標の設定に関する事項 二　創業支援事業の実施方法に関する事項 三　創業支援事業の実施に関して市町村（特別区を含む。以下同じ。）が果たすべき役割に関する事項

資料：e-Gov 法令検索（産業競争力強化法）
注：太字かつ二重線の下線部が変更箇所であり、筆者によるものである。

表 2-5 産業競争力強化法改正の目的（抜粋）

問1．法改正の目的はどのようなものですか。 ○開業率の上昇に直接的に資する施策を優先する観点から、**これまでは創業に向けて準備を行っている者向けの施策に集中**していたところです。 ○また、我が国は、創業に関心がある者に対する創業者の割合は諸外国と比較しても高水準である**一方、創業に関心がある者の割合が低いというデータ**があります。 ○開業率の更なる向上を目指して、創業に対する国民の理解及び関心を深めるため、創業の普及啓発に関する取組を促進することとしました。 問2．法改正の概要はどのようなものですか。 ○産業競争力強化法に基づく創業支援スキームは維持した上で、創業に対する国民の理解及び関心を深めるため、「創業支援事業」の概念を拡大させて**新たに「創業支援等事業」として規定し、「創業支援等事業」に創業に関する普及啓発を行う事業（創業機運醸成事業）も含める**こととしています。 ○また、「創業支援事業計画」も新たに「創業支援等事業計画」とし、同計画の中に創業機運醸成事業を位置づけられることとしています。

資料：中小企業庁 創業・新事業促進課＆総務省 地域政策課（2019年7月）「産業競争力強化法における市区町村による創業支援／創業機運醸成のガイドライン」53頁。
注：太字かつ二重線の下線部は筆者によるものである。

（2）　取り組む自治体は 2 割に満たない

　「起業態度を有する」グループを増やすための取り組みは、創業機運醸成事業と呼ばれているが、まだ始まったばかりである。2013 年に、現行の産業競争力強化法が成立し、それを受けて創業支援事業がスタートした。これは、市区町村が策定した創業支援等事業計画を国が認定するものであり、2020 年 12 月 23 日現在 1,460 市町村による 1,303 事業が認定されており、2020 年 3 月末（令和元年度）時点の実績として、17 万 9,891 人に支援を行い、そのうち 3 万 7,865 人が起業したという報告がある。

　その一方で、創業機運醸成事業に手を挙げている自治体による事業数は 2020 年 12 月 23 日時点で 186 にとどまっている。**図 2-5** は、都道府県別に創業支援事業数と創業機運醸成事業数を見たものであるが、創業機運醸成事業数の少なさがすべての都道府県で確認できる。

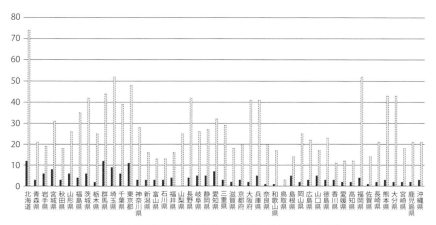

図 2-5　**都道府県別創業支援事業数と創業機運醸成事業数**（2020 年 12 月 23 日現在）
　資料：中小企業庁創業新事業促進課調べ。

（3）「起業態度を有しない」グループの属性

　最後に、限られた項目であるが、わが国の「起業態度を有しない」グループ
の特徴について確認しておく。

① 性別の分布

　性別分布については、女性の方が全体に占める「起業態度を有しない」割合
が高くなっている。男女合計では「起業態度を有しない」割合は 77.9 ％であ
るのに対して、女性は 83.2 ％、男性は 72.5 ％ が起業態度を有していない（図
2-6）。

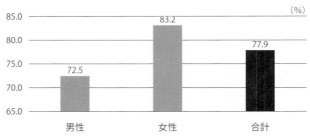

図 2-6　「起業態度を有しない」グループの割合（性別）（日本）
　　　資料：図 2-2 に同じ。以下同じ。

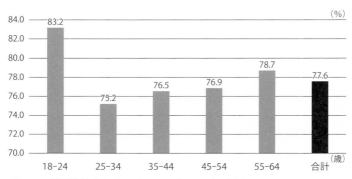

図 2-7　「起業態度を有しない」グループの割合（年齢階級別）（日本）

表 2-6　「起業態度を有しない」グループの割合
（年齢階級別）（先進国グループとの比較）

(%)

歳	日本	先進国グループ
18–24	83.2	46.5
25–34	75.2	41.0
35–44	76.5	43.6
45–54	76.9	45.1
55–64	78.7	50.8
合計	77.6	45.2

② **年齢階級別の分布**

　次に、年齢階級別の特徴を見ると、18〜24 歳が 83.2 % となっており、他の年齢階級と比べて高い（**図 2-7**）。先進国グループでは、55〜64 歳が「起業態度を有しない」割合が最も高いので対照的な結果と言える（**表 2-6**）。

③ **就業形態別の分布**

　就業形態別に「起業態度を有しない」割合をみると、フルタイムで働いている場合はもっとも低く 71.3 % であり、専業主婦（主夫）で最も高くなっている（87.4 %）（**図 2-8**）。フルタイムで最も低くなっていること、専業主婦（主夫）で最も高くなっているのは、先進国グループでも同様の結果である（図表なし）。

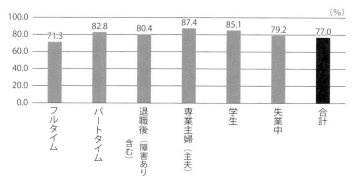

図 2-8　「起業態度を有しない」グループの割合（就業形態別）（日本）

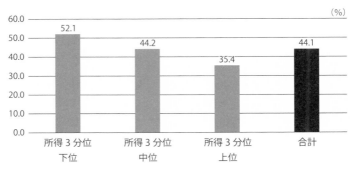

図 2-9　「起業態度を有しない」グループの割合（所得階級別）（日本）

④　所得階級別の分布

　所得階級別では、所得が低くなるほど「起業態度を有しない」割合が増加する（**図 2-9**）。この傾向も先進国グループと同様の結果である（図表なし）。

⑤　最終学歴別の分布

　最終学歴別に「起業態度を有しない」割合をみると、大学卒業、大学院卒業の 2 つのカテゴリーとそれ以外で大きな違いは生じている（**図 2-10**）。この傾向も先進国グループと共通している（図表なし）。

　このように、限られた属性データではあるが、他の先進国グループと比較した時の「起業態度を有しない」グループの属性には、大きな違いはない。あえ

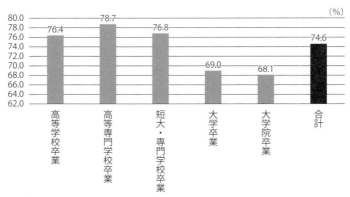

図 2-10　「起業態度を有しない」グループの割合（最終学歴別）（日本）

ていうとすれば、日本の若年層（18〜24 歳）において「起業態度を有しない」割合が相対的に高い。このことは若い人向けの起業家教育の重要性を示唆しているものの、そもそも全般に「起業態度を有しない」割合が高いことを考えると、特定の属性グループに働きかける政策よりも、すべての属性に一律に働きかける方が実態に合った方法と思われる。

4　まとめ

最後に本章で学んだことをまとめると次の 3 点になる。

第 1 には、21 世紀になり、中小企業基本法改正の効果もあって、日本の起業活動の水準は少しずつ上昇したが、先進国グループとは依然大きな開きがある。

第 2 には、「起業態度を有する」グループの起業化率（TEA）は先進国グループを超える水準となったが、「起業態度を有しない」グループの全体に占める割合が非常に大きいため、国全体の起業活動水準が伸び悩んでいる。

第 3 には、「起業態度を有する」グループを増やすために、産業競争力強化法が 2018 年に改正されたが、そのための政策プログラムである創業機運醸成事業に取り組む自治体はまだ少ない。

●注

1) 少数精鋭型というネーミングは、安田武彦（東洋大学教授）によるものである。

2) GEM は、1999 年に第 1 回調査が実施され、それ以降毎年行われ、2021 年は 23 回目の調査にあたる。厳密なサンプリング、そして調査結果を得るまでの計画化されたプロセス管理に特徴があり、参加国（60 前後の国・地域が参加）は、本部の何段階かにわたるチェックを受けて、同じ調査票を使い、最低 2,000 の回答を集め、その調査結果を個票ごとに SPSS という統計ソフトに入力して報告する。起業活動は、その重要性が認識されていたにも関わらず、国ごとに異なった目的を持つ既存調査から推計していたこと（例えば、英国は付加価値税の登録関連データであり、米国は雇用関連データであるなど）、起業の定義も国ごとに定めていたこと、そして既存調査そのものへの信頼性が低いなどの理由で、国同士の比較が困難であるという問題を抱えていた。そこで、1997 年に Bygrave 教授（バブソン大学）と Hay 教授（ロンドン大学）の 2 名のイニシャティブによって検討が開始され、起業活動の水準は国家によってどのくらい違うのか、起業活

動は国家の経済成長にどのくらい影響するのか、そして各国の起業活動の違いを引き起こす要因は何かの 3 つを明らかにすることを目的に 1999 年に最初の調査が行われた。筆者は 2003 年から日本チームに加わり 2011 年から日本チーム代表を務めている。なお、GEM の詳しい情報については、高橋（2009）などにあるので、そちらを参照いただきたい。

3) 起業態度の有無は、GEM で使用している次の 3 つの設問の中で 1 つもイエスがなかったものを起業態度無しとして、1 つでもイエスがあったものを起業態度有りと分類した。

　ロールモデル指数（Knoent）:「過去 2 年以内に新たにビジネスを始めた人を個人的に知っているか」という質問に「はい」と回答した人数を成人人口 100 人当たりの人数で示したもの。起業家との距離の近さやロールモデルの存在の有無を表す指標と考えられる。

　事業機会認識指数（Opport）:「今後 6 カ月以内に、自分が住む地域に起業に有利なチャンスが訪れると思うか」という質問に「はい」と回答した人数を成人人口 100 人当たりの人数で示したもの。新しい事業機会にどれだけ目を配らせているかを表す指標と考えられる。

　知識・能力・経験指数（Suskil）:「新しいビジネスを始めるために必要な知識・能力・経験を持っているか」という質問に「はい」と回答した人数を成人人口 100 人当たりの人数で示したもの。事業を始めるために必要な知識・能力・経験を有しているかを表す指標と考えられる。

【参考文献】

Allen, I. Elaine and Nan S. Langowitz (2011) "Understanding the Gender Gap in Entrepreneurship: A Multicounty Examination," In Minniti Maria (Eds.), *The Dynamics of Entrepreneurship*, Oxford University Press, pp. 31–55.

Brush, Candida G., et al. (2002) "The role of social capital and gender in linking financial suppliers and entrepreneurial firms: a framework for future research," *Venture Capital*, Vol. 4, Issue 4, pp. 305–323.

Davidsson, Per (2008) *The Entrepreneurship Research Challenge*, Edward Elgar Publishing.

Greve, Arent and Janet W. Salaff (2003) "Social Networks and Entrepreneurship," *Journal of Entrepreneurship Theory and Practice*, Vol. 28, No. 1, pp. 1–22.

Kelley, Donna, et al. (2012) *2012 Global Report*, Global Entrepreneurship Research.

Reynolds, Paul D. and Sammis B. White (1997) *The Entrepreneurial Process: Economic Growth, Men, Women, and Minorities,* Quorum Books.

Storey, David J. (1994) *Understanding the Small Business Sector,* International Thomson Business Press.（忽那憲治・安田武彦・高橋徳行訳『アントレプレナーシップ入門』，有斐閣，2004 年）

清成忠男（2009）『日本中小企業政策史』，有斐閣。

財団法人一ツ橋文芸教育振興会・財団法人日本青少年研究所（2013）「高校生の進路と職業
　　意識に関する調査」，財団法人日本青少年研究所。

高橋徳行（2005）『起業学の基礎』，勁草書房。

──（2009）「起業活動の新しい捉え方」，日本ベンチャー学会『日本ベンチャー学会誌』，第
　　14 号，3-12 頁。

──・磯辺剛彦・本庄裕司・安田武彦・鈴木正明（2013）『起業活動に影響を与える要因の
　　国際比較分析』，経済産業研究所，RIETI Discussion Paper Series 13-J-015.

──（2013）「起業態度と起業活動」，日本ベンチャー学会『日本ベンチャー学会誌』，第 21
　　号，3-10 頁。

──（2014）「起業家教育のスペクトラム」，ビジネスクリエーター研究学会『ビジネスクリ
　　エーター研究』，第 5 号，97-112 頁。

──（2017）「リーマンショック後に生じた日本の起業活動の変化」，企業家研究フォーラム
　　『企業家研究』，第 14 号，83-91 頁。

──（2019）「日本の起業意識と起業活動」，『やさしい経済学』，日本経済新聞社（2019 年 4
　　月 9 日より 6 回連載）。

──（2020）「新しい創業支援策の誕生とその背景」，『武蔵大学論集』，第 67 巻第 1・2・3・
　　4 号，9-19 頁。

──（2021）「創業支援における基本法改正の効果とその限界」，『商工金融』，2021 年 7 月号，
　　5-20 頁。

松田尚子・松尾豊（2013）「起業家の成功要因に関する実証分析」，経済産業研究所，RIETI
　　Discussion Paper Series 13-J-064.

第3章
起業とユーザーイノベーション

水野　学

1　はじめに

　本章の目的は、起業とイノベーションの関係について議論することである。多くの人たちにとって起業家とは、新しい製品やサービス、ビジネスモデルを創造し、それを事業として展開させるために会社を興した人たちを指すのではないだろうか。例えば、いまや世界的な大企業となったパナソニックの創業者である松下幸之助は、これまで専門的な知識がなければできなかった電球の取り外しを、誰でも簡単にできる電球ソケットを考案し、その製造と販売を始めるところから事業を開始している。また巨大なインターネットサービス企業となった楽天グループは、創業者の三木谷浩史が「コンピュータに強くなくても、誰でも簡単に店を開けるようにしたい」というコンセプトを思いつき、それを実現させる楽天市場というオンライン・ショッピングモールのしくみを開発したところから、その歴史が始まっている。

　このように、これまで世の中になかった製品やサービスを生み出すこと、すなわちイノベーションを伴った業を起こす人たちを起業家と呼び、さらにそのイノベーションが企業成長のエンジンとなっていくことは、あまり異論のないところであろう（榊原，2002）。

　ただ、そもそもイノベーションとはどのようなもので、起業家となっていくイノベーションの担い手とは誰なのだろうか。じつは近年、これまで多くの人たちが想定してきたものとは異なるイノベーションやその担い手が登場し、新しい起業家像を形成しているのである。そこで本章では先行研究をもとに、そ

の新しいタイプのイノベーション、新しいタイプのイノベーターの存在を明らかにした上で、そこから生まれる起業家の特徴と課題について論じていく。

2　イノベーションとは

　起業とイノベーションの関係を論じるにあたり、そもそもイノベーションとは何かということについて確認をしておきたい。ニュースなどで毎日のように目にするし、政府や地方自治体の政策目標としてもよく挙げられる言葉だが、それが意味することは使い手によってさまざまである。

　日本では長らくイノベーションを、科学技術を中心とした研究開発や製品開発と捉えることが多かった。これは経済企画庁（現、内閣府）が 1956 年に刊行した経済白書で、イノベーションを「技術革新」と翻訳したことが大きく影響しているといわれている。とりわけ「技術」という言葉の印象が強く、専門的な知識やスキルを持った人や組織が取り組む、なにか難しい研究や科学的発見と考えられてしまっているのかもしれない。

　しかし本章のテーマである起業との関連で考えると、その出発点となった新製品やサービス、ビジネスモデルの開発は、必ずしもそのような技術革新を伴うものばかりではないことに気づくだろう。例えば、冒頭で取り上げた楽天市場である。楽天市場は三木谷浩史を中心とする起業家たちが、それまで専門的な知識とスキルと高い費用を払わなければできなかったインターネット上でのショップ作りを、誰でも簡単に実現できるという革新的なサービスを開発することからスタートしたが、その開発に使われた設備や技術は決して新しいものではない。インターネット技術やサーバ設備、プログラミング言語はすでに世の中に存在していたものばかりである。それにも関わらず、生み出されたサービスは革新的なものであった。つまり「技術革新」という言葉は、イノベーションの一部しか表現できていないということである。それではイノベーションと何なのだろうか。

　イノベーション研究の父として知られるシュンペーターは、「イノベーションとは新しいものを生産する、あるいは既存のものを新しい方法で生産することである」と定義している（Schumpeter, 1934）。ここでいう生産とは、工場な

どでモノを作るという意味だけではなく、利用可能な物や力を従来とは違う形で結合させることであり、シュンペーターはこれを新結合と名づけている。つまり 2 つ以上の生産要素の新しい組み合わせを見つけ，そこから新しい価値を生み出す行為はすべてイノベーションと考えることができる。そのためシュンペーターは、イノベーションを「新しい製品や品質の開発」だけに限定していない。他にも「新しい生産方式の開発」、「新しい販路の開拓」、「原料や半製品の新しい供給源の獲得」、「新しい組織の実現」など、非常に幅広い分野でイノベーションが存在することを指摘している。

　この定義に基づけば、イノベーションは科学技術どころか、何か新しい発明や発見すらも必ずしも要件とはならないことがわかるだろう。既に世の中にあるものであっても、その組み合わせ方が新しく、そしてそこから新しい価値を生み出すことができれば、それはイノベーションと捉えることができるのである。つまり現在では「価値創造」と呼ばれる概念に近い考え方がイノベーションなのである。

　この考え方を理解するためにもっともわかりやすい例は、1964 年に開業した東海道新幹線である。日本の鉄道にとって大きなイノベーションであった東海道新幹線の建設には、新しく開発された技術や機器が多く投入されたに違いないと考えるかもしれない。しかし新幹線の開発責任者であった島秀雄の方針は、未経験の新技術は使わないというものであったと言う。これはこのプロジェクトを遂行に必要となる巨額の資金の多くを頼ることとなった世界銀行が、融資条件として実証済みの技術を用いて建設することを求めてきたことが大きく影響している。そのため、既に在来線の培われた鉄道技術、プロジェクト管理、そして組織的な工夫を組み合わせることで、世界にも通用するような革新的な高速鉄道システムを作り上げたといわれている（武石, 2001）。また楽天市場の誕生も同じである。既存の技術や設備であったとしても、その組み合わせを工夫することにより、オンライン・ショッピングモールという新しい価値を生み出すイノベーションを起し、それを起点として創業に挑んだと捉えることができる。

3　起業とイノベーション

　このように幅広い価値創造をイノベーションと呼んだシュンペーターは、このイノベーションと起業家についても興味深い指摘をしている。シュンペーターはイノベーションを起こす経営者が起業家であり、ただ事業を運営する行為とは異なるものであると主張している。つまりこの定義に従うのであれば、起業家とは単に事業を始める人ではなく、新旧、大小いろいろな要素の新しい組み合わせを見つけ出し、新しい価値を作り出すイノベーションに取り組み、事業を創造する人たちのことである。その意味では起業とイノベーションは表裏一体の関係なのである。

　ここまでの議論で、起業とイノベーションには深い繋がりがあることが明らかになったが、新しい起業家像にたどり着くために、次にイノベーションは誰がどのように生み出すのか、というイノベーションの主体の問題について考えてみる。

4　メーカーイノベーション

　じつはこれまでイノベーションや製品開発に関する学術研究は、イノベーションを起こすイノベーターはメーカーや研究機関といった組織であったり、そこに勤務する従業員や研究者であると考えられてきた（e. g. Arrow, 1962；Clark and Fujimoto, 1991；Tushman and Anderson, 1986）。このようなイノベーションをメーカーイノベーション、そのイノベーションを担う組織や人をメーカーイノベーターと呼ぶことにする。

　メーカーイノベーションの大きな特徴は大きく2つである。1つめの特徴は、メーカーは基本的に他者の抱える問題の解決を目指しているという点である。一般的にメーカーイノベーターは、消費者調査や市場分析を行い世の中に存在するニーズやウォンツを発見、それを解決するための製品を開発する。つまりニーズを持つ「誰か」を見つけて、その誰かのための製品開発を行うということである。これはサービス開発、ビジネスモデル開発でも基本的に同じであ

る。

　2つめの特徴は、メーカーイノベーターは経済的利益の獲得を目的として、製品やサービスの開発に取り組むという点である。一般的にメーカーイノベーターは、自分たちが開発した製品やサービスを、ターゲットとして想定した「誰か」に、マーケティング活動を通じて販売し、経済的利益とくに金銭的利益の獲得を行う。その利益をもとに、メーカーイノベーターは新しい経営資源を獲得し、さらなるイノベーション活動に取り組むことが可能となる。逆に言えば、新たなニーズやウォンツを発見したとしても、この経済的利益が期待できないのであれば、メーカーイノベーターがイノベーションに取り組む動機は小さくなるということである。

　ここで留意すべきことは、メーカーイノベーターは製造業には限らないという点である。①経済的利益を得ることを期待して、②誰かのために価値創造を行う組織や人は、サービス業や流通業などほかの領域であっても、メーカーイノベーターとして分類されることになる。そのため海外の研究ではメーカーではなく、producer という表現を用いているものも見受けられる。

　さてこのようなメーカーイノベーターがイノベーションを行い、生み出されたイノベーションから利益を得るために起業し、事業を行うという考え方は社会的通年として、おそらく多くの人たちにとって違和感のないものであったであろう。実際、先ほど述べたように製品開発やマーケティングに関する学術研究のほとんどが、メーカーによるイノベーションを前提としたものになっているし、国のイノベーション支援政策の多くがこのようなメーカーイノベーターの育成に焦点があてられている。

5　ユーザーイノベーション

　ところが 1980 年頃から、その前提を覆すような研究成果が報告されはじめた。von Hippel（1976）の科学機器のイノベーション研究をきっかけとして、それまで製品の使い手に過ぎないと思われていたユーザーが、あらゆる分野において重要なイノベーションの担い手であることが明らかにされてきたのである。それがユーザーによるイノベーション、すなわちユーザーイノベーション

である。ユーザーによるイノベーションは、ある特別な領域における特殊な現象ではなく、さまざまな産業において起きていることがわかってきた。例えばPC-CAD の開発（Urban and von Hippel, 1988）や図書館の検索システム OPAC の開発（Morrison, Roberts, and von Hippel, 2000）では、メーカーであるシステム会社だけでなく、ソフトウエアやシステムのユーザーであるエンジニアや図書館の職員たちがイノベーションに重要な役割を果たしていることが明らかにされてきた。日本でもコンビニエンスストアの発注システム（小川，2000）や、食品スーパーのバックヤードオペレーション機器（水野，2007）のイノベーションに、ユーザーである流通企業が主導的な役割を果たしていることが報告されている。

　もちろんこの現象は、産業財に限ったものではない。アウトドアやスポーツ分野（e.g. Franke and Shah, 2003；Lüthje, Herstatt, and von Hippel, 2005），レゴ（Hienerth, Lettl, and Keinz, 2014）など消費財分野において、ユーザーが製品やサービスのイノベーションに取り組んでいる事例が多数報告されている。例えば、マウンテンバイクである。オフロードと呼ばれる起伏の激しい山道や、沼地のような悪路でも走りやすいこの自転車は 1970 年代初頭に、一部の若い自転車ユーザーたちが、一般の自転車をオフロードで使用しはじめたことがきっかけとなっている（Bünstorf, 2003）。既存の自転車は悪路での使用に適していなかったため、ユーザーたちは丈夫な古い自転車のフレームにバルーンタイヤと呼ばれる低い空気圧で利用することができる乗用車用のタイヤを取り付けたり、オートバイのドラムブレーキを追加したりという改良を施すことで、現在のマウンテンバイクの原型を創り上げてきた。

　このようなユーザーイノベーションの特徴は、先ほど述べたメーカーイノベーションとは正反対の特徴を示している。1 つめの特徴は、他者ではなく自分自身の問題解決を目指しているという点である。産業財分野では自分たちの業務効率を上げる、消費財ではスポーツや遊びにおける自分たちのパフォーマンスを高めるなど、自分自身が直面している課題を解決することを動機としてイノベーション活動を始めているのである。

　2 つめの特徴は、イノベーションから得られる経済的価値への関心の低さである。先ほど説明したように、ユーザーイノベーションの動機は自分自身の問

題解決である。そのため、そこから直接的な金銭的利益を得ようとはもともと考えてはいない。von Hippel, Ogawa, and de Jong（2011）によれば、ユーザーイノベーションに取り組んだ経験を持つ日本の消費者のうち、当該イノベーションに関して知的財産権を申請した人は一人もいなかった。それどころかそのイノベーションの詳細を仲間や会社など、他者に開示した割合は11％にもなっている。この傾向は日本だけでなく、比較調査の対象となった米国や英国も同様であった。

6　リード・ユーザー論

　このようにイノベーションに取り組むユーザーは、既存研究によればリード・ユーザーと呼ばれる2つの特徴を持っていることが明らかになっている（von Hippel, 1986）。

　1つめが，ニーズの先進性である。リード・ユーザーは市場にいる多くのユーザーが，いずれ経験することになるニーズに既に直面していると仮定される。これは製品の使用頻度や使用の程度が一般のユーザーとは大きく異なるため、いち早く、そしてより多くの問題に直面しやすいからだ。2つめが，高便益期待である。他のユーザーに先駆けて気がついた問題点をいち早く解決することができた場合、より大きな便益を得ることができるため、メーカーよりも先にイノベーションに取り組む誘因が大きくなるという仮定である。これら2つの条件を満たしているユーザーは、製品の使い手という立場にとどまることなく、自らイノベーション活動に取り組み、製品やサービス、ビジネスモデルの開発まで行ってしまう可能性が高いとされる。

　リード・ユーザーによるイノベーションの事例を1つ紹介しよう。フィギュアスケートで使用するスケート靴である（水野・小塚，2019）。トップスケーターは、いうまでもなく一般のスケーターに比べて、スケート靴の使用頻度は著しく高い。さらにジャンプやスピンなど一般のスケーターとは比べものにならないほどスケート靴に負荷をかける。とくに近年は技のレベルが向上し、男子では4回転が当たり前のような状況になると、スケート靴とくにブレードと呼ばれる刃の部分への負荷は甚大なものになっている。その結果、新品のブ

レードであっても数回の使用で変型したり、破損したりするなどの問題が生じ
やすくなってしまう。さらに、ブレードのどの部分が、どのような動きをした
ときに問題が生じやすいか、その原因もある程度は特定することができる。こ
れがニーズの先進性である。一般のユーザーよりも過酷な使用状況であるから
こそ、いち早く問題に気がつくことができるのである。

　破損してしまった場合、新しいスケート靴に履きかえればよいのではないか
と思うかもしれない。しかしトップスケーターは、一般の人たちにはわからな
い微妙な感覚の中で演技をしているため、これまで足になじんできたスケート
靴を変えるということはそう簡単なことではない。なぜならトップスケーター
は微妙な感覚を調整しながら演技に臨んでおり、ちょっとした変化が自身の演
技に大きな影響を与えてしまうからである。さらにスケート靴は高額である。
交換による経済的な負担も大きい。だからこそ、変型したり破損したりしにく
いブレードを開発することができれば、安定的に演技を行うことができ、さら
には大会でよい成績を収めることが期待できる。これが高便益期待である。も
しメーカーがなんらかの事情でその問題解決に消極的である場合、スケーター
自身がイノベーションに取り組む誘因が大きくなる。実際にこの事例の場合、
トップスケーターは問題解決をしてくれる特殊鋼の加工を得意とする企業を探
し出し、これまでとは全く違う方法で成型するブレードの開発することで、自
分自身の抱える課題の解決に成功したのである。

　ここでこれまでの議論を整理しよう。シュンペーター以来、イノベーション
とその担い手は、メーカーの存在を中心に議論されてきた。ここでいうメー
カーとは、製造業だけに限られているのではなく、①他者のニーズやウォンツ
を見つけ出し、それに応えるためのイノベーションを実現させた後、②そのイ
ノベーションから金銭的利益を得るために商業化をはかる組織や人のことであ
る。そのためサービス業や流通業など幅広い分野においてメーカーイノベー
ターが存在する。

　ところが近年、これまで製品の使い手に過ぎないと考えられていたユーザー
もまた、イノベーションに取り組んでいることが少なくないことがわかってき
た。これをユーザーイノベーターと呼ぶ。ユーザーイノベーターは、①自分自
身が直面する問題を解決することを動機としてイノベーションを実現させるた

め、②金銭的利益にはそれほど関心を持たない、③それどころか、そのイノベーションを同じ問題を抱える他のユーザーに、無償で公開してしまうことがある、というメーカーイノベーターとは大きく異なる特徴をもっている。そしてこれらユーザーイノベーターは、幅広い製品やサービスの分野の中に存在し、数々の重要なイノベーションを成し遂げていることが、多くの先行研究によって明らかになっている。

7　ユーザーイノベーションと起業

　以上、メーカーとユーザー 2 つのイノベーションおよびイノベーターの違いについて論じてきたが、本題である起業とイノベーションの関連について議論を戻すと、じつはこれまで起業家論はメーカーイノベーションが前提となっていた。起業家たちは、所属が組織であろうが個人であろうが、またイノベーションに至るプロセスが技術志向であろうがニーズ志向であろうが、基本的に他者のニーズを解決するための製品やサービス、ビジネスモデルを開発し、それを商業化させることを目的に起業しているからである。本章ではこのような起業家を「伝統的起業家」と呼ぶこととする。

　これに対してユーザーイノベーションが起点となった起業家は、「ユーザー起業家」と呼ばれる（Shah and Tripsas, 2007）。自分自身のために開発した商品やサービス、ビジネスモデルの商業化を目的とした起業家たちである。イノベーションによって生み出された製品やサービス、ビジネスモデルの商業化を目指すのであれば、その主体がメーカーであろうがユーザーであろうが、起業という文脈で議論する場合はあえて区別する必要はないと考えるかもしれない。しかしこれまでの研究では、伝統的起業家とユーザー起業家では、起業に至る動機やプロセス、条件に違いがあることが指摘されている。そこで本節では、先行研究において示された、ユーザーイノベーターが起業家になる条件に関する 4 つの命題を手がかりに、この問題を論じていくこととする（Shah and Tripsas, 2007）。

　1 つめの命題は、ユーザーイノベーターは純粋な経済的利益ではなく、楽しさを提供する場合、イノベーションを商業化する傾向がある、というものであ

る。前節において、メーカーイノベーターは金銭的利益に動機づけられる傾向が強い一方、ユーザーイノベーターはそれがあまり強くないことを説明したが、この命題はまさにその特徴が反映されたものになっている。すなわち伝統的起業家が、金銭的利益の獲得に動機づけられてイノベーションの商業化に取り組むのに対して、ユーザー起業家は楽しさややりがい、産業や他のユーザーへの貢献といった、非金銭的な利益に動機づけされて起業する傾向がみられるというものである。

この命題は、次の2つの重要な示唆を含んでいる。1つめは、ユーザーイノベーターが起業する可能性は、メーカーイノベーターが起業する可能性より高くなるということである。楽しみややりがいを起業がもたらす効用の一部として代替できるということは、極端な表現を用いるなら多少の採算は度外視でも、ユーザーイノベーターは起業に踏み切る可能性が高いということである。もう1つは、より多様な産業で起業が生じるかもしれないということである。経済的な利益が期待できなくても、それが自分の趣味の活動の一部であった場合、起業によってより多くの時間をそれらの活動に費やすことができるため、伝統的起業家が見逃してきた産業でも起業が生じる可能性が出てくる。

2つめの命題は、ユーザーイノベーターは、機会費用が比較的低い場合、イノベーションを商業化する傾向がみられる、というものである。機会費用とは、ある選択を行ったとき、選ばなかった方の選択肢を選んだときに得たであろう利益のことである。例えば大学生が大学に進学せずに、その期間に働いていれば得られたはずの利益がそれにあたる。ユーザーイノベーターの起業は、この機会費用の影響を受けやすいとの命題である。

ベビー関連用品のユーザー起業家を例に説明しよう。1980年から2007年までにベビー関連用品業界で設立された企業のうち、じつに84％が親や祖父母、ベビーシッターなどユーザー起業家であったが、彼ら彼女らは比較的機会費用が低かったことが指摘されている（Shah and Tripsas, 2007）。現在では育児休業など、労働環境は変化してきているものの、調査が行われた当時の親たちは、子供が生まれたあとは仕事を辞めて家にいることが多く、他に働く場所を見つけることが難しい。そのため、起業という代替雇用への挑戦にためらいが少なくなるということである。

　もちろんユーザーイノベーターすべてが、機会費用が小さいということではない。例えばメスや内視鏡など、医療機器のイノベーションである。これらのイノベーションは、ユーザーである医師によってなされることが少なくないが、ではイノベーションを行った医師がその地位を捨てて起業するかというと、必ずしもそうはならない。一般的に医師の収入は高水準で社会的なステータスも高いため、起業によって生じる機会費用が非常に大きくなることが予想される（Chatterji and Fabrizio, 2007）。そのときは、先ほど述べたリード・ユーザーとして医療機器メーカーと共同でイノベーションの商業化を目指したり、医師としての地位はそのままに、他のパートナーと限定的な起業を目指したりすることが考えられる。

　このように、市場規模の大小だけでなく、そこでイノベーションに取り組むユーザーイノベーターの機会費用が低い産業や製品分野では、起業が生じる可能性が高くなるということである。

　3つめの命題は、ユーザーイノベーターは、小規模で周辺的なニッチ市場が多く、需要の多様性が高い産業において、イノベーションを商業化する傾向がみられる、というものである。1つめの命題で触れたように、ユーザーイノベーターは趣味性の強い市場に多く存在する。一般的にそのような市場は規模が小さく、さらに顧客嗜好の多様性が高いなど、特殊性が強いため伝統的起業家の興味の対象から外れてしまうことが多い。

　ところがユーザーイノベーターは、製品市場の成長性や収益性の観点からイノベーションを商業化するか否かの判断はしない。経済的な利益を動機としてイノベーションをしていないことに加えて、自分が楽しかったり、他のユーザーから興味を持たれれば、商業化に取り組むかもしれないという特徴を持つからである。その結果、これまでなかなかイノベーションの商業化が進まなかった産業においても、ユーザー起業家が誕生していく可能性を秘めている。

　4つめの命題は、ユーザーイノベーターは、製品市場の不確実性が高く、ニーズも曖昧な状態であるときこそ、イノベーションを商業化する傾向がみられる、というものである。

　伝統的起業家が製品やサービスの開発を行う場合、事前に消費者調査を行ってニーズを分析したり、プロトタイプを評価してもらうことが多い。しかしこ

れらの方法は、すでに存在する市場をターゲットにする場合には適切な方法であるが、全く新しい市場を対象とする場合には有効な手段とは言えない。なぜなら新市場においては、ユーザーのニーズが不確実で曖昧なものであったり、場合によってはニーズそのものが変化していくかもしれないからだ（Clark, 1985）。そのため伝統的起業家たちには、市場動向を見極めることが難しいことになってしまう。ところがユーザーイノベーターは、そのような不確実な市場においてニーズをよりよく評価するだけでなく、市場のニーズ自体を形成したり育成したりする能力まで持っている。その理由は3つである。

　第1にユーザーイノベーターは自分自身がユーザー、それもリード・ユーザーであることから、誰よりも早く、そして誰よりも深く市場のニーズを理解していると考えられるからである。

　第2にユーザーイノベーターの周囲には、同じ嗜好やニーズを持つ同士が集まるコミュニティが存在していることが多いからである。ユーザーイノベーターは、コミュニティを通じて集団でイノベーションに取り組む傾向がみられることが、さまざまな製品分野で報告されている（ex, Franke and Shah, 2003；Jeppesen, 2005）。自分自身の問題解決を通じて、経済的利益よりもそこから得られるさまざま経験を楽しむことを好むユーザーイノベーターは、仲間とともにイノベーションに取り組むことで、より多くの非金銭的価値を得ようとしているのである。

　第3は、このコミュニティの存在が、さらに市場ニーズの不確実性への対応を高める可能性を持つことである。例えば、潜在市場の形成である。同じニーズを持つということは、そのニーズを解決するイノベーションをもとに起業した場合、コミュニティメンバーはそのまま顧客になる可能性が高い。その過程において、ユーザー起業家はコミュニティメンバーに対して、ニーズや解決策に対する理解を深めさせたり、生み出された製品やサービスを試してみたいという強い動機を与えたりすることが可能となる。ユーザー起業家となるユーザーイノベーターは、その貢献度の高さからコミュニティ内での地位が高く、他のメンバーへの強い影響力を持っているからである。その結果、ユーザー起業家は伝統的な起業家よりも不安定な市場への適応力が高くなるのである。

8　今後の課題

　ここまで、ユーザー起業家という新しい起業家像とその特徴について論じてきたが、最後に、ユーザー起業家に関連する課題について指摘しておきたい。ユーザー起業家は、伝統的起業家が見逃したり、対応が難しい市場や製品分野において、新しいイノベーションを起こす可能性を秘めている。しかし現在のところ、その数はまだそれほど多くはないと考えられる。米国での調査結果を見る限り、起業家全体の1割程度である（Shah, Smith, and Reedy, 2012）。

　ただ先行研究によれば、ユーザーイノベーションは業界や製品分野を問わず、多様な領域で確認されている（ex. von Hippel, 2005）。それはユーザー起業家が製造業はもちろんのこと、流通業や観光、芸術、娯楽など幅広い分野において誕生する可能性があることを示している。伝統的起業家に比べて起業へのハードルが低いことを考えると、今後はますます増加していくことが期待される。そのために克服すべき課題を2点指摘しておきたい。

　1つめは、ユーザーイノベーターの「苦手分野」の克服である。イノベーションを実現させるには、機能デザインと技術デザインという2つの問題解決を行わなくてはならない（小川, 2000）。機能デザインとは、ユーザーが抱える問題を発見し、それを機能要件に翻訳するという問題解決である。技術デザインとは、その機能を実現するために、生産技術を含めた要素技術の組み合わせを創出する問題解決である。もう少し具体的に説明しよう。

　例えば、伝統的な建物がたくさん残っている古い都市が、違法駐車の問題で困っていたとしよう。このような都市はすでに住んでいる市民に加え、外部から多くの観光客が訪れるため、慢性的な駐車場不足となりがちである。しかし古い建物や狭い路地が多く、これ以上駐車スペースを増やすことが難しい。まずこれが問題の発見である。

　つぎにその問題を解決するためには、いくつかのアイデアが考えられる。例えば立体駐車場にして上に増やすとか、逆に地下駐車場として下に増やすという方法である。これ以外にも、車そのものを折りたためるようにすることで、駐車に必要となるスペースを減らすという解決策もあり得る。このように、問

題解決のための方向性を考えることが機能デザインである。

　では問題解決のために、折りたためる車という機能デザインを選択した場合、次にそれを実現させるために技術的な問題を解決する必要がある。シャーシと呼ばれる土台やボディをどのようにすれば折りたためるようになるのか、エンジンやシートをどのように設計すれば折りたたんだときに収納できるようになるのか。利用可能な要素技術や生産設備を組み合わせて、具体的な形にしていく問題解決が技術デザインである。

　一般的にユーザーイノベーターは、機能デザインは得意である。ユーザーとしてニーズをよく理解し、それをどうやって解決すればよいのかというコンセプトやアイデアは次々に生み出すことができる。その一方で、それを形にするための技術デザインは苦手分野である。ユーザーの多くはメーカーのように生産設備や技術、スキルを持っているわけではない。そのためユーザーイノベーターは、既存の製品や部品を組み合わせて「とりあえず」形にすることしかできないことが多い。ユーザーイノベーターがユーザー起業家となるためには、この部分を克服する必要が出てくる。

　2つめは、そのような問題を支援するための政策が不足していることである。これまでのイノベーション政策は、メーカーイノベーションを支援することが前提となっている（小川, 2013）。これは既に述べたように、イノベーションはメーカーが行うものだとの認識が社会的通念となっていたからである。起業や事業の継続にかかる手続きや費用は、多くのユーザーイノベーターにとって負担となることは容易に想像できる。経済的利益をそれほど期待していないことや、イノベーションの楽しさや活動を損なわないために、ユーザー起業家は規模を拡大しない傾向が見られるという（小川, 2013）。それでも自分たちの楽しみの延長線上で起業をするユーザーイノベーターたちにとって、その楽しみな時間を割いてしまうような業務は、ユーザー起業家の誕生を阻害してしまうだろう。ヒト、モノ、カネ、情報において、メーカーイノベーションとは違う、ユーザーイノベーター独特の課題を支援するしくみが必要なる。

　ただ、これらの問題を解消するための支援サービスは、既に生まれきている。例えば技術デザイン不足を補完してくれるサービスとして、メーカースペースやファブスペースと呼ばれる施設がある。そこでは 3D プリンタやレー

ザーカッターなど、個人で購入することは難しいものづくりのための設備のレンタルサービスや、専門家による技術的なアドバイスなどを提供してくれる。

またクラウドファンディングも、ユーザー企業家にとって親和性の高い支援サービスと言える。ユーザーイノベーターはコミュニティで活動する傾向が見られることが既に述べたが、クラウドファンディングによる資金調達のしくみは、まさにこのコミュニティ運営と近い特徴を持つ。ユーザーイノベーターとして支援者を募り、育てながら起業へと繋がるサービスが今後拡充していけば、さらにユーザー企業家の誕生が促進されるであろう。

【参考文献】

Arrow, Kenneth J. (1962) Economic Welfare and the Allocation of Resources for Invention, In R. R. Nelson (Ed.), *The Rate and Direction of Inventive Activity: Economic and Social Factors*, Princeton University Press.

Bünstorf, G. (2003) Designing clunkers: demand-side innovation and the early history of the mountain bike, In *Change, Transformation and Development* (pp. 53–70), Physics, Heidelberg.

Chatterji, A. K. and Fabrizio, K. R. (2007) *Professional Users as a Source of Innovation: The Role of Physician Innovation in the Medical Device Industry*, Working paper, University of California at Berkeley: Berkeley, CA.

Clark, K. B. (1985) "The interaction of design hierarchies and market concepts in technological evolution," *Research policy*, Vol. 14, No. 5, pp. 235–251.

────── and Fujimoto, Takahiro (1991) *Product Development Performance*, Boston, MA: Harvard Business School Press.

Franke, N. and Shah, S. (2003) "How communities support innovative activities: an exploration of assistance and sharing among end-users," *Research Policy*, Vol. 32, No. 1, pp. 157–178.

Hienerth, C., Lettl, C., and Keinz, P. (2014) "Synergies among Producer Firms, Lead Users, and User Communities: The Case of the LEGO Producer-User Ecosystem," *Journal of Product Innovation Management*, Vol. 31, No. 4, pp. 848–866.

Jeppesen, L. B. (2005) "User Toolkits for Innovation: Consumers Support Each Other," *Journal of Product Innovation Management,* Vol. 22, No. 4, pp. 347–362.

Lüthje, C., Herstatt, C., and von Hippel, E. (2005) "User-innovators and "local" information: The case of mountain biking," *Research policy*, Vol. 34, No. 6, pp. 951–965.

Morrison, Pamela D., Roberts, John H., and von Hippel, Eric (2000) "Determinants of User Innovation and Innovation Sharing in a Local Market," *Management Science,* Vol. 46, No. 12, pp. 1513–1527.

Schumpeter, J. A. (1934) *The Theory of Economic Development*, Cambridge, MA: Harvard University

Press. (塩野谷祐一・中山伊知郎・東畑精一訳『経済発展の理論 上・下』岩波書店，1977年)

Shah, S. K. and Tripsas, M. (2007) "The accidental entrepreneur: The emergent and collective process of user entrepreneurship," *Strategic Entrepreneurship Journal*, Vol. 1, No. 1-2, pp. 123-140.

Shah, S., Winston Smith, S., and Reedy, E. J. (2012) Who are User Entrepreneurs? Findings on Innovation, Founder Characteristics, and Firm Characteristics (The Kauffman Firm Survey), *Findings on Innovation, Founder Characteristics, and Firm Characteristics (The Kauffman Firm Survey)* (February 2012).

Tushman, Michael L. and Anderson, Philip (1986) "Technological Discontinuities and Organizational Environments," *Administrative Science Quarterly*, Vol. 31, No. 3, pp. 439-465.

Urban, Glen L. and von Hippel, Eric (1988) "Lead User Analyses for the Development of New Industrial Products," *Management Science,* Vol. 34, No. 5, pp. 569-582.

von Hippel, Eric (1976) "The dominant role of users in the scientific instrument innovation process," *Research Policy*, Vol. 5, No. 3, pp. 212-239.

—— (1986) "Lead Users: A Source of Novel Product Concepts," *Management Science*, Vol. 32, No. 7, pp. 791-805.

—— (2005) *Democratizing innovation*, Cambridge, Massachusetts: The MIT Press.

——, Ogawa, S., and P. J. de Jong (2011) "The Age of the Consumer-Innovator," *MIT Sloan Management Review*, Vol. 53, No. 1, pp. 27-35.

小川進（2000）『イノベーションの発生論理』，千倉書房。

—— (2013)『ユーザーイノベーション：消費者から始まるものづくりの未来』，東洋経済新報社。

榊原清則（2002）「ベンチャー企業の育成と経営管理」，野中郁次郎編著『イノベーションとベンチャー企業』，八千代出版，219-275頁。

武石彰（2001）「イノベーションのパターン：発生，普及，進化」，一橋大学イノベーション研究センター編『イノベーション・マネジメント入門』，日本経済新聞社，68-98頁。

水野学（2007）「ビジネス・システム革新における製品革新：革新誘発力の源泉としてのノウハウ公開」，『流通研究』，第9巻第3号，53-68頁。

——・小塚崇彦（2019）「リード・ユーザーとメーカーによる共創型製品開発：フィギュアスケーターによるフィギュアスケーターのための製品イノベーション」，『マーケティングジャーナル』，第39巻第2号，6-21頁。

第 **4** 章
起業家の資質
——資質論・行動論・制度論——

大驛　潤

1　はじめに

　起業家の成功は、「少しの個人的資質と、多くの偶然（機会）で構成されている」と言われると、多くは驚くであろうか。一般に、起業家の成功物語や成功論などを見聞きし、その知見を取り入れようとする者は後を絶たない。とりわけ起業前の起業家予備軍ほど、"事業で成功したからには、その秘訣がどこかにあるに違いない"と考え、その成功の要因を模索するのが常である。書店において壁半分をこのような種類の書籍で、埋まる光景は、成功を生む要因を皆が知りたがっている証左でもある。

　しかしながら、「どうやら、事業での成功とは、資質よりも偶然の機会の要素の方が大きい」としたら、いかに考えるであろうか。本章は、そのような近年の研究に基づいて論を進める。

　現在、成功した起業家とその要因、またそこに到達する枠組みの分析が経済学と経営学の臨界で生まれている。それと同時に、"資質論"といった伝統的枠組みを超えて、成功した起業家の要因を、経済的ないし社会的正統化のため協議された1つの枠組みから、考察しようとする"行動論"や"制度論"が現れている。

　本章の目的は、上記、問題意識のもと、「成功した起業家の資質」に関して考察することで、そこから派生する分析枠組みの展開等、学術的に貢献できるインプリケーションを導くことにある。

2　資質と資本の関係

（1）　正規分布とベキ乗分布

　最新の社会科学研究の領域で、「事業における成功・失敗の決定上、多くの偶然（機会）の要素がかなり大きな役割を担う」という先行研究が提出されている（Pluchino, Biondo, and Rapisarda, 2018；Mitchell, Levin, and Krumboltz, 1999；Mintzberg, 1987；沼上，2000；根来，2008；石井，2003；水越，2006）。なかには、「偶然の機会」が起業家に与える影響は、われわれが想像していたよりも、はるかに大きな役割を担っている、という結論が導き出されているものがある。

　本章では、2018 年提出された University of Catania における研究、Pluchino, et al.（2018）を紹介する。「事業で成功するには、資質（能力）なのか偶然の機会（運）なのか」というテーマをコンピュータ・シミュレーションを使って、統計的に分析した研究である。換言すれば「事業の成功と高い資質は因果関係にあるのか」に関して研究データをもとに解析をしている。

　Pluchino, et al.（2018）では、「資質と資本の確率分布は一致しない」という前提からスタートする。一般に、“資質”、すなわち知能や技能などは「正規分布」をとることはよく知られている。資質の 1 つとして、偏差値の視点から検討すれば分かりよい。図 4-1 は、横軸に偏差値（確率変数）、縦軸で確率密度を表し、真ん中（中央）が平均値を表す。中央値 50 から標準偏差 ± 10 ブレた点に、偏差値 40 と偏差値 60 が位置づけられる。この偏差値 40 から 60 のレンジに入る者が全体の 68.27 % となる。

　他方、“資本”の確率分布は、正規分布ではなく、図 4-2 のような「ベキ乗分布」をとる。両対数プロットで直線になれば、ベキ乗分布を意味する。しかし、対数目盛の性質から対数グラフのテールがギザギザになることもある。この横軸に資本、縦軸に人数をプロットすると、資本が少ない人が極端に多いことが分かる。ここでいう事業の成功とは、「資本形成する」（膨大な資本量を獲得する）ことを指し、本章では起業家としての資本形成とする[1]。

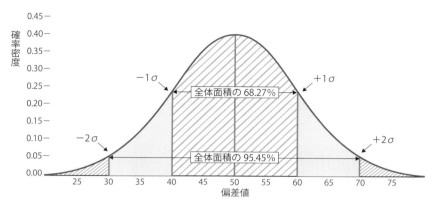

図 4-1　偏差値と正規分布

出所：筆者作成。

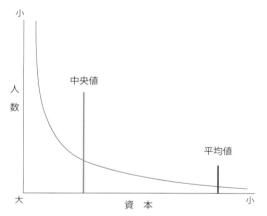

図 4-2　資本のベキ乗分布

出所：筆者作成。

　また、**図 4-2** において、横軸における「左端」、すなわち資本を膨大に所持している人数は、極端に少ない分布になっている。"Winner takes all" とまでは言わないまでも、いわゆる「顧客の 2 割で、売上の 8 割を占めている」とするパレート法則に近似する。

　現実の資本は、「ベキ乗分布」しており、しかもその格差は、想像以上に大

きい。拡大する世界の所得格差を研究対象としている Elliot（2017）では、事実として、"世界の富豪ランキング上位 8 人の資本が、世界の下位 50 ％の資本の合計と同じとなっていること"を示している[2]。では成功した起業家は資質的に、平均的な人の数十倍も優れているのであろうか、いや、資質が数十倍あったわけでも、数十倍働いているわけでもないであろう。成功した起業家と最貧困の人達の差が、極端に大きいにも関わらず、他方、個人の資質レベルにおいて IQ 500 の人は存在し得ないし、平均労働時間数の数十倍も働いてる人も物理的に存在しない。これをどのように捉えれば良いのであろうか。

（2）　資質と偶然

　かかる問題意識から、Pluchino, et al.（2018）では、前段の解を、人口 1,000 人の仮想世界を対象に、エージェント・ベースモデル（複雑な集団の動きをコンピュータ・シミュレーション）で実験した。そこでのシミュレーションの初期設定は、以下の 3 つとなる。

- 1）初期資本量（最初に与えられる資本）は、全員一定だが、半年ごとに 3 つの機会で資本が変化する
- 2）各資質は異なるレベル（0.3〜0.9）で設定され、資質分布は正規分布に従うよう振り分けられる
- 3）労働寿命は 40 年（20 歳〜60 歳）を想定する

　このシミュレーションの状況を可視化したものが**図 4-3** となる。この実験の前提条件として、1）に関して説明する。まず半年ごとに各人が、ランダムに 3 つの機会に遭遇するものとする。

　第 1 に、「無風との遭遇」である。この機会は資本に影響を及ぼさない。換言すれば、何も起こらないのと同じ、"意味のない機会"との遭遇であり、よって資本の増減はない。

　第 2 に、「幸運な機会との遭遇」である。この実験では、「幸運によってもたらされた機会を活かせる力」を資質とする。幸運な機会と遭遇すると、異なる資質の数値（0.3〜0.9）に比例して資本が 2 倍となる。つまり資質レベルの数

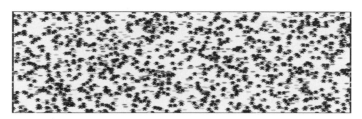

図 4-3　シミュレーションの可視化

出所：Pluchino, et al.（2018）.

値が高い程、資本は増加する。この実験の設定において、ここで"資質"が関わってくることとなる。これにより、資質の有効性を確かめることができる。

　第 3 に、「不運な機会との遭遇」である。不運な機会と遭遇すると、今持っている資本はすべて半分になるとする。

　上記 3 つの遭遇に対する"資質のレベル"によって、所有するその資本が少なくなったり、多くなったり変化する。**図 4-3** では、黒点が、異なる資質レベル（0.3〜0.9）の人達で、このようにバラバラに偏在することを表している。濃いグレーの点は、幸運な機会、淡いグレーは不運な機会を示す。濃いグレーと淡いグレーの 2 つの点が、このシミュレーションでランダムに動く。各人が 3 つの機会と交差した時、交差した人に、その"資質レベル"（0.3〜0.9）に基づいて資本の増減が起こる。もっとも、天災などでは、資質は全く意味をなさず、よって、前述の通り、2 分の 1 になる。

　図 4-4 においては、縦軸に人数、横軸に資質がプロットされる。この母集団における資質は、正規分布の型として示される。資質は、真ん中の 0.6 の人が最も多く、端の 0.3 や 0.9 になるほど、人数が少なくなっていることを表している。

（3）　資質と資本

　次に**図 4-5** では、縦軸が人数、横軸が資本の量がプロットされる。この**図 4-5** で、40 年間のシミュレーション結果を検討する。第 1 に、資本の分布から考察していく。初期設定（一定の意味）を付与されていたものが、40 年後どの

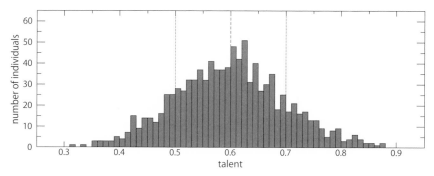

図 4-4　資質の正規分布

出所：Pluchino, et al.（2018）.

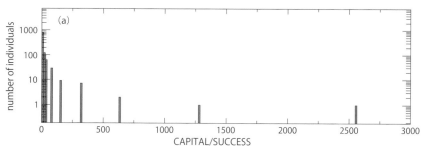

図 4-5　資本と人数のベキ乗分布

出所：Pluchino, et al.（2018）.

ような結果になったかという考察である。その結果、「ベキ乗分布」となっており、このシミュレーションでは、パレート法則の原理が確認された。

　加えて、「事業での一番の成功者の資質は、いかなる資質のレベルであるのか」を考察する。**図 4-6** で、資質の値別の最終資本の結果を示す。まず、横軸が資質レベル、縦軸が資本量、がプロットされる。横軸の資質レベルにおいては、真ん中が平均値（0.6）となる。**図 4-6** を見ると、"資本量"の一番高い点があり、これが最も成功した人となる。この"資本量の一番高い人"は、資質に関して、平均値よりもわずかだけ優れた"中程度の資質"を持った人であった。しかし、この一番の成功者は、その他の人の「平均資本の 128 倍」の資本

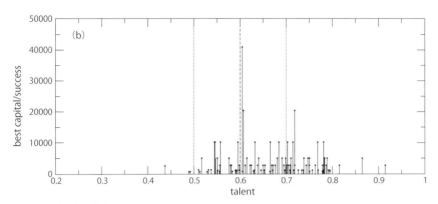

図4-6　資質と資本量

出所：Pluchino, et al.（2018）.

を獲得していた。

　他方、"資質の一番高い人"は、**図4-6**でいうと一番右端の人である。資質の一番高い人の資本量はかなり少ない結果となった。資質の一番高い人よりも、中程度の資質で一番幸運な機会に遭遇した人の方が、はるかに大成功した結果となった。"資質"、つまり「幸運な機会を活かせる確率の高さ」よりも、"機会"、つまり「幸運な機会に遭遇する回数」の方が事業の成功に影響を与えるということである。大成功の背後に、"並外れた資質"が必要無いのであれば、別要因が存在するのが常である。それは、「偶然」であるというのが、この実験結果である。正確には、「偶然の幸運な機会との遭遇数」となる。つまり"事業で最も成功する人"とは、中程度の資質で、数多く幸運な機会に遭遇した人ということを示唆している。

3　資本量と労働時間の関係

（1）　機会数と資本量

　次に、「幸運か不運かの機会に遭遇した各回数」と最終的な「資本量」を、

示した**図 4-7** を見てみよう。総体的には、事業の成功者は当然、幸運な機会の
遭遇回数が多く、不運な機会の遭遇は少ない。**図 4-7**（上部）では、横軸が資
本の量、縦軸に幸運な機会の数、がプロットされる。**図 4-7**（下部）は、横軸
に資本の量、縦軸に不運な機会の数、がプロットされる。具体的にこれらを見
ると、強い相関関係があることがわかる。つまり、事業での成功要因は、「幸
運か不運かの機会の各遭遇回数」に、影響を大きく受けるということである。
また、この実験結果では、全体の 16 % の人は、幸運な機会も不運な機会も特
にない、いわゆる普通の平凡な人生を送り、全体の 40 % の人はどちらか一種
類の機会のみの経験で、幸運か不運かのいずれかで、片方の経験は、していな
いことがわかった。

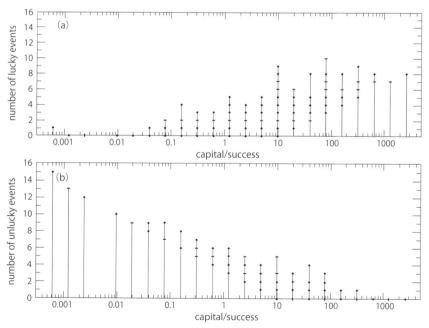

図 4-7　機会数と資本量

出所：Pluchino, et al. (2018).

（2）　資本量と労働時間

　次に**図 4-8** で、労働年数 40 年間の間に起こった幸運と不運の機会を時系列で見ていく。**図 4-8** では、横軸が労働時間、縦軸が資本の量、がプロットされる。

　第 1 に、（a）のグラフであるが、これは、"事業で最も成功した人"の曲線を示している。これを見ると、事業人生の前半、左側では幸運な機会の回数が少なく、資本もない状態である。それが 40 歳になる直前に、"幸運な機会"が集中し、そこから資本の量が急激に増大し、キャリアの最後の 5 年間で指数関数的に資本量が増加している。

　第 2 に、（b）のグラフであるが、これは"事業で最も成功しなかった人"の曲線を示している。これを見ると、事業人生の後半、すなわち 40 歳以降、特に"不運な機会"の回数が頻繁にある。そこでは、資本が徐々に減少していっ

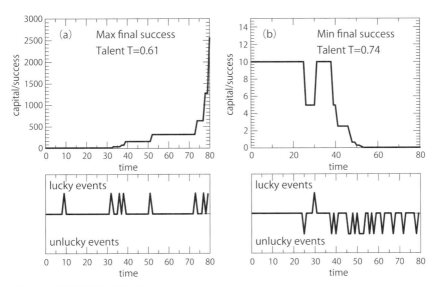

図 4-8　労働時間と資本量

出所：Pluchino, et al.（2018）.

ているのが分かる。なお、統計的に興味深いのは、この"事業で最も成功しなかった人"は、資質の値 T が、0.74 となっている点である。他方、"最も成功した人"は、資質の値 T が、0.61 となっている。

実験結果として、"最も成功しなかった人"は実際、"最も成功した人"よりも、高い資質を持っていたということである。資質は、成功にさほど影響しないということを示している。

続いて、このシミュレーションを 1 万回行い、"事業で最も成功する確率の高い人"とはいかなるレベルの人かを導出した結果が図 4-9 である。これを見ると、偏差値に直すとおよそ 55 から 60 前後の人が、成功する確率が最も高いということが実験より導かれた。つまり、平均値より、少し上の資質を持つ"中程度の資質の人"は、統計的には、40 年間を通じて、幸運の機会に恵まれていれば、"最も資質の高い人"よりも、はるかに成功する、というのがこの研究の興味を引くところである。「事業の成功とは運に過ぎない。資質とは関係が無い」と統計的証明が導かれた先行研究であるが、要点は 2 つある。第 1 に、最も成功した者は、資質の一番高い人ではない、第 2 に、資質よりも幸運な機会に遭遇する回数が肝要となる、以上である。

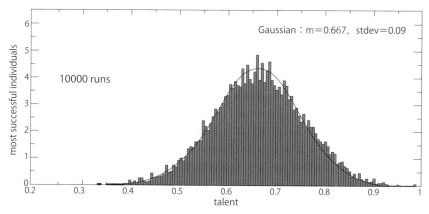

図 4-9　資質と資本量

出所：Pluchino, et al. (2018).

4　資質論・行動論・制度論

（1）　起業家のベキ乗分布に関する考察

　ここまで Pluchino, et al.（2018）によって“資質の正規分布”と“資本のベキ乗分布”の 2 つの型があることが導出された。統計学における正規分布は、2 項分布から生み出され、その一回ごとの分岐が独立で、次の分岐に影響を与えないことがその特徴となっている。因果関係を踏まえる際、その因果が複数存在するが、おのおの独立にそれらが影響する場合、十分な標本数を採ると正規分布となることは、大数の法則として証明されている。

　Newman（2005）に従うと、正規分布となる資質は、偏差値で計れる資質のように、明確なルールによって評価される資質であるとする。果たさなければならない資質がかなり明確で、しかも、おのおのが個別に独立して、事業を果たしている状況における資質が正規分布の資質となる。

　従来は資質について考える際は、正規分布的に平均を考え、分散を考え、どの程度かと想定して考察していた。しかし、資本の形成では正規分布とは明らかに異なる形、すなわちベキ乗分布に従っている。正規分布に対し、この“ベキ乗分布”は、明確なルールによって評価されることのない事象である（Newman, 2005）。ベキ乗分布は、独立の要因がおのおの働いておらず、Pluchino, et al.（2018）では、評価対象に対し、研究結果から資本形成に高い「資質」の有効性を排除した[3]。

$$P(x) = Cx^{-2}$$
　　c，α は定数。x は 1，2，3，……で上位からの順位

　このベキ乗分布を持つ要因は、通常、上記の数式で示される。数式が示しているのは、最も大きな値を示すケースから順に、指数関数的に漸減し、だんだんとロングテールとなっていく状態である。要因群が独立ではない“ベキ乗分

布”では、時系列で、一回性に展開する相互作用の下、予測プロセスを通じ、決定が選択されていく。そのため、不確実性が包含される。この不確実性の高いレベルの事象は、解析的に正確に明らかにすることは難しい。

　この特性下では、ベキ乗分布全体のシステムを駆動させる正のフィードバックの不安定プロセスは、全体システムにおける小さな変動の増幅で生起される。この変動の増幅は、原因というより、むしろ状況の好ましい組み合わせによる可能性のきっかけ、すなわち機会でしかない。しかし、この機会が全体システムの経路依存を方向づける重要な役割を帯びている。

　このような現象に対して、Pluchino, et al.（2018）の研究のような独立 – 従属変数システムを重視する「法則定立的アプローチ」では、目的を手段の点から直接捉える道筋で分析する。他方、沼上（2000）では、このような不確実な現象を研究する場合[4]、法則定立的アプローチ（カヴァー法則モデル）に加えて、メカニズム分析モデルの知見が不可避とされ、その結果、双方の対話を導く理論的基盤が提供されるべきと主張する。沼上（2000）がこの点を意識していることは、不確実性を踏まえた起業家研究をすすめるにあたって有意義なことであると言えよう。

　Pluchino, et al.（2018）の研究では、法則定立の点から、高い資質は必要ないと明言している。しかしこのモデルは、資質の定義、資質と資本の設定、の2点に肝があると考える。まず資本の定義に関してであるが、そこで言われている資質とは、「幸運という機会に遭遇した時を活かす力」を指す。

　次にこの実験の要諦は「幸運の機会に遭遇した時、資質に比例して資本が2倍」という設定にある。あくまで、この2倍という数字設定に基づけば、高い資質は排除されるという実験である[5]。実験結果から、(1) 幸運な機会にどれだけ遭遇できるか（運）、(2) 幸運という機会に遭遇した時に、どのようにそれを活かせるか（資質）、以上2つのアプローチからの結論（**図 4-6** と**図 4-7**）として理解しておくことは肝要となろう。

(2)　起業家の資質論

　現在の起業家に関する「資質論」は、起業家の資質が、事業の成功を生み出

す決定因と捉える考え方である。つまり、石田（2014）が論及している創業期の「資質優勢説」である。それは、成功した起業家達における共通の資質の解明を目的とする（McClelland, 1961；Carland, Hoy, Boulton, and Carland, 1984）。石田（2014）では、資質優勢要因として当初、「諦めない執拗さ」と「能動的行動性」の 2 つを挙げている。

　この考え方、すなわち起業家という個人に瞠目した研究においては、過去、事業で成功した多くの偉大な起業家を当然ながら挙げることができる。しかしそれは、岩井（2009）も言及しているように、Schumpeter（1926）の起業家論が、20 世紀初頭に、「生の哲学」を唱えて、一世を風靡したフランスの哲学者アンリベルグリンの影響を受け、一種の「英雄主義」的な色彩を持って迎えられたのと符号する。これらは、時と場は変われども、起業家達がその資質を存分に発揮したからこそ、事業で成功したという英雄論の建てつけである。それゆえ、起業家達に通底する共通の資質が存在するとして、資質論が展開されている（McClelland, 1961；Carland, Hoy, Boulton, and Carland, 1984）。

　資質論と同じ地平を共有するものとして Schein（2013）の「キャリア・アンカー理論」（Career Anchors Theory）がある。起業も当然キャリアの 1 つであり、キャリア・アンカー理論は、個人がキャリア選択の際、自己の資質を踏まえて設定した目標（価値）に向かい、キャリアを積んでいくという考え方である。

　他方、「キャリア・アンカー理論」の対比として、Mitchell, Levin, and Krumboltz（1999）の「計画的偶発性理論」（Planned Happenstance Theory）」[6] と並び、McCall（1998）がある。McCall（1998）では、「経験学習」という理論的枠組みから、リーダーの「資質」ではなく、「経験」の共通性に重きを置き、その経験要素として、トリガー・イベントとしての挫折や失敗の経験の重要性を示した。起業家にとってのトリガー・イベントの重要性に関しては、高橋（2005）も同じ視座を共有している。もちろん経験して学習するには、その前に行動しなければならない。そこでは、トリガー要因と行動要因を区別する必要がある。引き金を引いたとしても、火薬が入ってなければ、弾は出ない。火薬を入れない限り、引き金にだけ焦点を当てても意味がない以上、それを踏まえて両者の関係を考える必要がある。

　McCall（1998）や Mitchell, et al.（1999）と同様に、個人の資質と資本の関係

について、先の Pluchino, et al.（2018）では、事業の成功者は、偶然の機会を増やし、それをものにすれば、高い資質を持つ必要はなく、正規分布で 50〜60 前後の偏差値間で事足りるとした。起業家の「資質」と「資本の形成」（事業の成功）の間に有意的な関係性は抽出されなかった。結果、起業家の資質研究は、単なる偉人論や英雄論に過ぎず、「再現性」がないことを証明し、実験結果から、探求されるべき起業家研究があるとすれば、そこからは、ズレているとした。

(3)　起業家の行動論Ⅰ：行動投入

　起業家に援用した資質論の主張、それは事業で成功する起業家の資質は何かというアプローチであった。しかし、Pluchino, et al.（2018）では事業の成功において、高い資質は必要ないと結論づける。

　McCall（1998）や Mitchell, et al.（1999）においてもキャリア論の視点から、それを過小評価する。また経済学の領野でも、特別な資質を持つ起業家に依拠しない経済成長モデルが検討されてきた（Kirzner, 1973）。

　前段の Pluchino, et al.（2018）に従えば、事業の成功は「最適なタイミング」で「最適な場所にいること」、すなわち時と場に居合わせることが肝要なので、(1) どういう起業家の資質が重要であるのか、(2) 自分にその資質があるかどうかは、事業の成功因に関係ないとする。その意味で有能な起業家に関しては、次に、起業家の「行動」が瞠目されよう。すなわち、資質が関係ない以上、他のパラメーターが同じであれば、数打つ、あまたばら撒く等、「回数を引く事＝行動」しかない。トライ＆エラーの繰り返しの中で、このトライ数を増やすことに尽きる。例えば、回数として、くじを 1,000 回引けば、1 回あたるかもしれないという筋立てのため、結局、事業の成功は試行回数に帰結することになる。そうであれば、企業にギャンブル性が伴う以上、やることは行動すること、まずは行動（知覚動考）することが不可避となる。そこで時と場をものにすることが正解となり、行動しない（行動の分母 denominator を増やすことができない）者は事業で成功することは難しい。

　この行動論の代表的研究の 1 つとされる Gartner（2007）では、アントレプレ

ナーシップを発揮して、結果を出している起業家の行動を明らかにするのが行動論であるとする。

　起業家の成功因に、高い資質は必要ないという見解に立脚するのであれば、起業家の成功因は、"周囲の人"や"周りの機会"が偶然をもたらすという前提が成立する。それゆえ、偶然の機会を増やす行動をし、その機会から生まれる種（彼らが示唆したことや出来事）を、評価し育むことが枢要となる。偶然の機会を契機として、「人の交流」と「情報」が促進されることによって、さらなる事業機会が増幅していくと想定されるが、この機会とは準備ができている時にやって来るとは限らず、ランダムにやって来るのが常である。

　もちろん、そこでは不確実性の下、その起業家の行動によって導かれた「意図せざる結果」が数多く存在することになる。それは、起業家の資質ではなく行動が、「意図した結果」に加え、「意図せざる結果」を導出することを示している。既知の内容を完全把握した上で、因果律が成立している場合、起業家の行動は、想定した「意図した結果」を生み出すことができる（**図 4-10** の（1））。しかし、既知の内容の把握にズレがあったにも関わらず、ズレた仮説上における起業家の行動は、「意図せざる結果」をもたらす（**図 4-10** の（2））。また、既知の内容の把握の部分欠如に基づく仮説の構築に瑕疵があった場合、起業家の行動による結果は因果律から外れることにもなる（**図 4-10** の（3））。

　起業家研究における意図せざる結果の位置づけを考察するためには、沼上（2000）が明示的に述べている事柄で再確認しよう。まず、意図した結果が生じたがその生成経路が異なっていた場合を、いったん棚上げすると、沼上（2000）では、「意図せざる結果」を、（α）意図せざる結果が生じた場合、（β）意図した結果も生じたが意図したのとは異なる結果も生じた場合の 2 つに分類する。これは根来・足代（2009）が 6 分類しているのに対し、主要概念 2 区分となる。沼上（2000）の（α）意図せざる結果が**図 4-10** の（2）（3）、沼上（2000）の（β）が**図 4-10** の（3）に合致する[7]。

　「行動」の前提となる既知の内容を構成する 3 つの中で、ズレや部分欠如から導かれるこの「意図せざる結果」の研究は、社会科学の中で、最も軽視されてきたと言わざるを得ない。とはいえ「不確実性」を主要命題とする起業家研究においては、過去、3 M に関する共同論文（野中・沼上，1984）以降、沼上

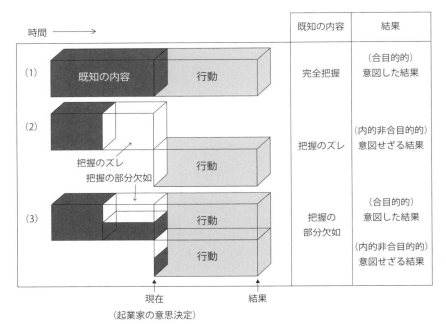

図4-10　意図せざる結果

出所：筆者作成。

（2000）が論じてきた主要問題に、行動論の見通しの鍵を握る議論が含まれているはずである。

　以上、確認してきたように、起業家の成功因が資質でなく、行動であるのであれば、「偶然の機会の起き得る活動への行動投入を大きくする可能性」を増やし、"大数の法則"を利かせることに帰結する。次に、では「どのようにしたら偶然の機会を手繰り寄せられるのか」という行動の方向性が問題となる。行動投入は当然、偶然の機会の発生しそうな方向に対してでなければ意味がない。それだけ偶然というリスクに対する行動投入が大きいからである。

（4）　起業家の行動論Ⅱ：行動の方向性

　特定の偶然の機会をつかむ確率を上げるための手段を再確認しておく。

　1）偶然の機会に遭遇する活動への行動投入を増やす

　2）偶然が起きやすいように行動の方向性を設定する

以上、2つである。

　2）は、精進を正精進というように正しい方向に向かって行動を積むことが重要となる。それは起業家ないし起業家予備軍が、他者を巻き込むためにどうすべきかに集約される。その目的は、他者にビジネスメッセージを届け、結果、何らかの意思決定をしてもらうこととなる。これらを究明するには、偶然の機会が介在するプロセスを、時系列に従って検討を進めるのが妥当である。この行動は大別すると、(1) 偶然の機会に遭遇する「事前」行動、(2) 遭遇中の「事中」行動、(3) それ以後の「事後」行動、以上 3 つに分けることができる。

　「どのようにしたら偶然の機会を手繰り寄せられるのか」は、(1) にあたる。(1) の活動の基礎としてまず"知識共有を促す環境づくり"に尽力したり、"ある程度の非効率性や失敗の許容の認識・共有"等のように、思考・環境面含めて自己が事業面で研鑽しておくというのは、前提となる。すなわち、起業家が予期せぬ偶然の重要性を十分に理解し、それに対して「俊敏」になっていることが重要である（kirzner, 1973）。

　Mitchell, et al.（1999）でいわれているように、人は偶然をコントロールすることはできない。しかし、「偶然」の幸運な機会は、事前準備ができている者に訪れるのは確かであろう。では次に、その偶然の機会を導出する構成要素を確認しておきたい。偶然とは、「原因が複雑すぎて、なぜそうなのか検討がつかないこと」（数学者・ポアンカレ）を言うが、ここでの偶然の機会を導出する構成要素とは、「因」（「果」をもたらす際に助けとなる条件で、原因そのものとは異なる）と「縁」（別の因として作用して「果」をもたらす）である。「因」とは「偶然が誘発・感応のきっかけとなり、継続的な"不顕性"思考が，不顕性事象に繋がること」、「縁」とは、「偶然が、含意する意図が顕在化し、他者がそれに気づくこと」である。

　これらの関係は複雑な関係にある。「因果」といっても、ここでいう「因」とは、前段の通り、原因それ自体ではなく、果を導く助けとなる条件であり、

その他に多くの「縁」によって「果」が成立する。つまり、新しい因や縁が加わり整ってこそ、それに応じた果が導かれるということである。不確実性の下、起業家は、因縁に任せて資質にこだわらず、"適切な方向"で、行動回数を増やすことが不可欠となる[8]。

　そのプロセスが"意図せざる結果"の前段階として現われるということは、それがそれらの結果の原因と呼ばれる諸性質の担い手として現われることである。そして、それらの結果の担い手として捉えることは、その"行動の方向性"に重心を置き、「因」と「縁」と「果」という枠組みによって捉えることに伴って成立する。

　以下、上記の偶然を導出する構成要素と枠組みを踏まえると、2つの方向性にそれは分類できる。自己研鑽を前提に、偶然の機会をもたらす要素が、第1に、「因」なのか、第2として、「縁」なのか、である。行動投入による偶然の機会に巡り合うために、そこでは間接的に、「自分以外のものによって成就される偶然の機会を手繰り寄せる偶発意識」、すなわち「何か起きるのを待つのではなく、意図的に行動することで偶然の機会が増える前提の計画的偶発意識」が重要となる。それは具体的に、"専門や職能の異なる者と接触する機会"を増やすなど、あらゆる偶然の機会を、「因」と「縁」の計画的偶発率として**図** 4-11 にプロットした場合、他者を巻き込むベクトルを心がけることとは、計画的偶発率を増す行動を意味する。

　それは**図** 4-11 に示すように、「行動主体」を起点として方向づけられている2つの点線矢印（α）（β）である。そこでの「因」の計画的偶発率とは、ネット活用等（β）は当然として、あらゆる物事が適切に配され、生起されて上昇すると想定される。日々の自己の事業上の研鑽の基盤上で、「縁」として、街で出会った人、たまたま連絡した友人、SNS で繋がった人など、誰から良い情報がもたらされるか、わからない。他者と常に友好に接するなど、図の（α）（β）を"大数の法則"に基づき、積み重ねているところに、（θ）の矢印が生起される。

　これらによる結果（実線）は、偶然の機会（点線）が積み重なってから、その後、事後的に、初めて見えてくるものとなる（コネクティング・ザ・ドッツの法則：Steve Jobs, 2005）。特定の偶然が起こることを想定し、自己の研鑽を最小

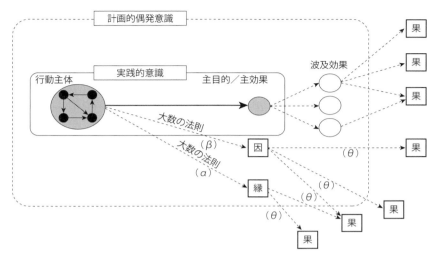

図 4-11　実践的意識と計画的偶発意識

出所：沼上（2000）を加筆修正。

化することはもちろん事前にはできない。もっとも事前・事後で考えると、行動前、すなわち、行動投入を増やす前に、挫折してしまう起業家予備軍がほとんどというのも確かである。例えば、（1）スキルアップしてから、（2）自分ができることが増えてから、など行動する理由ではなく、しない理由ばかり求める。あるいは行動後、すなわち、初期段階で行動投入による数回の失敗を、資質に求めるが故に、挫折の影響がより大きく、深く挫折してしまうという逆説も包摂されている。事業での成功因として、資質を信仰する者にとって、「資質無しの自分」を受け入れるのは耐え難い。そこでは、二重の意味で重い荷を背負うことになる。「資質が無い自分」という心理的負担（因）と「行動すればするほど成功しなかった」という重い荷（果）である。

　以上、沼上（2000）の"意図せざる結果"の体系論を踏まえ、起業家研究の行動論の位置を考察することによって、不確実性下の「行動論」の見通しの妥当性を鑑みた。

　なお、ここでこれら起業家研究での行動論台頭の理由の１つを挙げておく意義はあるであろう。それは、"行動は訓練・教育によって身に付けられる点"

が存在するのを理由に置く。人の行動は、訓練によってその行動の欠陥を一定程度修正することができる面がある。石川（2022）では、例えば人に接する（行動する）のが得意でない人も、接客マニュアルのもとに十分な訓練を受ければ、人並みの接客（行動）ができるようになるとされる。際だって優れた接客（行動）を行うためには、資質が必要かもしれないが、程度の成果が見込める接客（行動）であれば、訓練次第で身に付けることはできる、とされる[9]。同様に、事業において効果的なアントレプレナーシップを発揮するために必要となる行動は、教育や訓練次第で身に付けることもできよう。起業家の要請に見合うアントレプレナーシップを発揮する人を一定レベルで育成することは可能となろう。また教育される行動、内容としては、Christensen, Dyer, and Gregersen（2009）で、"behavioral pattern" と提示された質問、観察、実験、アイデアネットワーキング、以上 4 つの行動パターンが参考になろう。

5　事業機会の探索行動と「制度論の展開」

　以上、起業家の"行動"の観点から、その成功要因をみるのであれば、Kirzner（1973）の事業機会の探索行動（Opportunity-Seeking Behavior）に関して言及しておく必要があろう。

　それは Schumpeter（1926）との比較から鑑みると骨子が明確になる。Schumpeter（1926）と Kirzner（1973）の概念を、安部（1995）では **図 4-12** で示す。Schumpeter（1926）は、生産曲線を b に移動させる要因を非連続的な「創造的破壊」に置く。ここでは、起業家の資質を新結合として概念設定しても、現場マネージャーの思考枠組みから、それが既存制度内に収斂される問題、つまり Garud, Hardy, and Maguire（2007）で言及されている「埋め込まれた起業家の逆説」と称す問題が Schumpeter Model で導出されている点は加味しない。

　他方、Kirzner（1973）は、最適生産曲線上で生産を行うことができず、獲得できていない利潤機会を発見・実現するために、点 X を a 線上に移動させ、均衡を実現する、とする。**図 4-12** 上の、この点 X を a 線上へ移動させることが、Kirzner（1973）の「行動」である。

　Kirzner（1973）では、起業家の行動として、とりわけ、この点 X を a 線上の

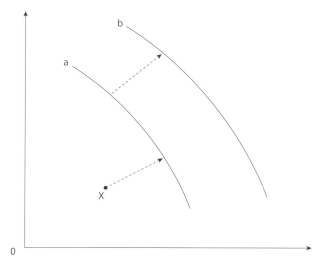

図 4-12　Schumpeter と Kirzner の概念図
出所：安部（1995）。

移動（図 4-12）、すなわち事業機会の探索行動（Opportunity-Seeking Behavior）を
重視する。事業機会の探索行動とは、平たく言えば、事業機会を増やすこと、
すなわち事業機会に多く触れるために行動することが重要とする。これを前提
に、特定した事業の深堀りをすることを重視する。

　そして具体的に、新規技術やサービス、アイデア、特許などのシーズについ
て、幅広い領域分野での適用可能性や優位性について仮説設定の上、調査・評
価し、有望な事業機会を抽出することである。その意味で、仮説設定のフレー
ムワークは対象となるシーズや、事業イメージの具体性によって異なるが、明
確な事業領域、事業機会のイメージがない場合でも、反復的な仮説設定と調査
によって探索的に事業化可能性のある領域を検討し、具現化する必要がある。

　これは、起業家的な生産活動の原動力に関わる結果を導くものと考える。換
言すれば、事業機会（Opportunity）を見つけるために、新たに有望と思われる
事業機会を探す（Seeking）行動ということである。Kirzner（1973）では、事業
機会の顕在化、そのための行動を起業家の潜在的な機能であると位置づけ、そ
れが経済資源の利用に関わる調整という市場機能を補完するとした。ここにい

う事業機会の探索行動（Opportunity-Seeking Behavior）とは、Kirzner（1973）が指摘するところのアントレプレナーシップ的機敏性（alertness）概念を基盤とする。

　例えば、馬場（2014）で言及しているように、新規事業の創業はそれ自体、起業家による事業利潤探索の行動である。アントレプレナーシップ的機敏性（alertness）は、価格を「均等な方向」に向かって動かすだけでなく、ある生産物の生産から別の生産物の生産へと資源を移動させること（Resorce Allocation）でも生じる。市場経済の中で、生産性の低い利用から、より生産的な利用に向かって資源を移動させるこの方向性は、所与の商品価格を均等な方向に移動させるだけでなく、事業機会の探索行動（Opportunity-Seeking Behavior）、すなわち起業家的行動の蓄積による起業家的発見作用によるところが大きい。

　このような起業家の行動の基本を、ローレンツ・モデルを参考に考えてみよう（日高，1979）。ここに一個の水槽があり、上から絶えず水が流れ込んで水槽内にたまると想定する。水槽の下部には蛇口が一個あり、この栓が引っ張られて抜けると、蛇口から水が噴き出す。この水の噴出が「行動」を示すものとする。水が噴出するかどうかは、つまり行動が起こるかどうかは、「内部の衝動の大きさ」と「外部の刺激の強さ」によって決まる。ここでは、後者について考える。

　後者に関しては、起業家の行動に影響を与える要因は、法制度、エートス、文化などの制度的環境であると一面では考えられる。特定の社会における法制度、慣習、習律、エートス、文化などの要素を強調し、制度を独立変数とみなし、それがその社会の起業家活動に対し、どのような従属変数を及ぼしているかということを照射するアプローチである。この制度的起業家アプローチが近時、「行動論」以降、アカデミックな場で台頭してきている。制度に埋め込まれながら、社会的正統性を獲得し、制度を変更する起業家の考察である。とりわけ、Garud, et al.（2007）ではこの問題上、起業家精神の生起メカニズムを捉えていくことを、起業家研究における喫緊の課題として提示する。

●**注**

　1）資本形成は、いくつかの方法があるが、本章では起業家の資本形成として論を進めて

いく。

2）米国の格差に関しては、代表取締役の報酬と従業員の年収の格差については、サンプルに誰を含めるか次第の面はあるが、Elliot（2017）以外に McGregor（2017）が参考になる。

3）ベキ乗分布 $P(x)＝Cx$ と指数分布 $P(x)＝Ce$ は、似ているので注意を要す。ベキ乗分布 $P(x)＝Cx$ の方が、減少の仕方が緩い。このベキ乗則を生み出す仕組みとして、相転移と臨界現象、指数関数の組み合わせ、ユール過程、自己組織化臨界、ランダムウォーク、逆数、以上 6 つを取り急ぎ理解しておくと分かりよい。

4）沼上（2000）が、偶然の事象に対して、「法則定立的アプローチ」と「メカニズム分析モデル」の双方の対話の重要性を強調するのに対し、吉田（1996）は、「プログラム解明科学」の有効性を提出している。その利点は、法則定立科学において、初期設定後は経路依存性が発揮される一方、プログラム解明科学では、初期値が同じでも結果は大きく異なる前提の下、①おのおのの状況に応じて複数プログラムの存立可能、②状況に即して現象の推移が選択可能、という 2 つの特徴があるからである、とする。

5）あくまで、この University of Catania の論文の定義に基づく資質に関しての実験結果である。本章で、諸手を挙げて、すべて賛同するものではない。オーラル・ヒストリー、ナラティブ・アプローチ、センスメイキング理論等、起業家研究に対しても、方法論的個人主義に基づく、興味深い手法が生まれてきている。資質論の領域では、ピッツバーグ大学とインディアナ大学の『アントレプレナー・オリエンテーション（リスクテイク・革新・積極）研究』やオレゴン大学やレンセラー工科大学の『Big 5（誠実・同調・解放・外向の 4 つの性向と 1 つの神経症）研究』の実証が世界 2 大潮流の資質研究群として蓄積されている。

6）キャリア・アンカーを考える際に重要な 3 要素がある。資質（自分の特徴的な資質は何か）、動機（どんな仕事がしたいか）、価値観（何に価値を感じるか）である。これらは資質を再確認する上で重要な問いであり、3 つが重なる部分が資質を軸としたキャリア・アンカーといわれる。他方、Mitchell, et al.（1999）のビジネスでの成功者のキャリア調査の結果、そのトリガー・イベントの 80 ％が本人の「予想しない偶然の機会」に依拠するとの結果であった。確かに不確実・複雑性の高い環境では、個人の「資質」ですべてをコントロールできるものではない。当然、キャリアについても、計画したとおりに行くことの方が稀かもしれない。あえて、そこで明確な目標を定めず、現在に焦点を置いてキャリアを考える重要性が、計画的偶発性理論で提出された。

7）把握の部分欠如で、2 つの結果を導くとは、どのような場合であろうか。把握の部分欠如でも、問題に応じた答えを出せば良いのであるから、例えば、問題が選択肢形式のようなものであれば、意図した結果になる可能性は高いであろう。また他方で、問題が記述式のように、完全把握を要求する問題であれば、意図した結果は導かれないであろう。

8）一般に、「因果」とは、「種」と「実」にたとえられる。ある実の種をまいたからある実が収穫される。しかし、現実はそう単純ではない。種をまいても実ができないことも

多くある。実がなるには、「種をまく」という自己研鑽は不可欠であるが、その他、気温、土、光、水、あるいは、人の出会いなど、さまざまな条件が揃ってこそ、「実がなる」という結果になる。この「気温・土・光・水」に当たるものが「因」と言える。また、"あの人と出会えたから今の私がいる"、"あの人に経験を積ませてもらったからさまざまなことに挑戦することができた"、"あの人の一言がきっかけで私のビジネス・アイデアに繋がった"、"あの人にいろいろな人を紹介してもらったから成功した"など、「人の出会い」にあたるものが「縁」である。故に、「因果」といっても、自己研鑽を前提に、多くの「因」の他に、たくさんの「縁」によって、「果」が成立する。「因」と「縁」が整ってこそ、「果」がある。この「因」と「縁」にたくさん出会えるのが「行動」である。

9)（行動）は、本章で石川（2022）に付加した。低コストで「行動」に関する多様なデータがインターネット上で入手可能となったのも、行動論台頭の 1 つと考えられる。

【参考文献】

Carland, J. W., Hoy, F., Boulton, W. R., and Carland, J. A. C. (1984) "Differentiating Entrepreneurs from Small Business Owners: A Conceptualization," *Academy of Management Review*, Vol. 9, No. 2, pp. 354–359.

Christensen, C., Dyer, J. H., and Gregersen, H. B. (2009) "Entrepreneur behaviors, opportunity recognition, and the origins of innovative ventures," *Strategic Entrepreneurship Journal*, Vol. 2, An Official Journal of the Strategic Management Society.

Edgar H. Shine and John Van Maanen (2013) *Career Anchors: The Changing Nature of Careers Self Assessment*, 4th, Pfeiffer.

Elliot, L. (2017) "World's Eight Richest People Have Same Wealth as Poorest 50%," January 1 Guardian.

Gartner, W. B. (2007) "Entrepreneurial Narrative and Science of the Imagination," *Journal of Business Venturing*, Vol. 22, No. 5, pp. 613–627.

Garud, R., Hardy, C., and Maguire, S. (2007) "Institutional Entrepreneurship as Embedded Agency: An Introduction to the Special Issue," *Organization Studies*, Vol. 28, No. 7, pp. 957–969.

Jobs, Steve (2005) Steve Jobs' Convocation Speech（Stanford）
　http://news.stanford.edu/news/2005/june15/jobs-061505.html

Kirzner, I. M. (1973) *Competition and Entrepreneurships*, University of Chicago Press.（田島義博監訳『競争と企業家精神』，千倉書房，1985 年）

Krugman, P. (2009) "The Increasing Returns Revolution in Trade and Geography," *American Economic Review*, Vol. 99, No. 3, pp. 561–571.

McCall, M. W. (1998) *High Flyers: Developing the Next Generation of Leaders*, Harvard Business Review Press.

McClelland, D. C. (1961) *The Achieving Society*, Van Nostrand Company.（林保監訳『達成動機──企

業と経済発展におよぼす影響』，産業能率短期大学出版部，1971 年）

McGregor, J. (2017) "Major Company CEOs Made 271 Times the Typical U.S. Worker in 2016," July 20, 2017, Chicago Tribune.

Mintzberg, H. (1987) "The Strategy ConceptI: Five Ps for strategy," *California Management Review*, pp. 11-24.

―― and J. Lampel, J. B., and Ahlstrand, B. (1998) *Strategy Safari: The complete guide through the wilds of strategic management*, Free Press.

Mitchell, K. E., Levin, Al S., and Krumboltz, J. D. (1999) "Planned happenstance: Constructing unexpected career opportunities," *Journal of Counseling & Development*, Vol. 77, No. 2, pp. 115-124.

Myrdal, K. G. (1944) *An American Dilemma: The Negro Problem and Modern Democracy*, Harper & Row.

Newman, M. E. J. (2005) *Power laws, Pareto distributions and Zipf's law*, Contemporary Physics.

Pluchino, A, A. E., Biondo, and A. Rapisarda (2018) "Talent vs Luck: the role of randomness in success and failure," *Advances in Complex Systems*, Vol. 21, No. 03n04.

Schein, E. H. (2013) *Career Anchors: The Changing Nature of Careers Self Assessment*, Wiley Publishing.

Schumpeter, J. A. (1926) Theorie der wirtschaftlichen Entwicklung. （塩野谷祐一・中山伊知郎・東畑精一訳『経済発展の理論（上下）』，岩波文庫，1977 年）

安部悦生（1995）「革新の概念と経営史」由井常彦・橋本寿一朗編『革新の経営史』，有斐閣。

石井淳蔵（2003）「戦略の審級」，『組織科学』，第 37 巻第 2 号，17-25 頁。

石川淳（2022）「行動アプローチ研究」，『リーダーシップの理論―経験と勘を活かす武器を身につける』，中央経済社。

石田英夫（2014）「人的資源」，宮本又郎・加護野忠男・企業家研究フォーラム編『企業家学のすすめ』，有斐閣。

岩井克人（2009）『会社はこれからどうなるのか』，平凡社。

加藤雅俊（2022）「スタートアップの個人要因：誰が「アントレプレナー」になるのか」，『スタートアップの経済学』，有斐閣。

軽部大・武石彰・青島矢一（2007）「資源動員の正当化プロセスとしてのイノベーション」，一橋大学 IIR ワーキングペーパ WP#07-05。

桑田耕太郎（2015）「制度的起業研究と経営学」，東京都立大学大学院社会科学研究科経営学専攻学術後援会編『経営と制度』，第 13 号，1-24 頁。

清水洋（2022）「アントレプレナーシップが高い人の特性」，『アントレプレナーシップ』，有斐閣。

高橋徳行（2005）「起業家の資質」，『起業学の基礎：アントレプレナーシップとは何か』，勁草書房。

高橋勅行・松嶋登（2015）「企業家語りに潜むビッグ・ストーリー」，桑田耕太郎・高橋勅徳・松嶋登編『制度的企業家』，ナカニシヤ出版。

田中聡・中原淳（2018）「データで見る、創る人の実像」，『「事業を創る人」の大研究』，ク

　　ロスメディア・パブリッシング。

沼上幹（2000）『行為の経営学：経営学における意図せざる結果の探究』，白桃書房。

根来龍之（2008）「因果連鎖と意図せざる結果：因果連鎖の網の目構造論」，『早稲田大学 IT 戦略研究所ワーキングペーパーシリーズ』，No. 24。

────・足代訓史（2009）「意図せざる信頼の原因と類型」，『早稲田国際経営研究』，No. 40, 113-123 頁。

野中郁次郎・沼上幹（1984）「創造の戦略と組織：その原理と実行」，『ダイヤモンド・ハーバード・ビジネス』，ダイヤモンド社。

長谷川博和（2010）「最適な起業家や経営チームの組織」，『ベンチャーマネジメント［事業創造］入門』，日本経済新聞出版社。

馬場晋一（2014）「アントレプレナーシップの発生および構成要素に関する一考察：起業家精神の要素分解および市場利子率と起業の相関分析」，『立教 DBA ジャーナル』，第 4 号，79-95 頁。

日高敏隆（1979）『人間についての寓話』，思索社。

本庄裕司（2010）「起業家」，『アントレプレナーシップの経済学』，同友館。

牧兼充（2022）『イノベーターのためのサイエンスとテクノロジーの経営学』，東洋経済新報社。

松尾睦（2011）『職場が生きる人が育つ「経験学習」入門』，ダイヤモンド社。

水越康介（2006）「マーケティング的間接経営戦略への試論──意図せざる結果の捉え方について」，『組織科学』，第 39 巻第 3 号，83-92 頁。

山田幸三（2017）「アントレプレナーシップの基礎理論」，山田幸三・江島由裕編『1 からのアントレプレナーシップ』，碩学舎。

吉田民人（1996）「21 世紀科学のパラダイム・シフト：情報諸科学とプログラム科学，そして社会情報学」，『社会・経済システム』，第 15 巻，13-18 頁。

第 2 部

起業のマネジメント

第5章
事業機会の認識と評価

真木　圭亮

1　起業家研究における事業機会の位置づけ

（1）　事業機会の重要性

　起業家が新しくビジネスを始めるとき、それが明確なのか、それともおぼろげなのかはともかくとして、彼らは自らが利用可能な何かしらの事業機会を見出している。起業するということ、あるいは起業家としてその後の人生を生きていくということは、自分ではない他者によってつくられた組織に雇用される生きかたよりも、一般的にはリスクが高いと考えられている。このリスクとは、失敗すると金銭的な投資が無駄になるということにとどまらない。投じた資金を別の機会に使えば得られたかもしれないリターンや、起業やその後の事業活動に費やした時間などが無駄になってしまうという総合的な機会費用を指す。したがって、人々が起業を思い立ち実行するときは、少なくとも一定以上の勝算があると評価した事業機会、総合的な機会費用を上回る何かしらのリターンを得られると確信できる事業機会を見出していると考えるのが妥当であろう。その意味で、事業機会を認識し、十分に自分のこれからを投じる価値があるか否かを評価することは起業へのはじめの一歩であると言える。

　この事業機会の認識は、起業の実践だけではなく、起業家に関する研究においても重要な位置を占めている。起業家という概念は Schumpeter and Opie (1934) によって広く世に知られるようになった。彼らは経済発展には均衡を

崩す新結合、すなわちイノベーションが不可欠であり、それを生み出す人々を起業家と呼んだ。以降、20 世紀においては、イノベーションとそれを起こす起業家に焦点を当てたさまざまな研究がなされてきた。それらは意義深いものであったが、他方で学術的には 1 つの重要な課題を抱えていた。それは、それらの研究のほとんどが、起業家研究の固有性を明確にしないままに研究を進めてきたという点である（Shane and Venkataraman, 2000）。ある研究は偉大な起業家のパーソナリティや波瀾万丈な生涯を描く偉人伝のようなものにとどまっていた。偉大な起業家の生涯を知ることは、起業を志す潜在的な起業家にとっては人生の指針や、起業家としての活動の活力となろう。しかし、そこには理論的な視点が欠如しており、そこから因果関係を紡ぎ出して再現可能な知見を導出することは困難を極める（Carroll and Mosakowski, 1987）。また別の研究は、経済学や心理学など、確立された異分野での知見に基づいて起業家の行動を分析するが、そこでの議論はそれらの研究が依拠した分野に回収されていた。要するに、20 世紀においては「起業家研究とは何を明らかにすべき研究領域なのか？」という問いに対する明確な答えを持たないままに、起業家研究が展開されていたのである。

　この状況において、起業家研究の固有領域として本章の主題である「事業機会」を提示したのが Shane and Venkataraman（2000）である。彼らは、起業とは事業機会と起業家という 2 つの現象が重なりあった行為であるとしている。つまり、従来の起業家のみに焦点を当てた研究では起業という行為、あるいはそれに繋がる起業家の行動について明らかにはできず、双方を同時に見据える必要があるのである。

（2）　事業機会と起業家的機会

　一口に事業機会といっても、その性質はさまざまである。例えば「この地域にはパン屋が少ないし、パンが好きだからパン屋を始めよう」というのも、広い意味では事業機会と言えるだろう。

　しかし、既述の通り、起業家の重要性は、彼らが社会の変動や経済発展をもたらすイノベーションを起こす存在であるとされることにある。そのことを前

提とするならば、既存のありふれたものではなく、特に社会的に大きなインパクトを与える事業に結実する機会に焦点を絞る必要がある。事業機会の中でも、そのような社会的インパクトを与えるものを起業家的機会（Entrepreneurial Opportunities）と呼ぶ（Eckhardt and Shane, 2003）。起業家的機会は「新しい手段、目的、あるいは手段と結果の関係をつくることによって、新しい商品、サービス、原材料、市場、組織化の方法を導入できる状況」（Eckhardt and Shane, 2003）と定義される。この定義において重要なことは、次の2点である。1点目は、どのような人々が機会を追及するのかは問題ではないという点である。起業家的機会と聞くと、既存企業による新規事業の開拓ではなく、新たに創業する起業家によるものと考えるかもしれない。しかし、起業家的機会を認識し追及するのは、必ずしもいわゆる創業経営者だけではない。機会の追及には経験や経営資源の豊富さも重要となる。したがって、既存企業や大学などの研究機関も、起業家的機会の担い手となる。

2点目は、起業家的機会はその目的、目的達成のための手段、そして結果として生み出されたものが新しいものである、という点である。既存の方法で経済的利益を上げることは重要ではあるものの、それは必ずしも大きな経済発展をもたらすイノベーションには結実しない。

以上の点を踏まえて、本章では起業家的機会に焦点を絞り議論を進めていく。これ以降に本章で事業機会と記述する際は、起業家的機会を指すことに注意されたい。

2 事業機会の認識

（1） アイデアと事業機会の違い

例えば「この技術を使えば何か新しいことができそうだ」とか、「社会にこのような変化が起きているから何かしらの機会が生まれそうだ」といったアイデアは、新たな事業を起こすきっかけとなる。しかし、アイデアそれ自体が必ず事業機会になるとは限らない。Casson（1982）は機会を「新製品・サービス、

原材料を組織化する方法を、生産コストを超えて導入および販売できる状況」
と定義している。そのアイデアは誰が抱えるどのような課題を解決するのか、
そのためにはどのような製品・サービスをデザインしなければならないのか、
その製品・サービスを生産・流通させるためにはどのような経営資源がどれほ
ど必要なのか。どれほど優れた技術や先見の明があったとしても、アイデアは
事業として十分に成立するものとなるように洗練されていってはじめて事業機
会となる。

(2)　事業機会の認識に影響を与える要因

　ある人物は事業機会を認識し、ある人物は事業機会を認識できないのはなぜ
か。つまり起業家とそうでない人々の違いとは何なのかという問いは、起業家
研究の中心的な位置を占めており、これまで数多くの研究が行われている。そ
の中でも中心的な起業家の事前知識、ソーシャル・キャピタル、そして認知・
人格特性がどのように事業機会の認識に影響するかを見ていこう。

①　事前知識

　Shane and Venkataraman（2000）は、事業機会を認識できるか否かは、事前知
識を持ち、それを評価できる能力を有するか否かに依存すると指摘している。
Gruber, MacMillan, and Thompson（2013）では、創業メンバーがこれまで経験し
てきた業界での知識が、事業機会を認識する種類と数に影響を与えるとしてい
る。また、事業活動の認識に影響する起業家の知識は、市場に関する知識、市
場にサービスを提供する方法に関する知識、顧客の問題に関する知識の 3 つに
分類される（Shane, 2000）。

　近年では事前知識が事業機会を認識するプロセスにどのように影響するのか
について、より精緻な議論が進んでいる。Chandra, Styles, and Wilkinson（2009）
では、事前知識は教育や社会的繋がりなどさまざまな情報源から得られる他の
情報と組み合わさることで、機会の認識、発見、創造を支援すると指摘されて
いる。

　事前知識は事業機会の認識に正の影響を与えるとする研究がある一方で、起
業家が自身の事前知識に捉われてしまい、認識できる事業機会の数と種類が制

限される可能性も指摘されている（Gruber, et al., 2013）。このような状況を回避するためには、起業家は外部にも知識を求める必要がある（Leiponen and Helfat, 2010）。

②　ソーシャル・キャピタル

ソーシャル・キャピタルとは、他者との繋がりを持つことで利用可能となるさまざまな資本のことを指す。具体的には、他者との繋がりによって獲得できる知識や、他者との継続的な関係の中で醸成される規範や信頼を意味する。

他者との繋がりには弱いものと強いものがあり、その強弱は他者との交流頻度によって測定されることが多いが、弱い繋がりと強い繋がりのどちらが事業機会の認識により強い影響を与えるのかについては議論が分かれている。Kontinen and Ojala（2011a；2011b）は、現実の起業家が多くの繋がりを持つがそのほとんどが弱いものであることから、起業家は弱い繋がりを持つ他者と交流するほうがより多くの知識や情報を収集できるとしている。他方で Hite（2005）は、強い繋がりが起業家に重要な事業機会と資源を提供するとしている。

③　認知／人格特性

認知とは情報を理解・解釈・意味づけすることであり、認知特性とは情報を認知する傾向を指す。Baron and Ensley（2006）は起業家の認知の仕方を理解するために、パターン認識の理論を用いた。起業家は経験を通じて構築したプロトタイプを適用することで、一見すると強い関係のない事象の間に意味のある関係性を見出し、事業機会を認識する（Baron and Ensley, 2006）。そして、このプロトタイプは経験の浅い起業家よりも経験豊富な起業家ほど明確であり、事業機会の実現可能性や実現に必要な条件をより深く考慮する（Baron and Ensley, 2006）。

人格特性とは、個人的性格のさまざまな側面の傾向を指す。リスクを好む起業家は、より大局的に機会を捉えることができ（Baron, 2006；Foo, 2011）、新しいアイデアを積極的に試す傾向がある（Li, 2011）。起業家の創造性も、事業機会の認識に影響を与える。これまで注目されなかったような新奇性の高い事業機会を認識するには高い知能と創造性が不可欠であるとされ（Ardichvili, Cardozo, and Ray, 2003；Baron, 2006）、実際に起業家は平均的な人々の集団よりも高い

創造的能力を持っていることが明らかになっている（Baron, 2006）。

(3)　事業機会の発見と創造

　事業機会の存在論的前提について 2 つの立場がある（McMullen and Shepherd, 2006）。1 つは、事業機会は客観的に存在し、それを起業家が発見・認識し、追及するという立場である。もう 1 つは、起業家が社会のある状況を事業機会だと認識するのであるから事業機会として存在するという立場である。

　Sarasvathy, Dew, Velamuri, and Venkataraman（2003）はこの点について、機会で発生している需要とそれを満たす手段それぞれの新奇性の視点から、**表 5-1** のように機会を分類している。

　既存の手段で既存の需要を満たすということは、その事業機会は既に存在するものであることを意味する。したがって、起業家はその存在をただ知る（認識する）ことになる。手段あるいは需要のいずれかが新しい場合、起業家はその新しいものと適合する方法あるいは需要を発見することで、事業機会を追求することができる。片方を不動点とし、それに合致するもう片方を探索・発見する、というイメージである。この 2 つの事業機会の分類に従うと、事業機会は客観的に存在し、起業家はそれを認識・発見することになる。

　ここまで述べてきた 2 つの事業機会、すなわち認識される事業機会と発見される事業機会では、起業家は手段と需要、あるいはそのいずれかを客観的な基準として事業機会を追求することができた。しかし、手段と需要のいずれもがこれまでにない新しいものである場合、つまりその時点では客観的に存在しない場合、起業家は試行錯誤を繰り返す探索的な営みによって、少しずつ事業機

表 5-1　事業機会の分類

	手段	需要
認識される事業機会	既存	既存
発見される事業機会	いずれかが新しい	
創造される事業機会	新規	新規

出所：Sarasvathy, Dew, Velamuri, and Venkataraman（2003）に基づき筆者が作成。

会を創造していくことになる。

　事業機会が果たして起業家から独立した客観的な存在なのか、それとも起業家の主観の上に成り立つものなのかという問いに答えることは、結局のところ困難である。例えば新技術の出現によってこれまで不可能だったことが可能になるが、その不可能と可能のギャップを埋めるような事業がまだ存在しないといったように、新技術の出現や政治的変化、社会・文化の変容は事業機会を浮かび上がらせる（Ozgen and Baron, 2007）。注意したいのは、何かしらの方法でこのギャップを埋めるという考え自体はあくまでアイデアに過ぎないということである。前述したとおり、事業機会はただ新しいことを始めるというものではない。最終的には経済的な利益を生み出してはじめてアイデアは事業機会となる。これが意味するのは、事業機会が存在するか否か、起業家が追求したものが事業機会か否かだったのかは、市場が創出されたか否かという結果からしか判断できないということである（Eckhardt and Shane, 2003）。事業活動すなわち事業機会の追求に先立って事業機会の存在を客観的に確認することは困難と言えよう。

　他方で、では事業機会は完全に起業家の主観によるものなのかと言えば、そちらも疑わしい。起業家が起業のきっかけとなるアイデアを見出すときには、何かしらの根拠に基づいていると考えるのが妥当であろう。その理由は、本章冒頭にも記述したとおり、起業にはリスクや不確実性がつきものだからである。リスクの許容度には個人差があるものの、起業家は起業を志すときに多かれ少なかれ自身が直面する可能性のあるリスクについて情報を収集し検討する。この行為は自身の認識しているリスクを減じるために行われるものであるため、市場規模や競合他社の動向など客観的な情報を利用すると考えられる。

　また、起業家的機会はこれまでにないものを、これまでにない手段で実現するものであるため、その追及に際して起業家が直面するのは確率的に計算可能なリスクではなく、計算そのものが不可能なナイト的不確実性（Knight, 1921）であることもある。しかし、そのような状況だからと言って、起業家が五里霧中のまま主観や直感だけを頼りに意思決定を下すとは考えにくい。認知する不確実性の大きさは、自身が保有する情報量に依存する。起業家は可能な限り利用可能な情報を集めることで認知上の不確実性を削減し、主観だけに頼らず事

業を進めていくと考えられる。

　アイデアのひらめきから事業の実現までを起業のプロセスと考えるのであれば、その中で起業家はさまざまな情報を収集し、それに基づいて試行錯誤し、その結果を踏まえて行動を修正していく。起業においてリスクを背負っている起業家は、利用できる情報はすべて投入し、アイデアを実現可能な事業にしていくであろう。事業機会が客観的か主観的かを議論するよりも、客観的情報とそこから導き出される主観的な意味を起業家がどのように事業化に向けて連続的に紡いでいくのか、つまり起業家がどのようにしてアイデアを事業機会に育て上げていくのかを分析・考察するほうが、起業家の行動を理解するには有意義であると考えられる。

3　リーン・スタートアップ

　ここまで述べてきたように、一般的な事業機会とは異なり、起業家的機会は未知の部分が大きい。顧客はどのようなニーズを持っているのか、製品・サービスのどのような点を気に入り、どのような点に不満を覚えるのか、そして十分な対価を支払ってくれる顧客はそもそも存在するのか。起業家が認識した機会が新奇性と創造性に満ち溢れているほど、それはより大きな潜在的な経済的利益を秘めているが、同時にリスクや不確実性もはらんでいる。しかし、新たなビジネスを始めるにはタイミングを逃さないことが重要であり、いつまでも現時点では存在しない市場について分析し続けるわけにもいかない。起業家的機会をより確かなものとするために採用されるプロセスが、リーン・スタートアップ（Lean start-up）と呼ばれる手法である（Ries, 2011）。

　リーン・スタートアップのポイントは、コストのかからない規模でまず事業を始め、短いサイクルで顧客からのフィードバックを得ることで学習を繰り返していく、という点である。特に新奇性の高い事業機会を追求しようとする場合、そのリスクや不確実性の高さから過度に慎重になり、事前の事業機会の分析や評価に時間をかけ過ぎた結果、他社に遅れをとってしまうことがある。リーン・スタートアップは事前の綿密だが静的な分析ではなく、実際に事業を進めていく中でのダイナミックな学習に重きを置いている。

　リーン・スタートアップでは、次の 3 つのステップからなるサイクルを繰り返していく。第 1 のステップでは「このような顧客はこのようなニーズを抱えている」という、顧客とニーズに関する仮説を立てる。

　第 2 のステップでは、構築した仮説を検証するために計測・実験を行う。このステップでは、MVP と呼ばれる製品のプロトタイプをつくり、実際に少人数の顧客に使ってみてもらうことで顧客の反応を計測し、仮説の正しさを検証する。MVP とは Minimum Viable Product（実用最小限の製品）であり、顧客がもっとも求めると考えられる機能、その製品・サービスの中核をなす機能だけを実装した試作品を意味する。まだニーズがあるのかわからない段階で、さまざまな機能を詰め込んだ製品・サービスを開発することには大きなリスクが伴う。また、そのような製品・サービスをつくるにはコストと時間がかかるため、リーン・スタートアップが重視する短期間での繰り返しの学習ができなくなる。コストと時間のかからない MVP を用いた仮説検証が、リーン・スタートアップのもっとも重要な点と言えるだろう。

　第 3 のステップでは、仮説検証の結果を踏まえて、改善点や今後の方向性について学習する。もし、仮説が正しければ、MVP が提示していた必要最低限の機能を洗練させつつ、実際に顧客が購入するにあたり必要となる周辺的な機能まで含めて製品・サービスを改めてデザインしていく。

　しかし、仮説の正しさが検証されなかった場合は、方向転換をしなければならない。リーン・スタートアップでは、この方向転換を「ピボット」（Pivot）と呼ぶ。方向転換をして新たに仮説を設定し、MVP を用いて仮説を検証していくというサイクルを改めて実施していく。

　ピボットとは「軸足を中心に回転する」という意味である。この言葉からわかるのは、方向転換を余儀なくされたからといって、即座にその事業は見込みのないもの、中止しなければいけないものというわけではない、ということである。ピボットはあくまで仮説の再設定であり、事業そのものの致命的な失敗ではない。起業における軸足とは、起業家あるいは起業チームが抱くビジョンに他ならない。この軸足が事業機会を追及していく中での不動点、基準点となり、それに基づいてその他の要素の適切さは評価されていく。そのため、仮説が検証されなかったとしても、軸足となるビジョン自体をピボットしてしまう

と基準点を失ってしまい、場当たり的にしか物事を判断できなくなってしまう。ピボットとは、ビジョンを軸足としつつ、仮説検証の角度を次々と変えていく学習のプロセスなのである。

　本章で前提としている起業家的機会は新奇性が非常に高い。そのため、顧客が存在するのかを事前に確かめることは難しい。顧客自身も、製品・サービスそのものを実際に目の当たりにし使ってみないことには、それが自身にとって必要か否かを判断できないからである。繰り返し仮説を検証し、不確かなアイデアを確実性の高い事業機会にしていくというリーン・スタートアップの手法は、製品・サービスの新奇性が高いほど効果的であると考えられる。

4　事業機会の評価

　どれだけ創造的で卓越したアイデアであっても、それが事業として成立しなければ意味がない。これは経済的利益を生み出さないアイデアには価値がない、と言っているのではない。経済的利益を生み出すということは、そのアイデアが具体的な製品・サービスの形となって顧客に届き、顧客がその価値を認めて対価を支払っている、ということと同義である。素晴らしいアイデアだからこそ、確実に事業機会を活かすものにならなければならない。そのためには、どのような事業機会が実現可能で、かつ高い経済的利益を上げられるのか、すなわち事業機会が評価される次元について理解する必要がある。

（1）　事業機会の実現可能性

　アイデアが事業機会となるには、まずそのアイデアを具体的な製品・サービスとして実現できなければならない。起業家がそのための技術や知識を有しているか、あるいは自身が保有していなくてもそれらが利用可能な状況にあるのかが、事業機会の実現可能性を大きく左右する。近年では大学などの研究機関との連携による新規事業が増加してきている。あるいは、自前で生産設備を持たなくても、生産を専門的に請け負う企業も存在する。それらと協力することで、不足している技術を補うことができる。

表 5-2　イノベーションの普及速度に影響する 5 つの属性

相対的優位性	先行する技術や製品・サービスと比較した場合の優位性が知覚される程度
両立可能性	イノベーションが潜在的採用者の価値観や過去の経験と一致していると知覚される程度
複雑性	イノベーションを理解したり使用することが難しいと感じる程度
試行可能性	イノベーションを試験的に導入できる程度
観察可能性	イノベーションの成果を観察できる程度

出所：Rogers（1983）に基づき筆者が作成。

　また、新奇性の高い製品・サービスであるほど顧客には馴染みのないものであるため、発売しても受け入れられにくい可能性がある。そのような製品・サービスをイノベーションとして捉えると、イノベーションの普及を体系的に研究した Rogers（1983）の知見が役に立つ。Rogers（1983）は、イノベーションの普及にはイノベーションが持つ次の相対的優位性、両立可能性、複雑性、試行可能性、観察可能性の 5 つの属性が影響するとされる（**表 5-2**）。

　5 つの属性の中で特に注意を払いたいのが両立可能性である。どれだけ新しい製品・サービスが優れていても、それが顧客の価値観に反するものであれば受け入れられるのは難しい。

　例えば近年、昆虫食を普及させる活動が世界的に広まっている。昆虫食は他の動物性タンパク質よりも栄養価に優れており、また飼料としても従来のものよりも低コストで生産できるため、相対的優位性は高いと評価できる。また、昆虫をパウダー状にして練り込んだ食品も店頭で流通するようになり、試しに購入できるため試行可能性が高く、味については観察可能性も高い。しかし、それにもかかわらず日本で昆虫食が広まっていないのは、「昆虫を食べる」ということへの抵抗感があること、すなわちこれまでの「昆虫は日常的な食べ物ではない」という価値観との両立ができていないからと考えられる。価値観の両立が困難である場合に必要となるのが、新しい価値体系の確立である。食糧用の昆虫は、肉牛を育てるよりも遥かに必要とする飼料が少なく、また飼育過程で排出される二酸化炭素も少ない。近年は SDGs（Sustainable Development Goals：持続可能な開発目標）への関心も高まっており、それを追い風として「持続可能な地球環境への配慮には昆虫食が優れている」という新しい価値体系を

確立することで、昆虫食は今よりも広く受け入れられる可能性がある。

（2）　事業機会がもたらす経済的利益

　事業機会が十分に経済的利益を上げられるものとなるか否かを評価するには、まず潜在的な顧客について考える必要がある。潜在的な顧客がどれほど存在するのか、その顧客は製品・サービスに十分な対価を支払うことができるのか、そして将来的に顧客の規模はより拡大していくのかなどが具体的な評価基準となる。

　また、競合他社の存在も重要である。自社と同じような製品・サービスを提供できる他社がいれば顧客は奪われてしまう。強力な競合他社がいる場合は、どのように差別化をし、自社の強みを発揮するのかを検討しなければならない。

　場合によっては競合他社との競争を避けることも必要である。競合他社が支配する市場の隙間にある市場をニッチ市場と呼び、その市場をねらう戦略をニッチ戦略と呼ぶ（山田，2021）。ニッチ市場は市場が発展初期の段階では大企業が見過ごしている市場であり、成熟市場では一定数の顧客がいるが大手企業が支配していない市場である。創業間もない企業は経営資源が乏しいため、重点的に攻略する市場を限定することは理にかなっている。

　だからといって、ニッチ市場であればどのようなものであってもいいわけではない。あくまで自社の限られた資源で最大限の利益を上げられる市場であることが重要である。したがって、利益を上げられるだけの十分な規模と購買力があり、将来的にさらに成長する可能性が高く、そして大手企業があまり関心を持たないようなニッチ市場であることが望ましい。

　特に、大手企業がニッチ市場に関心を持たないということは、創業間もない企業にとっては重要である。もしニッチ市場に関心を持つと、大手企業は豊富な経営資源を用いて開拓した市場を奪ってしまう可能性がある。そうならないためには、目立ち過ぎないことが重要だ。大手企業がニッチ市場に関心を持たないのは、そのニッチ市場を支配しても大手企業を満足させるための売上や利益を上げることができないからである。したがって、市場規模を大きくし過ぎ

たり、利益率を高くし過ぎたり、市場成長率を高くし過ぎると、大手企業にとって魅力的な市場として目立ってしまう。それを避けるために、急激にではなく徐々に市場規模を拡大していくことが必要となる。

(3)　起業家の重要性

　ここまで事業機会の評価について述べてきたが、注意したいのはあらかじめこれらの次元で起業家的機会を評価することは難しいことがあるという点である。起業家的機会の追求によって実現される製品・サービスは、ときとしてまったく新しい市場を創造する。現存しないものを正しく評価することは難しい。

　そのような場合に重要となるのは、起業家の能力である。アイデアから事業活動の開始に至る起業プロセスにおいて、起業家はさまざまな困難に直面し、それを解決するために試行錯誤する。単なるアイデアが大きな可能性を秘めた事業機会になるかどうかは、この試行錯誤の中で起業家が何を機会として認識し、評価するのかにかかっている。リーン・スタートアップは優れた手法だが、学習するのはあくまで起業家個人や起業チームである。たとえ仮説検証の結果、豊富な情報がフィードバックされたとしても、ただそれを蓄積するだけでは意味がない。学習とはただ与えられた情報を蓄積することではなく、情報から意味を紡ぎ出す行為に他ならない。このとき重要なのが起業家的注意力（Entrepreneurial alertness）（Kirzner, 1973；1979）である。注意力に優れた起業家は、社会におけるギャップを認知すると、それを即座に事業機会と結びつけて考えることができる。この注意深さと知的な鋭敏性を持つことが、存在しない市場をつくりだす機会を追求する革新的な起業家に必要な能力であり要素であると言える。

【参考文献】

Ardichvili, A., R. Cardozo, and S. Ray (2003) "A Theory of Entrepreneurial Opportunity Identification and Development," *Journal of Business Venturing,* Vol. 18, No. 1, pp. 105-123.

Baron, R. A. (2006) "Opportunity Recognition as Pattern Recognition: How Entrepreneurs "Connect the Dots" to Identify New Business Opportunities," *Academy of Management Perspectives,* Vol. 20, No. 1, pp. 104–119.

——. and M. D. Ensley (2006) "Opportunity Recognition as the Detection of Meaningful Patterns: Evidence from Comparisons of Novice and Experienced Entrepreneurs," *Management Science,* Vol. 52, No. 9, pp. 1331–1344.

Carroll, G. R. and E. Mosakowski (1987) "The Career Dynamics of Self-Employment," *Administrative Science Quarterly,* Vol. 32, No. 4, pp. 570–589.

Casson, M. (1982) *The Entrepreneur: An Economic Theory,* Totowa NJ: Barnes & Noble Books.

Chandra, Y., C. Styles, and I. Wilkinson (2009) "The Recognition of First Time International Entrepreneurial Opportunities: Evidence from Firms in Knowledge-based Industries," *International Marketing Review,* Vol. 26, No. 1, pp. 30–61.

Eckhardt, J. T. and S. A. Shane (2003) "Opportunities and Entrepreneurship," *Journal of Management,* Vol. 29, No. 3, pp. 333–349.

Foo, M. D. (2011) "Emotions and Entrepreneurial Opportunity Evaluation," *Entrepreneurship: Theory and Practice,* Vol. 35, No. 2, pp. 375–393.

Gruber, M., I. C. MacMillan, and J. D. Thompson (2013) "Escaping the Prior Knowledge Corridor: What Shapes the Number and Variety of Market Opportunities Identified Before Market Entry of Technology Start-ups?," *Organization Science,* Vol. 24, No. 1, pp. 280–300.

Hite, J. M. (2005) "Evolutionary Processes and Paths of Relationally Embedded Network Ties in Emerging Entrepreneurial Firms," *Entrepreneurship: Theory and Practice,* Vol. 29, No. 1, pp. 113–144.

Kirzner, I. M. (1973) *Competition and Entrepreneurship,* Liberty Fund.

—— (1979) *Perception, Opportunity, and Profit: Studies in the Theory of Entrepreneurship,* University of Chicago Press.

Knight, F. H. (1921) *Risk, Uncertainty and Profit,* Houghton Mifflin Company.（桂木隆夫・佐藤方宣・太子堂正称訳『リスク、不確実性、利潤』、筑摩書房、2021 年）

Kontinen, T. and A. Ojala (2011a) "International Opportunity Recognition among Small and Medium-sized Family Firms," *Journal of Small Business Management,* Vol. 49, No. 3, pp. 490–514.

—— and A. Ojala (2011b) "Network Ties in the International Opportunity Recognition of Family SMEs," *International Business Review,* Vol. 20, No. 4, pp. 440–453.

Leiponen, A and C. E. Helfat (2010) "Innovation Objectives, Knowledge Sources, and the Benefits of Breadth," *Strategic Management Journal,* Vol. 31, No. 2, pp. 224–236.

Li, Y. (2011) "Emotions and New Venture Judgment in China," *Asia Pacific Journal of Management,* Vol. 28, No. 2, pp. 277–298.

McMullen, J. S. and D. A. Shepherd (2006) "Entrepreneurial Action and the role of Uncertainty in the Theory of the Entrepreneur," *Academy of Management Review,* Vol. 31, No. 1, pp. 132–152.

Ozgen, E. and R. A. Baron (2007) "Social Sources of Information in Opportunity Recognition: Effects of Mentors, Industry Network, and Professional Forums," *Journal of Business Venturing,* Vol. 22,

No. 2, pp. 174-192.

Ries, E. (2011) *The Lean Startup: How Today's Entrepreneurs Use Continuous Innovation to Create Radically Successful Businesses,* Currency.（井口耕二訳『リーン・スタートアップ』，日経 BP，2012 年）

Rogers, E. M. (1983) *Diffusion of Innovations*, New York: Free Press.（三藤利雄訳『イノベーションの普及』，翔泳社，2007 年）

Sarasvathy, S. D., N. Dew, S. R. Velamuri, and S. Venkataraman (2003) "Three Views of Entrepreneurial Opportunity," In Z. Acs and D. B. Audretsch (Eds.), *Handbook of entrepreneurship research* (pp. 141-160), Dordrecht: Kluwer Academic Publishers.

Schumpeter, J. A. and R. Opie (1934) *The Theory of Economic Development: An Inquiry into Profits, Capital, Credit, Interest, and the Business Cycle*, Harvard University Press.（八木紀一郎・荒木詳二訳『シュンペーター経済発展の理論（初版）』，日経 BP 日本経済新聞社本部，2020 年）

Shane, S. (2000) "Prior Knowledge and the Discovery of Entrepreneurial Opportunities," *Organization Science*, Vol. 11, No. 4, pp. 448-469.

―― and S. Venkataraman (2000) "The Promise of Entrepreneurship as a Field of Research," *Academy of Management Review,* Vol. 25, No. 1, pp. 217-226.

山田英夫（2021）『競争しない競争戦略：環境激変下で生き残る 3 つの選択』（改訂版），日本経済新聞出版。

第6章
アントレプレナーシップの
戦略的固有性と理論的構図

大驛　潤

1　はじめに

　本章は、アントレプレナーシップ（起業家思考・起業家活動）における戦略を理論的に考究するものである。では、伝統的戦略論とアントレプレナーシップの戦略論とを分かつもの、逆に言えば、アントレプレナーシップにおける理論の戦略的固有性とは、どこにあるのであろうか。

　伝統的戦略研究の主たる関心は、既に確立され、成長した事業の"競争上の優位性"に主眼が置かれていることに注意されたい。そこでは起業的な活動は中心となるべき重要事項とは見られていない。他方、アントレプレナーシップの戦略では、「無から有を創造し、それを涵養させていくこと」が主眼であり、創業期の安定、すなわち"不確実性への対応"が枢要となる[1]。成長期に至るまでの「魔の川」、「死の谷」の研究が、盛んなのもそれを理由に置く。その意味で、「不確実性の対応」、特に Knight（1921）の"第3の不確実性"の対応を最優先とする戦略研究こそが、アントレプレナーシップにおける理論の戦略的固有性と本章では考える。なお、そこでは Gartner（2013）が指摘した、アントレプレナーシップの戦略では「特定のコンテクストに基づく解」、ヨーロッパ学派のアントレプレナーシップ研究の視点も考慮する必要はあろう（Wiklund, et al., 2011）。

　上記を踏まえ、本章においては「アントレプレナーシップの戦略を、独立の研究領域として扱うのではなく、社会との相互浸透をもって構成される」

（Wiklund, et al., 2011）という枠組みに立っている。不確実性下の戦略という視点から、アントレプレナーシップ研究の1つの方向を考えようとするものである。

　まず、不確実性に関して概観した後、"第3の不確実性"に対応するこれまでに展開されたアントレプレナーシップの戦略論を検討すると共に「戦略シナリオ・フレームワーク」という概念に瞠目し、アントレプレナーシップの戦略の理解をはかる。

2　アントレプレナーシップにおける戦略に関する先行研究

　アントレプレナーシップにおける"不確実性"への対応の戦略研究は、これまでさまざま行われてきているが、それらをアントレプレナーシップが不確実性に対していかなる関係にあるのかを中心に主要なものを整理してみると、次のようになるであろう。すなわち、（1）エフェクチュエーション理論、（2）ブリコラージュ戦略、（3）創発的戦略、である。その検討の前に、不確実性について概観する。

（1）　不確実性とエフェクチュエーション理論

　アントレプレナー（創業者オーナー）の戦略について検討すると、そこにおいては、「迅速な意思決定ができる優位性」があるとされる（みずほ総合研究所, 2008）。またアントレプレナーの戦略は、非アントレプレナー（非創業者）型企業と比較し「不確実性」に対する柔軟性や俊敏性をより重視していることが調査から読みとれる（**図6-1**）。

　図6-1のように、"不確実性"への対応が重要性を増す中、本章では、戦略論の知見を援用し、その中でアントレプレナーシップを検討するという意図を持っているため、アントレプレナーシップにおける戦略を研究対象とする。

　ここでは特にアントレプレナーシップにおける戦略の中心を「不確実性」対応に置くエフェクチュエーション理論（以下、EF理論）を取り上げることにしたい。まずEF理論に基づく戦略の体系が、最も包括的な形で示されたSaras-

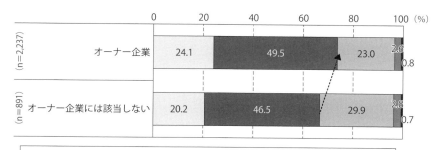

図6-1　「不確実性」を重視する割合
資料：三菱 UFJ リサーチ＆コンサルティング株式会社（2019）。

vathy による 2008 年の著作の議論をもとに、本章に関係する範囲でこの理論を整理しよう（Sarasvathy, et al., 2008）。これは、熟達したアントレプレナーに共通する起業家思考や起業家活動を発見・構築した戦略理論である。

　この EF 理論の本質は「リスクと不確実性」の関係から見出せる。両者はこれまで特に区別されることなく、戦略論またはアントレプレナーシップの議論の中でも広く用いられ、同時に曖昧さを包含してきた。しかし、アントレプレナーシップの研究においては、この点を明確にしておく必要がある。「リスク」とは、測定可能な量を意味し、Knight（1921）はそれを“第 1 の不確実性”と命名した。Knight（1921）に従うと、“第 2 の不確実性”は、①測定不可能で非数量的で、②事象が発生する確率が「未知」で、③その結果戦略に与える影響度も「未知」とした。しかし、“第 2 の不確実性”は、確率分布が一定で、そこを手掛かりに、特定の仮説が成立するとする。

　他方、“第 3 の不確実性”とは、①非数量的で、②事象が発生する確率が「未知」で、③結果戦略に与える影響度も「未知」という点では第 2 と同じだが、その確率分布がランダムなため、仮説さえも立てられない状況を指す（Knight, 1921）。事業の成否は、予測困難とした。第 3 の不確実性の特徴を「状況を整理するためのあらゆる種類の妥当な根拠が存在しない」と表現しており、いかに対応すべきかについては、具体的な案は示されない。

　これに関し、アントレプレナーシップの戦略研究上、Sarasvathy, et al.（2008）

が、重視したのが、何よりこの Knight（1921）の第 3 の"不確実性"である。

　通常、創業・スタートアップ時、アントレプレナーシップは、高い不確実性に直面する。Sarasvathy, et al.（2008）は、状況を整理する妥当な根拠がないこの"第 3 の不確実性"という前提に対し、所与の資源や手段を用いて、結果を創出することを重視する[2)]。この"第 3 の不確実性"への対応こそが、現実のアントレプレナーシップの戦略と伝統的戦略との違いを適切に説明し、その理論の基礎となると考える。

　EF 理論は、以下の 5 つの原理から構成されている（**図 6-2**）。

(1)　手中の鳥：手持ち手段の検討によって「自分は何ができるか？（What can I do?）」（市場機会）を考える。その導き糸は 3 つの手段である。

　①　Who I am?　　　：自分は何者か（自身の特質、選好、能力）

　②　What I know?　　：何の知識を持っているか（自身の専門性、経験）

　③　Whom I know?　：誰を知っているか（人脈ネットワーク）

(2)　許容可能な損失：損失を想定してスモール事業から開始する。

(3)　クレイジーキルト：形や色等の違う布を組み合わせ作り上げる。多様なステークホルダーと関係を築き、協力者の資源を活用し価値創造する。

(4)　レモネード：第 3 の不確実性を機会と捉え、梃子として新たな機会を創造する。

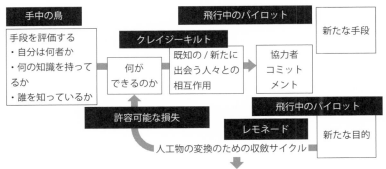

図 6-2　5 つの原理

出所：Sarasvathy, et al.（2008）を加筆修正。

（5）飛行中のパイロット："第 3 の不確実性"に対して、手持ち手段を用い、自ら未来を、創り出すものと捉え、自身ができることに資源を集中し、行動する。

　アントレプレナーシップ研究の伝統的戦略論が、最初にゴールから逆算し「自分は何をすべきか」と考える一方、EF 理論では、手持ち手段から、絶えず新しい課題を発見していく問題解決型接近法を提示している。

　戦略論の観点から EF 理論を検討すると、それは「ピポット戦略」（Ries, 2011）と重なり合う部分が見られる。ピポット戦略とはアントレプレナーシップの創業期、意識される接近方法で「顧客からのフィードバックを受けて、企業のビジネス仮説に大幅な変更を行うこと」（Kirtley and O'Mahony, 2020）である。

　いずれにせよ、Ellsberg（1961）では、人は通常、「未知の分布」を避け、「既知の分布」（第 1・第 2 の不確実性）を選択するとする。そして、推定の手続を通じ、一度、確率分布が明らかになれば、「未知の分布」から「既知の分布」へ変換されるとした。

（2）　ブリコラージュ戦略論

　アントレプレナーシップの戦略研究に援用され、Sarasvathy と並び、瞠目を集めているが、ブリコラージュ（bricolage）論である。「器用仕事」としての「ブリコラージュ」を援用した戦略論（Witell, et al., 2017）として、アントレプレナーシップにおける戦略立案上、非常に示唆的である（Vanevenhoven, et al., 2011）。

　戦略をブリコラージュと捉えている Baker and Nelson（2005）、Witell, et al. (2017) では、資源ベース論に依拠した「ダイナミック・ケイパビリティ（Dynamic Capabilities）」（以下、DC）から生じた競合他社との差異を包括的にブリコラージュで結びつけ、戦略の方向と内容を作っている。ブリコラージュ戦略が、EF 理論と並び、注目を浴びている理由がこの DC 基盤とした接近法にある（Baker and Nelson, 2005）。

　Baker and Nelson（2005）では、DC を「不確実性に対応するために、活用で

きる内外の資源を統合・構築・再構成する能力」とし、激変の環境の中、DC
が高い企業ほど優位性をもつことを、アントレプレナーの視点から提唱した。

　そのブリコラージュ戦略が、基盤としている資源ベース論は過去、Mintz-
berg, et al.（1998）において、「アントレプレナーシップ学派と重なり合い、重
複する見方をするのが、資源ベース研究」としている。それは、アントレプレ
ナーシップ学派と DC 論が同じ視座を共有していることをも意味する（Witell,
et al., 2017）。

　ブリコラージュ戦略では、外部環境の激変を考察する Teece, et al.（2016）の
枠組みを基盤としている（Witell, et al., 2017）。DC の中核は、資産を再構成する
アントレプレナーの能力であるが、この再構成の意義を説明する際、Teece, et
al.（2016）は「共特化（co-specialization）」を強調する。不確実性に対応する DC
を発揮するプロセスを、①感知（Sensing）、②補足（Seizing）、③転換（Trans-
forming）にまとめ、模倣困難な資源・ケイパビリティの再配置（Reconfiguring）、
組織の変容（Transforming）の実践を示唆する。そのため、こうしたアントレプ
レナーの裁量を保証するコーポレート・ガバナンスが不可避とする。

　例えば、独立性の高い社外取締役数を増し、アントレプレナーによる裁量権
の乱用（財務上の不正行為・エージェンシー問題）を防止することで、Teece
（2009）は、アントレプレナーの怠業（戦略上の不正行為）を阻止することを主
張した。それが不可能なケースでは、戦略上の不正行為の最小化、すなわち起
業家であるアントレプレナーを交代させ、活性化を図る必要があるとする。ま
た Teece, et al.（2016）は、Chesbrough（2003）を引用し、オープン・イノベー
ションを DC におけるイノベーションの軸とし、共特化（複数資産を統合する
ことによる利点）を DC における戦略の主軸とすることで激しい環境に対応で
きるとした[3]。

（3）　創発的戦略

　アントレプレナーの戦略の1つとして、石谷（2020）においては、Mintzberg
（1987）の創発的戦略を示す（**図 6-3**）。Mintzberg（1987）では実現された戦略
（realized strategy）は、創発的戦略（emergent strategy）によって影響を受けるとす

る。この創発的戦略とは、アントレプレナーシップの意図とは無関係で、激変する環境に応じて生じる戦略となる。アントレプレナーが計画的に情報収集し、戦略策定することは合理的ではあるが、環境が激変すれば、収集した情報が通用しない局面に変わる。その場合、創発性を活かすべく既存情報に捉われない戦略が必要とされる（Mintzberg, 1987）。

　Mintzberg（1987）では、創発的戦略の例として、50年代後半のホンダの北米進出を挙げる。北米への事業展開時、ホンダは、計画された厳密な戦略に基づき当初、大型車市場に参入した。しかし、技術面での度重なるトラブルの中、現場の意見をくみ取り、もともと計画になかったスーパーカブを急遽販売し、結果、スーパーカブの需要増大を機に、米国市場での大幅な販売増を導出することができた。

　これはアントレプレナーシップの戦略においては、アントレプレナーに意図され計画的に実行されるものに、戦略が限定されないことを示している（Mintzberg, et al., 1998）。この創発プロセスは、戦略立案が"現場とは、かけ離れたアントレプレナーシップ"によって、行われるとする伝統的戦略論とは異なる。戦略立案は、経営者であるアントレプレナーのみで遂行するのでなく、現場のミドルや従業員が学習等を通じて、参画し得るため、組織内のあらゆる領域で起こり得ることとなる。

　つまり、現場による戦略立案と戦略行動が、実際には大きな影響を与える。そして、ここでの戦略行動は、現場によるアントレプレナーシップ、すなわち自発的な起業家活動を促進させると言える。なお、このような考え方は、官僚組織による活動の厳格なコントロールを脱し、従業員のアントレプレナーシッ

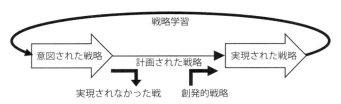

図 6-3　創発的戦略

出所：Mintzberg and Waters（1985）.

プを発揮させるという意味において非常に枢要なものとなる。

3 アントレプレナーシップの戦略に関する 先行研究の課題

　不確実性への対応は、Knight（1921）に従うと、"第1の不確実性"とは、不確実性という名はついているものの、実際、固定化された環境に近いと言え、伝統的戦略論による戦略計画で、数値化して対応することが可能とする。

　"第2の不確実性"は、「戦略計画と創発的戦略の折衷案」として、臨機応変に対応可能となる。それはあたかも、Dixit and Pindyck（1995）で示された「リアル・オプション」の概念と同じ視座である。Dixit and Pindyck（1995）では、不確実性の強弱に伴う、フェーズの変更に伴って、例えば、再建オプション、撤退オプション、売却オプション等を考えておくことで、不確実性に応じ、柔軟に意思決定できるとした。

　本章の研究対象、"第3の不確実性"に対応する戦略としては、大まかに3つの方向性を、前節までに示した。要言すれば、近年のアントレプレナーシップの戦略研究の動向からは、要素還元でなく包括的接近を基盤としながら、"第3の不確実性"の対応のもとに整理しようとする研究傾向が看取できる。それは、不確実性の中から唯一の最適解を選び取るのではなく、不確実性の環境を積極的に検討し、短期間でプロトタイプを市場提供し、情報収集して、機能改善等を施し、再度、市場提供するものである。このサイクルを回すことで、アントレプレナーシップにおける戦略をグレードアップし、創業期を乗り切ることになる。以下では、その3つの課題に関して、言及する（**表6-1**）。

　第1に、Sarasvathy, et al.（2008）による「EF理論」である。このEF理論は、クローズドな環境で検証ができる分野や、AI・IoT・フィンテックのように未成熟市場では最もベストであると断言できる。しかし、アントレプレナーの身の回りで、スタート可能な最小限の製品といっても、あまりに質が低い製品で市場参入すれば、本格市場参入前に、逆に、SNS等で評判を落とす可能性も看過してはならない。

　第2に、DCに基づく「ブリコラージュ戦略」である。ブリコルールの用い

表 6-1　不確実性と戦略

不確実性	不確実性の特徴	主要戦略	戦略の実行
第 1*	不確実性測定が可能な量	戦略計画論	計画に基づき実践
第 2*	測定不可能で非数量。不確実性の要因生起確率が未知、結果も未知だが、確率分布は一定	(1) 戦略計画と創発的戦略の折衷戦略 (2) リアル・オプション	安定を保持しながら、可変にも対応する
第 3*	測定不可能で非数量。不確実性の要因生起確率が未知、結果も未知で確率分布もランダム	(1) EF 理論 (2) ブリコラージュ戦略 (3) 創発的戦略 etc.（リーンスタート、レジリエンス、インダウメント）	戦略の課題 (1) 初期段階での質保証と評判、長期的視座 (2) DC の測定が非明示で、飲鴆止渇 (3) 偶然の産物・後づけ

出所：筆者作成（＊：Knight（1921）の定義）。

る断片の集合として一度出来上がった戦略全体は、既に十分に当初の戦略目的を果たしながらも、寄せ集めで飲鴆止渇的と言えるが故に、不均衡が生じる。ブリコルールの創りあげた戦略は、また次の再構築と用途変換が予定され、常にスタンバイ状態となる。断片の寄せ集め故の戦略全体としての不均衡は、イノベーション生成の条件としているノイズ導出の要因と理解できる（Prigogine and Stengers, 1984）。加えて、ブリコラージュ戦略論の特徴は、Christensen, Dyer, and Gregersen（2011）で示されている"関連づける力"、すなわちイノベーターの特質とも合致する。しかし、この戦略論は、その可能性は示したものの、アントレプレナーシップにおいて、現実にどのように資源ベースの創造や拡張、再配置を具体的に行うのか、そうした DC を行使する際、アントレプレナーシップにおいていかなる「資源スキーム」（アントレプレナーが保有する自社の資源ベースに関するメンタル・モデル）をもって臨むのか、また DC がどれほどダイナミックか客観的に測定できるのか、が示されていないといった課題が残る。

　第 3 として、Mintzberg and Waters（1985）等による「創発的戦略」である。戦略計画論に対する反定位とは言え、この創発的戦略に偏重し過ぎた場合、ミドルや従業員は秩序を無視し勝手な行動をとってしまう可能性は捨てきれな

い。これではミドルや従業員がアントレプレナーシップを発揮し戦略行動をとることと、勝手に振る舞うことが混同される。このような創発的戦略は、アントレプレナーが、意図的に開発・管理しない限り、ミドルや従業員あるいはその周辺の関係者の経験則として終わることも少なくない。

　主要 3 戦略を含め、近年瞠目されているものに各種の戦略がある。例えば、前述した Ries（2011）では「リーン・スタートアップ戦略」が示されている。短期で試作品を創造し、市場の反応を見ながら改善を重ねていくこの戦略は EF 理論を体現化した起業形態の 1 つとも言える。しかし、近視眼による顧客情報の過剰重視で、当初の商材構想とのギャップが拡大し、長期的な成功が見込めなくなる場合もままある点も一応、指摘しておく。

　また Govindarajan（2016）は、未来は予測不能であって、乱気流の中、非線形の変化や偶発的事象によって形成されるという認識の下、「ミニマムの戦略計画」を示す。購買層や技術、環境面等のシグナル（さざ波）から仮説構築し、低コスト・低リスクの実験で検証することが有効とする。しかし問題は、何らかの適切なシグナルがあるという前提の下に論理が完結しているということである。前提がなければ、それを検証する解析手法には進まない。だが、東北大震災やコロナのように、前兆やシグナルなく突然発生する予想外の事象のケースでは、上記のような戦略策定法を活用している時間的猶予はないという問題が浮揚する。

　以上、"第 3 の不確実性"に対する戦略は、（1）EF 理論、（2）ブリコラージュ戦略、（3）創発的戦略、に分けられた。（1）は質と評判の課題が残り、（2）は具体的な DC の測定が示されず、飲鴆止渇的と言える。また（3）は偶然の産物を後づけしたとも捉えられる、ということで、いずれも"第 3 の不確実性"に対する戦略として若干課題が残る。

4　戦略オプション・フレームワークの考察

　本節では、"第 3 の不確実性"に対応した戦略として「戦略オプション・フレームワーク」の有用性を考察する[4]。これは、"第 3 の不確実性"を前提に「起こりうる複数のシナリオ」を列挙し、それに応じた戦略を複数具備するフ

レームワークである（角和，2016；梅澤編，2013）。本章は、事前に作られた複数の戦略オプションと、それを取捨選択・修正する過程で得られるコンセンサス・ビルディングとよばれる知見、発見、アイデアが、アントレプレナーシップを通じて融合し、軌道修正を行いながら進化していく重要性を唱えるものである。その作業の前に、戦略論における"不確実性"対応の2つの基本原理を確認しておく。

（1）　戦略オプション・フレームワークの概要

"第3の不確実性"の基づく将来を予測するにあたり、(1) できるだけ近い将来を予測、(2) 自らの手で将来を創り出す、(3) 確率分布が一定の"第2の不確実性"から将来を予測する、以上3つは当然として、戦略における"不確実性"対応の2つの基本原理を、まず確認しておく。

　(1) 不確実性と同程度以上の多様性を組織内部で内包（有効多様度の原理）
　(2) 不確実性（多様性と高度化等から構成）を低減

以上、2つである。「戦略オプション・フレームワーク」は、(1) に該当する。これはシステム論における「アシュビーの法則」とも符合する（Ashby, 1956）。そこでまず、改めて戦略オプション・フレームワークの概要を以下で整理する。

　戦略オプション・フレームワークの特徴は、唯一絶対の未来予測という縛りから逃れ、"不確実性"に対し「未来を複数」考え、それに備える「複数の戦略オプション」を具備する戦略である。本来は、**表 6-1** における"第2の不確実性"の際に使われるものとされる。いかなる戦略オプションであっても、戦略策定過程には、進捗状況の評価を行う評価項目がある。そして未来像が理想的に進捗したとしても個々の評価結果によって戦略オプションとしてシナリオ分枝する。したがって分枝を意識した不確実性評価が必要となる。シナリオ分枝の分析をし、シナリオ上、可能性の高いルートで必須とされるものは、先行準備も可能となり、また条件分枝上で絶望的ルートに陥った場合の対処（どこで見切りをつけるか等）も準備できる（角和，2016；梅澤編，2013）。なお、戦略

オプション・フレームワークに関して、野中・寺本他（1986）では、旧日本軍の作戦のオプションが貧弱で、作戦失敗時の戦略オプション・シナリオが全く用意されていなかったことを、失敗の理由に挙げている。

（2）　戦略オプションの立案方法

戦略オプションを提出して評価する一連の戦略決定プロセスが、戦略オプション・フレームワークである。前段で概要に触れたが、以下、策定の2つの手順を見る。

第1手順は、「不確実性マトリックス」作成にある。一般環境と課業環境の分析から抽出された「起こる可能性のある第2の不確実性」を、**図6-4**にプロットする。"一般環境"は、（1）技術、（2）制度、（3）経済、（4）社会、"課業環境"は、Porter（1985）の5フォース（（5）同業他社、（6）新規参入者、（7）仕入先、（8）顧客、（9）代替品）、計9項目に対して、複数の不確実性要因を抽出する。抽出された不確実性要因を「不確実性度」と「戦略への影響」の2軸で、**図6-4**にプロットする（ここでは、仮に9項目をランダムに**図6-4**にプロットした）。

以下、この**図6-4**の象限1〜4について言及する。

（1）象限1：不確実性度は「強」で、戦略への影響も「強」なので、象限1からトップ2つの不確実性要因をピックアップし、**図6-5**の2軸（縦・横）とする。

（2）象限2：不確実性度は「強」だが、戦略への影響が「弱」なので、即座に対応する必要のない不確実性要因と考えられる。

（3）象限3：不確実性度は「弱」、戦略への影響も「弱」なので、その不確実性要因の将来の見通しが予測でき、従来の伝統的戦略で事足りる。

（4）象限4：戦略への影響は「強」だが、不確実性度が「弱」なため、不確実性要因を確実に起きる事象確率と考えられず優先順位が低くなる。

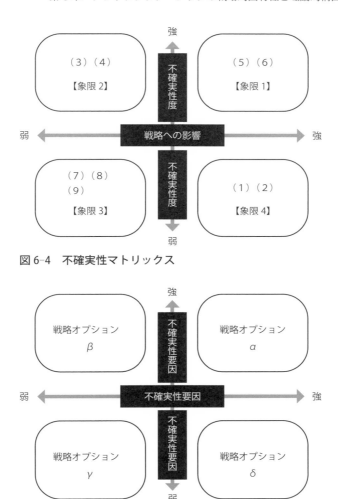

図 6-4　不確実性マトリックス

図 6-5　第 3 の不確実性マトリックス

　第 2 手順は、「第 3 の不確実性マトリックス」の作成、すなわち「戦略オプションαβγδの立案」である。前述したように、まず、**図 6-4** の象限 1 の中から先鋭な不確実性要因トップ 2 つを、次に今度は「**図 6-5**：第 3 の不確実性マトリックス」の 2 軸（縦・横）としてプロットする。さすれば、戦略オプションが 4 つ（αβγδ）となる[5]。最終的に、こうして立案された戦略オプショ

ンをもとに、将来の戦略を議論する。

5　おわりに

　本章では、アントレプレナーシップの戦略における "第 3 の不確実性への対応" に関して検討した。その中で戦略オプション・フレームワークに着目し考察した[6]。

　元来、戦略オプション・フレームワークは、リスクに対する予測を的中させるものではなく、不確実な事象の生起確率も分からない "第 3 の不確実性" に対応するためのコンセンサス・ビルディングに資する戦略である。あえて極端な戦略シナリオも用意しながら議論し、合意形成する上で、"第 3 の不確実性" に対する対応戦略として、一定の役割を果たすと考えられる。

　アントレプレナーシップにおける戦略の先行研究においては、これまで「リーン・スタートアップ戦略」や「レジリエンス戦略」、あるいは「インダウメント戦略」などにおいて、"第 3 の不確実性" 対応の重要性は指摘されているものの、戦略としての具体性は乏しかった。本章では "第 3 の不確実性" に対する対応策として、戦略オプション・フレームワークが活用できることを示唆した。アントレプレナーシップにおいて戦略オプション・フレームワークに取り組むメリットは、2 つある。第 1 に、戦略の方向性について、コンセンサス・ビルディングのための戦略フレームワークとして一定の合理性があるということである。"第 3 の不確実性" に対して、確実分布が一定の第 2 の不確実性の分析に基づき複数の戦略オプションを創造するため、異なる意見も反映しやすく、比較的、合意形成も効率的となる。

　第 2 に、一般環境・課業環境の複合的視座から見た現実的な戦略シナリオとして具体的に策定されることで、戦略の方向性が体系化されることである。具体的な戦略オプションが策定されると、その戦略オプション下で適応する戦略が浮き彫りになる。現時点では、"第 3 の不確実性" 対応手法の有効性を巡っては、示唆の段階にとどまっており、将来、この領域において、ますますの研鑽を積みたい。

●注

1）高橋（2005）では、これを"起業家が認識した事業機会の不確実性"と呼び、伝統的アプローチとの差異を強調する。
2）この接近法を、栗木（2015）では「やってみなはれ戦略」と称す。
3）加えて、財務上と戦略上の不正行為の最小化、インセンティブの継続的な整合化によるレント消費の回避を DC におけるコーポレート・ガバナンスの役割として重視している。
4）当然、3 要因残せば、戦略オプション 8 つで、それ以上も可である。ただ認知限界の視点からは、あまり多くても意味がなく、マトリックス図の 4 つに焦点を当てるのが合理的と考える。
5）戦略シナリオ・フレームワークは、戦後米国空軍によって、生み出された戦略の立案の方法で、現在でもシェル石油で採用されているものとして有名である。
6）本章は、初出：大驛（2023）「アントレプレナーシップにおける戦略の理論的固有性」，『企業経営研究』，第 26 巻を加筆修正したものである。

【参考文献】

Adner, R. and Levinthal, D. A. (2004) "What Is Not a Real Option: Considering Boundaries for the Application of Real Options to Business Strategy," *The Academy of Management Review*, Vol. 29, No. 1, pp. 74-85.

Ansoff, I. (1984) *Implanting Strategic Management*, Prentice, Hall International.（中村元一・黒田哲彦・崔大龍監訳『「戦略経営」の実践原理：21 世紀企業の経営バイブル』，ダイヤモンド社，1994 年）

Ashby, W. R. (1956) *An Introduction to Cybernetics*, Chapman and Hall.（篠崎武・山崎英三・銀林浩訳『サイバネティクス入門』，宇野書店，1967 年）

Auerswald, P. E. and L. M. Branscomb (2003) "Valleys of Death and Darwinian Seas: Financing the Invention to Innovation Transition in the United States," *Journal of Technology Transfer*, Vol. 28, No. 3-4, pp. 227-239.

Baker, T. and Nelson, R. E. (2005) "Creating something from nothing: Resource construction through entrepreneurial bricolage," *Administrative Science Quarterly*, Vol. 50, No. 3, pp. 329-366.

Chesbrough, M. (2003) *Open Innovation: The New Imperative for Creating and Profiting from Technology*, HBS Press.

———. (2016) *Open Services Innovation: Rethinking Your Business to Grow and Compete in a New Era*, Jossey-Bass.

Christensen, C. M., and Henry J. E. (2011) *The Innovative University: Changing the DNA of Higher Education from the Inside Out*, John Wiley & Sons, Jossey-Bass.

———, Dyer, J., and Gregersen, H., (2011) *The Innovator's DNA: Mastering the Five Skills of Disruptive Innovators*, Harvard Business School Press.

Courtney, H., Kirkland, J., and Viguerie, P. (1997) "Strategy Under Uncertainty," *Harvard Business Review*, Vol. 75, No. 6, pp. 67-79. (邦訳「不確実性時代の戦略思考」『ダイヤモンド・ハーバード・ビジネス』, 2009 年 7 月号, pp. 64-81)

Dixit, A. K. and Pindyck, R. S. (1995) "The Options Approach to Capital Investment," *Harvard Business Review*, Vol. 74, No. 3, pp. 105-115. (邦訳「オプション理論が高める経営の柔軟性」『ダイヤモンド・ハーバード・ビジネス』, 1996 年 12 月号, pp. 107-118)

Ellsberg, D. (1961) "Risk, Ambiguity, and the Savage Axioms," *The Quarterly Journal of Economics*, Vol. 75, No. 4, pp. 643-669.

Finkelstein, F. (2019) "Don't Be Blinded by Your Own Expertise," *Harvard Business Review*, Vol. 97, No. 3, pp. 153-158.

Gartner, W. B. (2013) "Creating a Community of Difference in Entrepreneurship Scholarship," *Entrepreneurship & Regional Development*, Vol. 25, No. 1-2, pp. 5-15.

Govindarajan, V. (2016) "Planned Opportunism," *Harvard Business Review*, Vol. 94, No. 5, pp. 54-61. (邦訳「弱いシグナルから非線形変化をつかむ「計画的な日和見主義」のすすめ」2017 年 1 月号, pp. 51-60)

Kirtley, J. and O'Mahony, S. (2020) "What is a pivot? Explaining when and how entrepreneurial firms decide to make strategic change and pivot," *Strategic Management Journal*, Vol. 41, No. 6, pp. 1-49.

Knight, F. H. (1921) *Risk, Uncertainty and Profit*, Houghton Mifflin Company.

Mintzberg, H. and Waters, J. S. (1985) "Of Strategies, Deliberate and Emergent," *Strategic Management Journal*, Vol. 6, No. 3, pp. 257-272.

―― (1987) "The Strategy Concept I: Five Ps for Strategy," *California Management Review*, pp. 11-24.

――, J. B. Lampel, and B. Ahlstrand (1998) *Strategy Safari: The complete guide through the wilds of strategic management*, Free Press.

Porter, M. E. (1985) *Competitive Advantage: Creating and Sustaining Superior Performance*, Free Press

Prigogine, I. and Stengers, I. (1984) *Order Out of Chaos: Man's New Dialogue with Nature*, Bantam Books.

Reeves, M., Haanaes, K., and Sinha, J. (2015) *Your Strategy Needs a Strategy: How to Choose and Execute the Right Approach*, Harvard Business Review Press. (御立尚資・木村亮示監訳・須川綾子訳『戦略にこそ「戦略」が必要だ』, 日本経済新聞出版社, 2016 年)

Ries, E. (2011) *The Lean Startup: How Today's Entrepreneurs Use Continuous Innovation to Create Radically Successful Businesses*, Crown. (井口耕二訳・伊藤穣一監修『リーン・スタートアップ：ムダのない起業プロセスでイノベーションを生みだす』, 日経 BP, 2012 年)

Sarasvathy, S. D. (2001) "Causation and effectuation: Toward a theoretical shift from economic inevitability to entrepreneurial contingency," *Academy of Management Review*, Vol. 26, No. 2, pp. 243-263.

―――, et al. (2008) "Effectuation and Over-Trust: Debating Goel and Karri," *Entrepreneurship Theory and Practice*, Vol. 32, No. 4, pp. 727–737.

Sarasvathy, S. D. (2008) *Effectuation: Elements of Entrepreneurial Expertise, New Horizons in Entrepreneurship Research*, Cheltenham, U. K., Edward Elgar Publishing. (加護野忠男監訳・高瀬進・吉田満梨訳『エフェクチュエーション―市場創造の実効理論』, 碩学舎, 2015 年)

Teece, D. J. (2009) *Dynamic Capabilities and Strategic Management: Organizing for Innovation and Growth*, Oxford University Press.

―― (2012) *Strategy, Innovation and the Theory of the Firm*, Edward Elgar.

―――, Peteraf, M. and Leih, S. (2016) "Dynamic capabilities and organizational agility: Risk, uncertainty, and strategy in the innovation economy," *California Management Review*, Vol. 58, No. 4, pp. 13–35.

Tetlock, P. and Gardner, D. (2016) *Superforecasting: The Art and Science of Prediction*, Random House Books. (土方奈美訳『超予測力：不確実な時代の先を読む 10 カ条』, 早川書房, 2016 年)

Vanevenhoven, J., Winkel, D., Malewicki, D., Dougan, W. L., and Bronson, J. (2011) "Varieties of bricolage and the process of entrepreneurship," *New England Journal of Entrepreneurship*, Vol. 14, No. 2, pp. 53–65

Weick, K. E. and Sutcliffe, K. M. (2015) *Managing the Unexpected: Sustained Performance in a Complex World*, Jossey-Bass. (中西晶監修, 杉原大輔他訳『想定外のマネジメント［第 3 版］：高信頼性組織とは何か』, 文眞堂, 2017 年)

Wiklund, J., Per D., David B. A., and C. Karlsson (2011) "The Future of Entrepreneurship Research," *Entrepreneurship Theory and Practice*, Vol. 35, No. 1, pp. 1–9.

Witell, L., Gebauer, H., Jaakkola, E., Hammedi, W., Patricio, L., and Perks, H. (2017) "A bricolage perspective on service innovation," *Journal of Business Research*, Vol. 79, pp. 290–298.

石谷康人 (2020)「アントレプレナーのアイデンティティ資本を源泉とするアイデンティティと戦略の創造」,『企業経営研究』, 第 23 巻, 1–15 頁。

井上達彦 (2014)「ビジネスモデルの構築」, 宮本又郎・加護野忠男・企業家研究フォーラム編,『企業家学のすすめ』, 有斐閣。

梅澤高明編 (2013)『最強のシナリオプランニング』, 東洋経済新報社。

大驛潤 (2023)「アントレプレナーシップにおける戦略の理論的固有性」,『企業経営研究』, 第 26 巻。

角和昌浩 (2016)「シナリオプランニングの理論：その技法と実践的活用」,『石油・天然ガスレビュー』, 第 50 巻第 5 号, 1–18 頁, 独立行政法人エネルギー・金属鉱物資源機構。

栗木契 (2015)「無限後退問題とエフェクチュエーション」,『国民経済雑誌』, 第 211 巻第 4 号, 33–46 頁。

新藤晴臣 (2015)『アントレプレナーの戦略論』, 中央経済社。

関智宏 (2021)「危機状況下における中小企業の企業家活動プロセス」,『社会科学』, 第 50 巻第 4 号, 177–195 頁, 同志社大学人文科学研究所。

高橋徳行（2005）『起業学の基礎：アントレプレナーシップとは何か』，勁草書房。

田路則子・露木恵美子編（2010）『ハイテク・スタートアップの経営戦略』，東洋経済新報社。

西村行功（2010）『戦略思考のフレームワーク：未来を洞察する「メタ思考」入門』，東洋経済新報社。

野中郁次郎・寺本義也・戸部良一・鎌田伸一・杉之尾孝生・村井友秀（1986）『失敗の本質』，中央公論社。

水野由香里（2019）『レジリエンスと経営戦略』，白桃書房。

みずほ総合研究所（2008）『みずほレポート』，2 月 13 日発行。

三菱 UFJ リサーチ＆コンサルティング株式会社（2019）『我が国ものづくり産業の課題と対応の方向性に関する調査　報告書』，令和 3 年度製造基盤技術実態等調査。

第7章
起業のマーケティング
——コレクティブ・インパクトを生み出す
プラットフォーム・デザイン：
「注文をまちがえる料理店」による
シェア・イシューとコレクティブ・インパクト——[1]

廣田　章光

1　はじめに

　環境汚染、貧困、食料、教育など世界が抱える問題は多い。一企業や一個人では解決が難しい、社会の欠陥や矛盾から生じる課題を本章では社会課題と呼ぶ。そして社会課題は複数の解決可能な水準の「問題」によって構成されると考える[2]。

　社会課題は誰が原因か、何が原因か、を特定することが難しく、解決の糸口が見つかりにくい特徴がある。このような特徴の背景には、社会全体で正しく問題が共有されていないため、問題の解決が社会全体で進まない課題が存在する（廣田・水越・西川，2014）。わが国では社会課題の解決は、1990年代以降行き詰まりを見せている（谷本，2008；経済産業省編，2008）。このような複雑かつ広域横断的な社会課題に対してのイノベーションのあり方を考察することが本章の目的となる。

　イノベーションの実現には正しい問題を発見する行動と、正しい解決を創造する行動が必要である（Norman, 2013）。イノベーション研究の多くは、正しい解決の行動に注目してきた（Clark and Fujimoto, 1992他）。本章ではイノベーションにおける正しい問題の発見に注目し考察をする。そしてソーシャル・イノ

ベーション実現に向けて社会が正しく問題を共有する行動の重要性を指摘する。本章では社会が正しく問題を共有することを「シェア・イシュー（Share Issue)」と呼ぶ。そしてシェア・イシューの実現のためには協働体験の場が有効であることを示す。

2 複雑、不透明な社会課題の問題解決

(1) コレクティブ・インパクト（Collective Impact）と 連携（コラボレーション）のタイプ

社会課題は社会システムの構成要素に横断的に課題が存在し、特定の組織や個人では解決に限界が存在する場合が多い（廣田他, 2014）。例えば、地球温暖化の問題は、個人がエネルギー消費量を減らす努力や、消費を減らす努力をすることはできるが、それ以外にエネルギーを生成、供給する国家の方針や企業がどのようなエネルギー供給を採用するかの問題にも関連する。そのため国、行政、企業、集団、個人など個々の行動だけでは成果を上げられない場合が存在する（谷本, 2008；経済産業省編, 2008）。一方、地球の温暖化が進展することについて、国、行政、企業、集団、個人など個々単位の理解が、その後の社会全体の活動に影響を与えるはずである。社会課題は個々の単位の社会構成要素における未解決な境界や、対話が阻まれた対象に対してイノベーションが必要である（Phills, Deiglmeier, and Miller, 2008）。問題の解決には問題を解決可能な水準で定義する必要がある（安西, 1985）。しかしこのような状況では、問題がどこに存在し、何が問題であるかを明確に特定することが難しい。そのため、多くの社会課題は個別の組織あるいは個人が解決活動に取り組む。そのため解決に限界があり、効果的な問題解決ができない場合がある。そのため複数の単位が連携して問題に取り組む解決が求められる。ある問題に対して複数の単位が連携して解決する方法として、5つのタイプが存在する（Kania and Kramer, 2011）。第1に、同じ社会課題に関心のある出資者による連携（Funder Collaborative)、第2に、官民連携（Public-Private Partnerships)、第3に多様な事業関与者

（ステークフォルダー）連携（Multi-Stakeholder Initiatives）、第 4 に Social Sector Networks（社会組織間連携）、第 5 に自律的集団連携（Collective Impact Initiatives：以下、コレクティブ・インパクト）である。一部の社会課題は、問題が明確であり解決の見通しも存在する。そのような社会課題は、「どのように（明かな）問題を解決するのか」という解決方法に焦点があてられる（Kania and Kramer, 2011）。しかしそのようなタイプとは異なる社会課題も存在する。問題が不明確であり、解決の見通しを見出すことが難しい社会課題である。そのようなタイプの社会課題に有効な連携方式が、「コレクティブ・インパクト（Collective Impact）」（Kania and Kramer, 2011）である。コレクティブ・インパクトは、多様な小規模組織や個人が連携し、高度かつ長期的な解決を実現するアプローチである。社会組織間連携との違いは、コレクティブ・インパクトでは組織化されていない小規模な集団や個人が自律的にかつ有機的に結びつき、問題の発見と解決を行うところに違いがある。つまり既存の社会に存在する組織だけでは、問題が不明確な社会課題の解決には限界がある（Kania and Kramer, 2011；廣田他, 2014）。そしてその限界を克服するには、既存組織を横断した部分的な組織構成要素の組合せ、あるいは社会構成単位である個人あるいは個人の組合せによる問題発見、解決を行うという視点を提供した。コレクティブ・インパクトを実現する、既存組織を横断する組合せや、小集団や個人の組合せのためには、組織化されてない小集団、個人を連携させるための工夫が必要となる。その解決として小集団、個人の活動を連携させるために次の 5 つの活動を示している（Kania and Kramer, 2011）。

　5 つの活動とは、ビジョンの共有（Common Agenda）、活動評価の共有（Shared Measurement Systems）、集団相互を強化する活動（Mutually Reinforcing Activities）、継続的なコミュニケーション（Continuous Communication）、活動全体を支える組織（Backbone Support Organizations）を挙げている。その後のコレクティブ・インパクトに関する研究については、その重要性を認めつつ、5 つの活動の実践上の課題についての指摘とその解決に焦点が当てられている。

(2)　コレクティブ・インパクト実現の課題

　コレクティブ・インパクトの実現には、自律的に連携する小規模集団、個人の存在が必要となる。そして、連携には、従来とは異なる小規模集団、個人の組合せが必要となる。小規模集団、個人が自律的に有機的に結びつくのは、何らかのきっかけが必要である。そのため、従来、自身がその社会課題に関与できるとは思ってもいなかった小規模集団、個人における社会課題の存在と理解が自律的集団連携の実現の前段階として必要となると考えられる。そしてその前段階には、少なくとも次の2つが必要となると考えられる。

　第1に、ある社会課題に対して、社会の多様な組織、小規模集団、個人が気づくことである。この広がりが社会において大きいほど、多様かつ従来の枠組みを超えた組合せの可能性が高まる。そのことによって従来の問題解決とは異なる解決が創造される可能性も高まると考えられる。第2に、誰が、小規模集団や個人など多様な単位が、正しく社会課題を理解することが必要となる。

　第1の問題は、少なくとも社会に当該の社会課題が存在することを認識することが必要となる。そしてその社会課題に対して自身でも部分的に関与し、解決に貢献できる可能性を見出す機会を創造することが必要となる。第2の問題は、第1の問題において関与可能性を認識した小規模集団、個人が問題を正しく理解することがコレクティブ・インパクトの実現に繋がる。

　コレクティブ・インパクトの実現には、その前段階において、その社会課題への関与者の多様性について社会的広がりを確保すること、そして関与者が問題を正しく理解することに注目する必要がある。

　次に、この2つの問題に注目しその解決を通じてコレクティブ・インパクトの実現に繋がる要件を考察する。

3　わが国の認知症[3]の実態とその解決

　内閣府の調査では、2012年には認知症高齢者（65歳以上）の数は462万人とされ、7名に1人（15％）が認知症の状態にある。そして、2025年には65歳

以上の中で認知症の状態になると予想される人は約 750 万人、65 歳以上人口の 5 名に 1 人（20 ％）になると予想される[4]。

　また、海外でも 2015 年には約 5,000 万人の認知症の状態にある人々が存在した。そして今、毎年 1,000 万人ずつ増加し、2030 年には 8,200 万人、2050 年には 1 億 5,200 万人に増加すると予測されている[5]。

　わが国の多くのその解決の特徴は、認知症介護は患者を社会から隔離させることである。具体的には施設や自宅といった閉鎖空間によって社会との接触を最小化する介護スタイルである。社会から隔離してしまえば社会全体には大きな問題にならない。そのため、有効な方法に見える。しかし、認知症の状態にある方やその家族、施設スタッフだけで問題を解決することになる。そのためそれらの人々への負担は大きい。特定の人々だけによる解決は方法も限られる。従来の社会から隔離する方式だけでは、増え続ける認知症の状態にある人々への対応には、限界がある。さらに社会から隔離する方式は、認知症の状態にある人々に対して、社会から閉鎖された空間での生活を強いる。そのため、人間として行動することを抑制することになる。

4　「注文をまちがえる料理店」[6]

（1）　調査の概要

　「注文をまちがえる料理店」は、認知症の状態にある人々がホールスタッフとして働くレストランである。一般社団法人「注文をまちがえる料理店」実行委員会（代表理事　和田行男氏）が主宰する。認知症の状態にある人々が社会の多様な人々との協働を通じて活き活きと活動する。そして同時に社会全体が認知症の状態にある人々を理解する場である。その優れた活動が評価され2018 年日本マーケティング大賞奨励賞はじめ国内外の多くの賞を受賞している。「注文をまちがえる料理店」の誕生から運営の実態を調査するため、発案者の 1 人である小国士朗氏へのインタビュー、公開資料をもとに調査を実施した。

(2)　先端的認知症介護

　放送局制作ディレクターだった小国士朗氏は、ある番組の制作において出会ったのが認知症介護のプロフェッショナルであった和田行男氏（現在、代表理事）だった。和田氏は「認知症になっても、最後まで自分らしく生きていく姿を支える」ことを目指して 30 年にわたり介護サービスを実践してきた。そのため自分らしく生きるために「社会に開かれた介護」に向けた先端的な活動を行ってきた。多くの場合、認知症介護は施設や自宅で行う。そのため、働く場の提供など一般社会で活躍できる環境が提供されることは限られている。しかし和田氏の施設では、彼ら（彼女ら）の主体性を活かす介護を実現している。例えば、その日の認知症の状態にある人々自らが料理の食材を、施設近隣の店舗で購入するなどの活動をする。そのような活動を通じて、認知症の状態にあっても 1 人ひとりが考えて行動できる介護、つまりその人の人間性を活かした介護を実施している。

　グループホームでは認知症の状態にある人々が共働して家事を行う。ある日、小国氏は当初の昼食メニューと実際に料理して出てきた料理が異なる体験をする。しかし当日のメニューとは異なる料理をまちがって調理したにもかかわらず、皆楽しそうに料理を食べている。そこで 2 つのことに気づいた。1 つは、料理がまちがっていることにこだわっている自身への恥ずかしさ。もう 1 つは、社会の中ではすべてのまちがえをその場で指摘、正すのではなく、受け入れてもよいまちがいがあってもよい。まちがえを受け入れる行動から、まちがえた方も、まちがえられた方も、得られる体験があるのではなかとの気づきである。認知症の状態にある人々は和田氏の介護方針によって、人間らしい活き活きとした姿を取り戻していたのである。それは社会に存在するまちがいをしてはいけないという常識が、認知症の状態にある人々の社会との共生を妨げていることにも繋がる。この和田氏の介護の考え方が「注文をまちがえる料理店」の実現に繋がる。

(3)　「注文をまちがえる料理店」[7)]

　注文をまちがえる料理店は、認知症の状態にある方々がホールスタッフを務めるイベント型のレストランである。料理は著名レストラン、外食サービス企業が工夫を凝らしたメニューを考案し、調理し提供する。料理は一流の味が提供される。レストランとしての料理のおいしさ、安全、安心といったクオリティは高い水準を維持し、認知症の状態にある人々が注文をとり、配膳を行う。さらにホールスタッフを務める認知症の状態にある人々に謝礼金が支払われる。レストラン運営にはノウハウが必要である。場所、資金の確保も必要である。実現のために必要とリストアップされた資源は、デザイン、海外展開、IT、お金集め（資金調達）、認知症の知識、介護のスキル、料理・レストラン運営の 7 つだった（小国，2017a）。その際、業務能力だけでなく次の 2 つの思考を持つ人物を探すことにした。1 つは、この企画を「100 ％ 面白がってくれる人」。この企画に対して不謹慎と思う人は多い。しかし、それだけでは社会における認知症の問題は閉ざされたままである。思考も行動も進まない。そこで「注文をまちがえる料理店」の企画の社会的意義も含めて「面白い」と共感してくれる人に参加してもらうことにした。もう 1 つは「自分の利益を捨てられる人」である（小国，2017a）。

　このレストランは、認知症の状態にある人々と、調理、店舗運営、介護などさまざまな分野のプロフェッショナルとが一体となって実現した。2017 年 6 月 3 日、4 日の 2 日間のプレオープンでは 80 名が来店した。プレオープンでは「注文をまちがえる料理店」のコンセプトを具体化すること、そして社会にどのように受け入れられるかが確認された。このプレオープンでの得た知見を元に運営方式の修正を行った。そして、2017 年 9 月 16 日〜18 日の 3 日間東京六本木にオープンした。台風が接近する悪天候にもかかわらず、3 日間に 300 名が来店した。

（4）　認知症の状態の人々の理解を促進するための 2 つのルール

「注文をまちがえる料理店」は単に認知症の状態にある人々をホールスタッフとして働いてもらうことだけで成立したのではない。認知症の状態にある人々と、認知症に対して充分な理解をもっていない人々が共生しながら、来店者（顧客）からお金を頂く「レストラン」として成立させなければならない。これらのことを実現するためには、何を確実に実現するかを設定し実行する必要がある。企画の具体化に向けて決められた 2 つのルールがある。第 1 に、レストランとしてクオリティにこだわること。第 2 に、わざとまちがえるような仕掛けはやらないことである。まちがえることは目的でないからである。

　第 1 の「レストランとしてのクオリティ」とは、認知症の状態にある人々によって注文とは異なる料理が提供されたとしても、料理が美味しい、他のサービスや雰囲気がよければ、顧客はまちがえたことも楽しめる、許せる気持が生まれる。そして認知症の状態にある人々の言動を理解する余裕が生まれる。

　第 2 の「わざとまちがえるような仕掛けはやらない」とは、「注文をまちがえる料理店」に来店する顧客の期待は「注文をまちがえる」体験に集まりがちである。それは「まちがえる」ことを期待し、そこだけに注目が集まる可能性があった。そのため顧客の期待に応えるとすれば、極端に言えば常にまちがえる状況になることが、顧客の満足を高めると判断してしまう可能性がある。そこで「注文をまちがえる料理店」では、「わざとまちがえるような仕掛けはやらない」ことが方針とされた。そのきっかけは、実行委員会のミーティングにおける、奥様が認知症の状態にある方の発言である。「妻にとって、まちがえるということは、とてもつらいことなんですよね」（小国，2017a）。この発言が、実行委員会のメンバーが認知症の状態にある人々を深く理解することに繋がった。そしてこのレストランでは、認知症の状態にある人々が一生懸命、活き活きと働くこと、その結果、まちがってしまった場合に、来店客に許していただくことが実践された。

（5）　社会への広がりと持続するための仕組み

　プレオープンがはじまると実行委員会メンバーの 1 人がその様子を Facebook に投稿した。また、実行委員会メンバーからの「注文をまちがえる料理店」のプレオープンを実施することを聞き、様子を見に来た医療ジャーナリストの記事が Yahoo!Japan に掲載された。さらに招待客が投稿した twitter はあっという間に Yahoo!Japan のリアルタイム検索（twitter）の 1 位になった。翌日からは SNS の反応をみた国内そして海外（20 ヵ国以上）のテレビ局、新聞各社から取材依頼が相次いだ。

　「注文をまちがえる料理店」では、モデルとして仕組みと効果を示す役割と、そのモデルを広く社会に普及する 2 つの役割を組み込んでいる。そのため、「注文をまちがえる料理店」実行委員会では、本オープンに向けての準備と併行し、他の地域で実施要望があった場合に応えることができるよう仕組みを用意していた。「注文をまちがえる料理店」を実現するためのハードウェア、そして運用ソフトウェアを提供できるよう準備した。そのきっかけは、プレオープンの後、小国氏が町田市役所の高齢者福祉担当者と会う機会を得たことによる。行政、NPO 法人、企業、住民が連携して高齢者福祉に取り組む様子を聞き、「注文をまちがえるカフェ」が実現に向けて動き出した。そして「注文をまちがえる料理店」の本オープン終了後 6 日目の 2017 年 9 月 24 日「注文をまちがえるカフェ」がオープンした。その後、「注文をまちがえる料理店 at とらや工房」（静岡県御殿場市）などをはじめ、京都、大阪、広島、沖縄などで地域の企業や団体、行政などが主体となって「注文をまちがえる料理店」が日本各地に広がった。そして 2019 年 3 月 4 日には厚生労働省庁内食堂で「注文をまちがえる料理店 at 厚生労働省」が実現した[8]。当日は根本匠厚生労働大臣（当時）や小泉進次郎自民党厚生労働部会長（当時）も顧客として参加した。認知症の状態にある人々とその関係者だけの閉じた社会から、中央官庁を含めた社会に広く認知症の状態にある人々と協働をする機会が広がっていったのである。

（6）　クラウドファンディングによる資金調達が
　　　　社会への広がりを生み出す

　小国氏は、少額の資金を多くの人々から集めることができるクラウドファンディングがこのプロジェクトの特性に合っていると考えた。クラウドファンディングの仕組みが多くの人々の小さな善意と応援を引き出せる。そのため社会に大きく広がりやすいと考えたのである（小国，2017a）。もちろん他の資金の調達方法としてスポンサーとして企業に依頼をすることも可能だった。レストランの内外やメニュー、配布物、スポンサー企業の名前を入れることで、企業は企業や商品ブランドを周知あるいはイメージを高めることができる。クラウドファンディングに比べて企業からのスポンサーは一件あたりの金額も大きい。社会的に良い印象が与えられるプロジェクトであれば、その印象にスポンサードしている企業の印象も良いものとして社会に伝わる。そのため、企業数もうまく契約が進めば数社で完了してしまう。しかし社会に広くプロジェクトの存在を通じて、認知症に関心を持ってもらう、あるいは正しく理解してもらう人々を増やすためには、企業のスポンサードではなく、クラウドファンディングが最適と判断したのである。

　出資メニューのデザインは、来店希望と来店を希望しない人々向けの2つに分けて設定された。来店希望者は1人と複数名にわかれ、それぞれ来店のみと来店に加えてオリジナルグッズを組合せた。来店希望者向けは、招待券（座席を確保できる）と抽選券による選択が可能であり、価格も異なる。

　一方、来店を希望しない人々に向けたメニューはお礼状とステッカー（3,000円）から、マグカップ、エプロンなどを組合わせたグッズセット（1万円～10万円）、さらに出資者の名前をレストランに掲載するメニュー（30万円～100万円）が設定された。

　クラウドファンディングは、プロジェクトと全く接点の無い人々がプロジェクトに共感し、プロジェクトの実現を信じて自らの資金を提供する。そのため共感、信頼を確保するための情報が提供されていることが必要となる。当然、提供される情報は事実でなければならない。間違っても虚偽や誇張された情報

が提供されてはならない。特に透明性が必要な情報は、資金がどのように使われるかである。そのため出資を検討する人々が出資を判断するための視点で情報の選択、表現が検討された。その特徴は以下のとおりである。実行委員長の和田氏が読み手に語りかけるように表現している。タイトル、文章、強調する部分を明確にしている。3 行から 4 行で改行しスペースを 1 行あけている。また動画、写真、ロゴマークなどビジュアル情報を文字情報 10 行に 1 回ほどの割合で配置している。そして最後に企画・運営スタッフの顔写真とプロフィールを表示している。

　クラウドファンディングは、READYFOR が担当した。目標金額 800 万円を 24 日の募集期間で実現する目標は READYFOR としても初めての経験だった。通常であれば、最低でも 30 日の応募期間が必要である。さらに目標金額が 1,000 万円前後のプロジェクトでは 75 日〜90 日の応募期間を設定する。しかしクラウドファンディングを実施すると 1 人 1 万円の招待券 30 名分はサイトオープンから早々と定員に達した。そして 2017 年 8 月 7 日のサイトオープン後、24 日後の 8 月 31 日、目標の 800 万円に到達しプロジェクトは成立した。最終的には 493 名の支援者から 1,291 万円の資金を集めることができた。

5　考察

(1)　デザインのダブルダイヤモンド

　イノベーションの実現には、正しい問題の理解と正しい問題解決の 2 つの行動が必要である（Design Council, 2005；Norman, 2013）。これらの行動特性は「デザインのダブルダイヤモンド」と呼ばれている。問題が社会に知られているが、そこの観点から見ると、コレクティブ・インパクト（Kania and Kramer, 2011）は、問題を従来の組織には存在しない小集団や個人の多様な組合せによって問題を正しく理解できる可能性が高まり、理解した問題に対して従来とは異なる視点で解決できる可能性のある効果的な枠組みと言える。

　近年、技術革新、環境の不透明性の高まりから問題解決だけのマーケティン

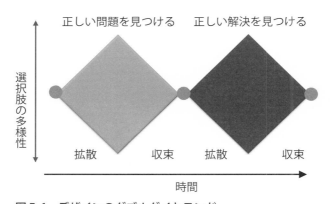

図7-1　デザインのダブルダイヤモンド

出所：Design Council（2005），Norman（2013）を基に筆者作成。

グに加えて、問題発見を組み込んだマーケティングの必要性（コトラー・高岡, 2016）に関する指摘がある。従来の問題解決に注目した研究では、問題が明らかである前提となっている。そのため、問題発見を視野に入れた場合においても、問題解決の行動の前には、問題発見の行動が必要であるとの前提に立つ。問題発見の行動と問題解決の行動は分離し、問題発見の行動は問題解決の行動に先行する前提となっている。

　さらに顧客から解決を求められる問題は正しい問題であるとは限らない。そのため正しく問題を理解することがイノベーションの実現に必要となる（Norman, 2013）。同時に問題を解決するためには、問題を解決可能な水準で表現する必要となる（安西, 1985；鈴木, 2016）。そのためにはどのような問題がどのように存在しているかを理解する必要がある。この問題理解が問題解決において一番難しいプロセスである（安西, 1985）。問題が理解されなければ問題を適切に表現できない。そこで現時点の自身の状況理解の程度によって、（可能な水準で）問題を表現しその上で解いてみると、表現が充分でない、あるいは正しくない部分が明らかになり、直面している状況の理解が進んでしまう（安西, 1985）（**図7-1**）。

（2）　認知症の問題を社会全体で共有する

　認知症という言葉は日本人の多くが知っている。しかし認知症という言葉を知っているだけで「何となく理解している」と思ってしまい、そこから先に進まない場合が多い（小国氏インタビュー）。事実、言葉は知っていても認知症の状態にある人に直接、接したことがない人も多い。多くの人々の理解は報道等の情報に基づく場合が多い。そのため認知症の人々が1人ひとり異なること、そしてそれぞれの人々がどのような状況にあるかを、正しく理解している人々は多くはない。その理由は、社会に対して閉ざして問題を解決していることにある。そのため認知症の状態にある人々がどのような人々でどのような状態にあるかについては広く社会で共有されることはない。認知症の状態にある人々が今後、増加するとなると現在の問題解決方法には限界がある。そのため、問題を家族、施設以外でも解決を図る必要がある。しかし社会に問題を広げるには、言葉を知っている人々に加えて、認知症の状態にある人々が1人の人間としてどのような人々であるのかを知る人々を増やすことが必要である。

（3）　「注文をまちがえる料理店」が提供する体験と
　　　　「シェア・イシュー」

　「注文をまちがえる料理店」では、認知症の状態にある人々がホールスタッフ業務を進めやすいよう、オーダー表、テーブルに番号札を表示するなどの工夫をしている。それでも「まちがった料理を提供してしまった」、「ホットコーヒーにストローをつけてしまった」などのまちがいの体験は、プレオープンでは来店者の61％に及んだ。しかしプレオープン来店者の87％は「ぜひまた来たい」と回答した。「注文をまちがえる料理店」は認知症の状態にある人々が社会で活躍できる場としての役割を果たす。顧客からの注文を聞き、注文どおりの料理やデザートなど顧客のもとに運ぶ。その間は運営スタッフが見守ってくれるとは言え、自身の判断のもとに行動できる。まちがえることが許されることによって、「もし、まちがったら」という不安はなく行動できる。不安

の少なさが顧客と会話することや、会話を通じての笑顔を引き出し自身が社会に貢献できることに気づく。このような体験が彼（彼女）らの自信を取り戻すことに繋がるのである。例えば、ピアノを趣味とする人が認知症の状態となり夫婦で演奏することができなくなった。しかし「注文をまちがえる料理店」に参加しレストランで顧客の前でピアノを最後まで演奏することができた。顧客はこの姿に感動し「注文をまちがえる料理店」の象徴的な体験として社会に広がった。そして本人は弾けるはずだったピアノが弾けなくなってしまい自信を失っていたがこの体験によって自信を少し取り戻すことになった。

　このように単に認知症の状態にある人々がレストランで働くのではなく、一流の料理、サービスを提供するレストランにおいて認知症の状態にある人々が自分の意志で行動し活き活きとした姿を取り戻す。その過程に運営スタッフ、来店者が関与し他のレストランには無い雰囲気を創り上げる。

　一方、来店者にも、運営を支えるスタッフにも、このレストランでの体験から学ぶことがあることに気づく。例えば、自分がオーダーした料理とは違った料理が目の前に運ばれたとする。通常のレストランならクレームを伝えるところである。しかし「注文をまちがえる料理店」では、同じテーブルの客同士で運ばれてきた料理やスプーンとストローを交換することによってまちがいを解決する。あるいは間違って運ばれてきた料理を「まあいいか」とそのまま食べてみる。注文した料理とは違うけど、食べてみたらおいしい。どの料理も高いクオリティのためである。間違わないことがあたりまえの社会に生きていることを人々が、間違うことを容認する「寛容の気持」が生まれる体験ができる。このように、それぞれの認知症の状態にある人々の行動を起点に、顧客やスタッフとの「即興的イノベーション」を生み出しながら協働が実現する。

　この協働体験は、顧客が料理を注文し料理を食べる体験と一体となっている。そのため顧客は認知症の状態にある人々に関する情報をより多く獲得することができる。この協働体験が認知症の状態にある人々を正しく理解し、認知症という問題を社会が正しく共有することを促進する。このように社会に閉ざされた問題を、社会に広く共有（シェア）することによって、正しく問題を理解し、問題が解決あるいは問題が緩和する場合も存在する。このような社会に問題を共有する活動を小国氏は「シェア・イシュー（Share Issue）」と呼ぶ。社

会から閉ざされた施設や限られた人々によって解決を試みている問題は、社会
全体から見れば情報の粘着性（von Hippel, 1998）が高いと言える。情報の粘着
性が高い問題の粘着性を低下させる仕組みが協働の場である。協働の場は社会
に閉ざされた問題を協働という行動を通じて多様かつ多数の人々に「シェア・
イシュー」として情報を移転する。協働の場が広がり多様かつ多数の人々に情
報の移転が促進されることが正しく問題を理解する人々が増えていく。そのこ
とは正しい問題の解決を促進することに繋がる。

（4）　社会で広く問題を共有すること（シェア・イシュー）の効果と
コレクティブ・インパクト

　デザインのダブルダイヤモンドの観点からコレクティブ・インパクトを捉え
るとその対象は、問題解決の段階にある。複雑性の高い社会課題や社会に横断
して存在する特性を持つ社会課題の解決に有効なコレクティブ・インパクトで
は、従来の解決関与者だけでなく、関与していない人々へ広げることが必要で
ある。既存組織や個人で解決に努力する社会課題解決の方法に加えて、社会全

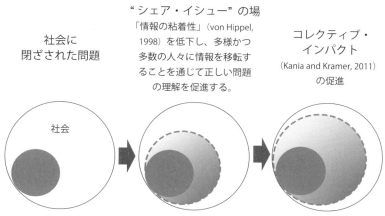

**図 7-2　「コレクティブ・インパクト」促進に向けての「シェア・イシュー」
の役割**

出所：筆者作成。

体で社会課題の認知、共感を広げることを通じて社会全体で解決する可能性が
示されている。そこには、問題解決における多様な個人や集団の組合せの異質
性、多様性を確保することが重要となる。社会に閉ざされて存在している社会
課題に対しては、高い情報の粘着性のために社会が正しく問題を理解できてい
ない。さらにその理解は非常に困難である。社会にある程度広く（一定数の
人々）かつ、多様な人々がその問題を正しく理解していなければ、コレクティ
ブ・インパクトにも結びつく可能性は低くなる。シェア・イシューはコレク
ティブ・インパクトのプレステージ（前段階）に存在することによって、コレ
クティブ・インパクトが生まれやすい状況を創造し社会課題の解決促進に貢献
する（図7-2）。

6　結論

　本章では問題が不明確であり解決の見通しを見出すことが難しい社会課題
（Kania and Kramer, 2011）の解決について考察を行った。そしてそのような社会
課題をコレクティブ・インパクト（Kania and Kramer, 2011）による解決を促進す
るため、「注文をまちがえる料理店」の事例について調査、考察を行った。そ
して社会に正しく、そして広く問題を理解し共有することすなわち、シェア・
イシューの重要性を指摘した。そしてコレクティブ・インパクトの前段階にお
いて、シェア・イシューの場を存在させることによって、多様かつ異質な集
団、個人による連携の組合せの可能性を高めることによって、コレクティブ・
インパクト（自律的集団連携：Collective Impact Initiatives）（Kania and Kramer, 2011）
を促進する可能性を示した。

　さらにシェア・イシューの場の実現においては、次の2点が考慮する必要が
ある。

　第1に、日常生活に存在する機能を場として選定することの重要性である。
「注文をまちがえる料理店」では、認知症の状態にある人々が社会から閉ざさ
れた場で解決されている状況から、社会の日常の1つであるレストランという
開かれた場で協働ができる仕組みを創造した。このことが、広く、多様な人々
との協働の機会を創造し、シェア・イシューに繋がる。

　第2に、シェア・イシューの場では協働を促進する環境づくりが重要である。協働は、社会課題の主体者とそれ以外の社会の多様な人々が即興的イノベーションを通じて行われる。「注文をまちがえる料理店」では、認知症の状態にある人々と来店客、運営スタッフなどが日常に存在するレストランを実現するため認知症の状態にある人々の行動を起点として発生する問題に対し、来店者、運営スタッフが即興的イノベーションによって問題が解決され日常のレストランが運営される。そのような即興的イノベーションが粘着性の高い情報（von Hippel, 1998）の移転を促進し社会課題の正しい理解に繋がるのである。

●注

1）本研究は、科学研究費助成金　基盤研究（C）「デザイン・ドリブン型開発促進のためのインサイトと対話プロセスの解明」（課題番号 19K01974）、基盤研究（C）「情報の粘着性概念を中心としたリード・ユーザーの知識移転促進要因に関する理論的研究」（課題番号 19K01969）の成果の一部である。

2）このような社会課題については、一般的に社会問題と社会課題の2つの表現がある。社会課題においては多様な問題を内包している場合も多い。そのため社会課題が曖昧なため解決の手がかりを得ることが難しい場合も存在する。本章では、社会課題が多様、多数の問題によって構成されている前提のもと、解決可能な水準で明確になった（安西, 1985）社会課題を「問題」と表現する。

3）認知症ポータルサイトによれば、認知症とは、「記憶障害のほかに、失語、失行、失認、実行機能の障害が1つ以上加わり、その結果、社会生活あるいは職業上に明らかに支障をきたし、かつての能力水準の明らかな低下が見られる状態」と定義されている。（http://yanagisawafc.com/dementia/%E8%AA%8D%E7%9F%A5%E7%97%87/）認知症は原因となる疾患により複数存在する。

4）日本ケアフィット共育機構（2019）『日本の高齢者人口 3,588 万人！～超高齢社会と認知症（2019 年版）』

5）World health organization（2017）https://www.who.int/mental_health/neurology/dementia/infographic_dementia/en/

6）http://www.mistakenorders.com/

7）「注文をまちがえる料理店」の詳細は廣田他（2019）、小国（2017a；2017b；2022）を参照のこと。

8）https://www.mhlw.go.jp/photo/2019/03/ph0304-02.html

【参考文献】

Clark, Kim B. and Fujimoto, Takahiro (1992) *Product Development Performance*, Harvard Business

School Press. (田村明比古訳『製品開発力』，ダイヤモンド社，1993 年)

Design Council (2005) *A study of the design process–The Double Diamond*, Design Council.

Hirota, Akimitsu (2020) "Design the platform for "share issues" and promote innovation," *ISPIM Innovation Conference 2020 – Innovating in Times of Crisis*, pp. 1–11.

Kania, J. and Kramer, M. (2011) "Collective Impact," *Stanford Social Innovation Review*, Winter 2011.

――, Hanleybrown, F. and Juster, J. (2014) "Essential Mindset Shifts for Collective Impact," *Stanford Social Innovation Review*, Fall 2014.

Kotler, Philip and Alan R. Andreasen (2003) *Strategic Marketing for Nonprofit Organizations*, 6th edition, Prentice Hall. (井関利明監訳『非営利組織のマーケティング戦略』(第 6 版)，第一法規，2005 年)

――, Hermawan Kartajaya, and Iwan Setiawan (2010) *Marketing 3.0: From Products to Customers to the Human Spirit*, Wiley. (恩蔵直人監訳『コトラーのマーケティング 3.0』，朝日新聞出版，2010 年)

―― and Kevin Keller (2011) *Marketing Management* (14th Edition), Prentice Hall.

―― and Nancy Lee (2004) *Corporate Social Responsibility: Doing the Most Good for Your Company and Your Cause*, SAGE Publications. (恩蔵直人監訳『社会的責任のマーケティング』，東洋経済新報社，2007 年)

―― and Nancy Lee (2006) *Marketing in the Public Sector: A Roadmap for Improved Performance*, Wharton School Publishing. (スカイライトコンサルティング訳『社会が変わるマーケティング』，英治出版，2007 年)

―― and Nancy Lee (2009) *Up and Out of Poverty: The Social Marketing Solution*, Pearson Prentice Hall. (塚本一郎監訳『コトラー　ソーシャル・マーケティング』，丸善，2010 年)

Norman, Don (2013) *The Design of Everyday Things: Revised and Expanded Edition*, Basic Books. (岡本明他訳『増補・改訂版 誰のためのデザイン？―認知科学者のデザイン原論』，新曜社，2015 年)

Perrini, Francesco, Clodia Vurro, and Laura A. Costanzo (2010) "A process-based view of social entrepreneurship: From opportunity identification to scaling-up social change in the case of San Patrignano," *Entrepreneurship and Regional Development*, Vol. 22, No. 6, pp. 515–534.

Phills, James A., Kriss Deiglmeier, and Dale T. Miller (2008) "Rediscovering Social Innovation," *Stanford Social Innovation Review*, Fall 2008.

READYFOR　https://readyfor.jp/projects/ORDERMISTAKES (2022 年 11 月 8 日)

von Hippel, E. (1998) ""Sticky information" and the locus of problem solving: Implications for Innovation," *Management Science*, Vol. 40, No. 4.

World health organization (2017)　https://www.who.int/mental_health/neurology/dementia/infographic_dementia/en/

安西祐一郎 (1985)『問題解決の心理学：人間の時代への発想』，中公新書。

石井淳蔵 (2009)『ビジネスインサイト：創造の知とは何か』，岩波新書。

――(2014)『寄り添う力』，碩学舎。

小国士朗（2017a）『注文をまちがえる料理店』，あさ出版。

─（2017b）『注文をまちがえる料理店のつくりかた』，方丈社。

─（2022）『笑える革命：笑えない「社会課題」の見え方が，ぐるりと変わるプロジェクト全解説』，光文社。

経済産業省編（2008）「ソーシャル・ビジネス研究会報告書」，経済産業省。

厚生労働省（2015）「認知症施策推進総合戦略（新オレンジプラン）～認知症高齢者等にやさしい地域づくりに向けて～」，厚生労働省。

コトラー，フィリップ・高岡浩三（2016）『マーケティングのすゝめ』，中公新書ラクレ。

鈴木宏昭（2016）『教養としての認知科学』，東京大学出版会。

─（2022）『私たちはどう学んでいるのか：創発から見る認知の変化』，ちくまプリマー新書。

谷本寛治（2008）『企業社会のリコンストラクション』，千倉書房。

「注文をまちがえる料理店」http://www.mistakenorders.com/#yahoo（2022 年 11 月 8 日）

二宮利治（2015）「日本における認知症の高齢者人口の将来推計に関する研究」（総括・分担研究報告書），厚生労働科学研究成果データベース。

日本ケアフィット共育機構（2019）『日本の高齢者人口 3,588 万人！～超高齢社会と認知症（2019 年版）』

認知症ねっと　https://info.ninchisho.net/archives/2666（2022 年 11 月 8 日）

廣田章光・水越康介・西川英彦（2014）「ソーシャル・ビジネス発展に向けてのマーケティングの役割と研究可能性」，『マーケティングジャーナル』，第 34 巻第 1 号，5-20 頁。

─・大内秀二郎・玉置了編著（2019）『デジタル社会のマーケティング』，中央経済社。

─（2020）「社会が問題を正しく認識することによるイノベーション－「シェア・イシュー」によるイノベーション促進の可能性」，『日本商業学会第 70 回全国研究大会報告論集』，109-120 頁。

─（2022）『デザイン思考：マインドセット＋スキルセット』，日本経済新聞出版。

水越康介・藤田健（2013）『新しい公共・非営利のマーケティング』，碩学舎。

─（2022）『応援消費：社会を動かす力』，岩波新書。

第**8**章
起業の組織づくりと人材確保

松野　奈都子

1　はじめに

　「大成功した起業家」には「孤高の天才」というイメージがつきまとうが、世界的な大企業の中には、共同創業者によって創業されたものも少なくない。例えば、サロン専用の高級シャンプーを扱う PAUL MITCHELL は、ジョン・ポール・デジョリアとポール・ミッチェルの 2 人によって設立された。デジョリアは、ヘアケア製品の会社でトップ営業マンとして活躍した経験があり、ミッチェルは美容師としてロンドンで活躍していた。彼らは知識や能力を補い合い、役割を分担して企業を創業し、経営した。その結果、700 ドルの借金を元手に立ち上げたベンチャー企業は、世界的な大企業へと成長したのである（Sviokla and Cohen, 2016）。

　このように、創業のプロセスは 1 人の起業家の活動と見なされるべきではなく、個人レベルと組織レベルの両方で捉えていくことが求められる（Gartner and Carter, 2003）。近年の研究では、ベンチャー企業の創業者としての起業チームへの関心が高まっている。起業チームは組織発展の方向や投資の意思決定など、ベンチャー企業全体の成功に重要な役割を果たす（Discua Cruz, Howorth, and Hamilton, 2013）。それゆえ、起業家にとって共に仕事をするパートナーやチームのメンバーを選択することは、創業する事業のアイデアと同じくらい重要な意思決定となる（Lazar, Miron-Spektor, Agarwal, Erez, Goldfarb, and Chen, 2020）。

　本章では、まず、起業家によるパートナーの選択や起業チームの形成について、先行研究で指摘されてきた 2 つの形成戦略を説明する。次に、起業家活動

に人々が参加する動機について述べ、創業された企業の組織づくりに関して
リーダーシップと起業チームの構成の点から検討する。最後に、株式会社キャ
リア・マムの事例を取り上げる。

2　創業時の人材確保

（1）　起業チームとは何か

　多くのベンチャー企業は、単独の個人ではなく、起業チームによって設立さ
れる傾向にある。起業チームとは、「ベンチャー企業の戦略的意思決定と継続
的な運営に対して、主な責任を持つ個人の集団」（Klotz, Hmieleski, Bradley, and
Busenitz, 2014, p. 227）のことであり、ビジョンやミッションの設定、資源の獲
得、従業員の採用といったベンチャー企業の発展に積極的に関わる人々である
（Klotz, et al., 2014）。

　起業チームはゼロから企業を生み出さなければならないが、その際に頼るべ
き標準的な業務手順や組織構造は存在していない。それゆえ、起業チームはベ
ンチャー企業が組織として形を成していく過程において、すべての活動を導い
ていくことになる。その結果、ベンチャー企業が発展し成長する方法に起業
チームの行動が刷り込まれていくのである（Klotz, et al., 2014）。

　Lazar, et al.（2020）によれば、起業チーム形成には2つのパターンが存在す
る。1つ目は、単独の首謀者（lead entrepreneur）によって他者がベンチャー企
業に誘い入れられ、起業チームが形成されるパターンである。首謀者とは、
「新規事業のアイデアを主導する単独の創業者のこと」（Lazar, et al., 2020, p. 34）
を指す。

　2つ目は、最初に新しい企業を一緒に立ち上げることが複数人の間で決まっ
ており、起業チームが形成された後に、新しい事業のためのアイデアが集団で
生み出されるパターンである。このパターンでは、好ましい他者と一緒に働く
ために起業することや、既存起業において、あるプロジェクトのために作られ
たグループが新しく創業を考えることで、起業チームが生み出されることにな

る。

(2)　人材確保のための戦略

　先行研究では、次の2つの人材確保のための戦略が指摘されている。1つ目の形成戦略は、起業家が必要とする資源や能力と現在の状況にギャップが存在するため、そのギャップを埋めるために新規メンバーを追加しようと試みるというものである（Forbes, Borchert, Zellmer-Bruhn, and Sapienza, 2006）。この考え方では、個人の持つ知識やスキルが起業家の知識やスキルに対して補完的かどうかが重視される（Lazar, et al., 2020）。また、個人の知識やスキルといった人的資源のみでなく、ソーシャル・キャピタルも価値ある資源として評価される。なぜなら、ネットワークに埋め込まれた個人は、情報収集に必要な時間や投資を減らすことができ、また、資金や顧客などの組織運営に必要な資源にアクセスすることが可能であるからである（Florin, Lubatkin, and Schulze, 2003）。

　2つ目の形成戦略は、対人的魅力や社会的な繋がりに基づいて新メンバーを追加するというものである。この戦略の理論的根拠の1つは、類似性がポジティブな人間関係を発展させるという類似性－魅力理論（Byrne, 1971）である。類似性－魅力理論によれば、個人は他者が持つ自身と類似した特徴（価値観や問題解決へのアプローチ、学歴、性格など）に惹かれ、そのような他者と集団を形成する傾向にある。実際に、対人魅力や社会的な繋がりに基づいて起業チームは形成されることが多い（Forbes, et al., 2006）。創業者と強い繋がりを持っていたり、連絡を取り合う頻度が高い場合、あるいは似た価値観を持っていたり、信頼関係を構築している場合、そのような人々は起業チームのメンバーに含まれる可能性が高い（Discua Cruz, et al., 2013）。しかしながら、資源の欠乏を補うという視点に立つと、対人的魅力や社会的な繋がりを重視して選んだメンバーは、新しいベンチャーが必要とする資源を有していない場合もある（Forbes, et al., 2006）。

　資源の必要性に応じた資源探索が十分に行われない理由の1つは、必要な資源に対する起業家のアクセス能力が十分ではないことにある。ただし、チーム運営という視点からは、メンバーの増加はチーム規模の拡大とチーム経営の複

雑化をもたらす[1]。したがって、起業家が意図的に新しいメンバーを追加しない可能性もある（小林，2017）。

3 起業家的活動に参加する動機

　起業家的活動に参加する人々は、どのような動機から創業プロセスに関わるのであろうか。比較的新しい研究の流れとして、人々が起業家的活動に従事する動機をアイデンティティに注目して明らかにしようとするものがある。「人が自己に付与する意味」（Burke, 1980, p. 18）と定義されるアイデンティティは、人間の行動を動機づける主要な源（Murnieks and Mosakowski, 2007）だと考えられてきた。

　Cardon, Wincent, Singh, and Drnovsek（2009）によれば、起業家には、1．発明家としてのアイデンティティ（機会を探索し、特定し、発明する）、2．創業者としてのアイデンティティ（機会を事業化する）、3．開発者としてのアイデンティティ（設立後のベンチャー企業を成長させ、拡大させる）という 3 つの異なるアイデンティティが存在している。これらのアイデンティティは、潜在的起業家の起業家的活動への参加を促す。

　創業したり、創業間もない企業に就職したりするという選択は、個人のキャリアの選択でもある。経済的な成功を達成したいという物質的ニーズに直結する欲求と同じくらい、「自分自身に挑戦したい」、「人として成長し、学びたい」といった自己実現の欲求は、創業に至る主要な動機づけ要因となる（Carter, Gartner, Shaver, and Gatewood, 2003）。人が働くのは賃金や給付金、昇進といった外的報酬を得るためだけではない。働くことで家族と隣人以外の対人関係が発展し、新たな集団との結びつきを育んだ結果、自らの仕事をいっそう重要で有意義であると感じることもある（Hall and Mirvis, 2014）。それゆえ、起業家的活動に至る動機は、外的報酬と内的報酬の両面から捉える必要がある。

　しかしながら、潜在的起業家が起業家的活動に参加するには、従業員から起業家へのアイデンティティの移行が必要となる。この移行に際して、新しいアイデンティティに新規性が存在し、既存のアイデンティティと大きく異なる役割を求められる場合は、注意が必要である（Hoang and Gimero, 2010）。例えば、

　従業員は既に存在する企業の組織文化に従うことが求められるが、起業家に求められる役割は新しい組織文化を作り出すことである。このような異なる役割に従事することが苦痛であると個人が感じた場合には、彼らが起業家的活動に参加する可能性は低くなる。

　また、他のアイデンティティと新しい役割が競合する可能性もある。Stryker and Burke（2000）が指摘するように、個人の自己概念は時と場所によって異なる複数のアイデンティティの集合体として成り立っている。そのため、起業チームに参加する人々は、起業家のアイデンティティに加えて、父親や母親、コミュニティのリーダーなど、さまざまなアイデンティティを持っている。したがって、これらの既に保有している役割と起業家に求められる役割が矛盾する場合には、アイデンティティの移行が妨げられる可能性がある（Hoang and Gimeno, 2010）。

4　ベンチャー企業におけるリーダーシップとチーム構成

（1）　起業家に求められるリーダーシップ

　伝統的には、リーダーシップは個人の起業家によって発揮されるものとして捉えられてきた。実際に、起業チームにおいて出現する主要なリーダーは、強力なリーダーシップを発揮することも多い。彼らは起業チームの他のメンバーに対して企業のビジョンを明確化し、夢や戦略を作り上げる存在である（Ensley, Carland, and Carland, 2000）。ベンチャー企業のように明確な手順や組織構造が存在しない混沌とした組織（Ensley, Hmieleski, and Pearce, 2006；Rosenthal and Pittinsky, 2006）においては、強力なリーダーシップを発揮するリーダーが適している。

　特に、ベンチャー企業の創業前の段階では、トップダウンでリーダーシップが発揮されることが求められる。なぜなら、最初に起業機会を認識し、創業する個人は、ベンチャー企業の最初のビジョンと目標を設定し、企業内の形式的な組織づくりを行う役割を担うからである。組織づくりには、仕事の手順や決

まりのみでなく報酬の制度も含まれる。また、ビジョンに賛同してくれる他者に働きかけ、従業員や投資家として関与してもらうことも必要となる（Gupta, MacMillan, and Surie, 2004）。

　加えて、ビジョンを示したり、リーダーの理想を掲げたりすることは、起業チームのメンバーのビジョンへのコミットメントを促したり、メンバーにひらめきを与える（Pearce and Sims, 2002；Pearce, 2004）。このような働きかけを行うことで、リーダーはメンバーから並外れたコミットメントと集中力を得るように努めなければならない（Ensley, et al., 2006）。

　しかしながら、企業が成長するに従ってさまざまな業務をこなすことが求められるようになると、1 人の人間がすべての側面でリーダーシップを発揮することは難しくなる。それゆえ、状況に応じて起業チームの他のメンバーもリーダーシップを発揮することが必要となる（Gupta, et al., 2004）。起業チームは創業の過程においてさまざまな問題に直面するため、直面している問題に対して重要な知識やスキル、能力を持つ人がリーダーシップを発揮していくのである（Pearce, 2004）。

　このように、ベンチャー企業におけるリーダーシップを考える際には、ベンチャー企業のライフサイクルに応じて求められるリーダーシップが異なることに留意しなければならない（Ensley, et al., 2006）。

（2）　起業チームの同質性とリーダーシップ

　メンバーの同質性は、起業チームのパフォーマンスに影響を与えるチーム特性の 1 つである。ここでは、同質的なチームと多様性のあるチームの特徴を確認し、各チームに求められるリーダーシップについて検討する。

①　同質性の高い起業チーム

　人は自分と類似した特徴を持つ他者に魅力を感じる存在である。それゆえ、メンバーの同質性は、チームのメンバーをより密接に結びつける力である凝集性を高める要因となりうる。凝集性は、タスクの達成に対する優れたコミュニケーションと効率性、より高い満足度とチームの士気をもたらすため、優れたチームパフォーマンスに繋がるものである。また、これらの要素は個人が所属

するグループとの同一性を高め、そのチームに属することで個人のニーズが満たされるという確信を強めるものとなる（Drnovesk, et al., 2009）。

したがって、同質性の高い起業チームを形成することは、起業チームのパフォーマンスを高める可能性がある。メンバーが同質的な役割アイデンティティを持っており、その役割を遂行することに情熱を持っている場合、より凝集性の高い起業チームを作り出すことが可能である（Drnovesk, et al., 2009）。しかし、凝集性の高いチームで全く衝突が起こらないわけではない。チームで生じる衝突には、認知的衝突と関係性の衝突（Jordan, Lawrence, and Troth, 2006）[2]が存在するが、凝集性の高いチームでは、認知的衝突が起こりやすい。なぜなら、起業チーム内の個人がお互いを信頼しているため、メンバーは他者と異なる意見であっても発言しやすい状況であるからである（Drnovesk, et al., 2009）。このように認知的衝突は関係性の衝突を誘発する可能性はあるが、メンバー間の信頼関係が緩衝材として働く可能性がある（Simons and Peterson, 2000）。

関係性の衝突を防ぐための人間関係の調整に労力を割く必要がないため、同質性の高いチームのリーダーに求められるのは、メンバーの視野の拡大や責任分担といったタスクに関連する仕事に注力することである。例えば、発明家としての役割に情熱を注いでいる起業チームは、創業や発見した発明の商品化といった創業者や開発者としての役割にはあまり興味がなく、その結果、製品やサービスの市場機会を逃してしまうという危険性がある。このような状況を避けるために、リーダーはチームに必要なスキルや資源を予測し、それらの確保に努めなければならない（Drnovesk, et al., 2009）。

②　同質性の低い起業チーム

チームの多様性はメンバー間の衝突を引き起こし、チームのパフォーマンスにネガティブな影響を与える。なぜなら、利害や価値観、行動、方向性の違いはしばしば衝突を引き起こすため、調整のプロセスが必要となるからである。認知的衝突はチームのパフォーマンスにとって生産的であるが、関係性の衝突はメンバーに心理的不安をもたらし、他のメンバーのアイデアや新しい情報に対する公平な評価を妨げたり、受容性を低下させたりする（Pelled, 1996）。

その一方で、職歴や学歴、性別、国籍などのチームの多様性はチームの視野や視点、経験、一般的な問題解決能力の幅を広げ、チームのパフォーマンスを

向上させるという研究結果もある（Ensley, et al., 2000；Jin, Madison, Kraiczy, Kell-ermanns, Crook, and Xi, 2017）。創業間もない企業が置かれている状況は、不確実性が高く、突発的に生じる問題にも対処しなければならないため、多様性のメリットは大きい（Vyakarnam and Handelberg, 2005）。

このような、チームの多様性が与えるポジティブな影響を活かすために、リーダーは組織づくりとチームの結束力を高めることに努めなければならない。緊張状態にある人間関係や個人が抱えているストレスを緩和し、他者と異なるアイデアであってもそれらを表明することに不安を感じさせない状況を作り出す必要があるのである（Drnovsek, et al., 2009）。また、チームのミッションや目標、構造について共通の理解をメンバーが持つことは、企業の成功にとって重要である。メンバーがおのおのの視点で企業のミッションを理解することを回避するために（Vyakarnam and Handelberg, 2005）、リーダーは共有された理解を作り出す役割を担わなければならない。

5 事例：株式会社キャリア・マム[3]

（1） 事例紹介

① 会社概要

　株式会社キャリア・マムは、堤 香苗氏によって東京都多摩市で設立された社会的企業である。「女性のキャリアと社会をつなぐ」というビジョンを掲げ、主婦の「在宅ワーク」を支援している[4]。キャリア・マムの会員は、全国に約10万人存在しており、現在はアウトソーシング事業、マーケティング・プロモーション事業、コワーキングスペースの運営など、多岐にわたる事業を展開している。

② 株式会社キャリア・マムの起業に至る過程

　堤氏は、子育てサークル PAO、任意団体キャリア・マム、有限会社キャリア・マムという3つの組織の設立を経て、株式会社キャリア・マムの起業に至った。彼女の起業活動の背景には、彼女自身の子育ての経験がある。堤氏は

大学在学中からフリーアナウンサーとして活動し、結婚後も仕事を続けていたが、自身の妊娠出産・子育てによって世の中の母親が抱えている問題を認識するようになった。子育てサークル PAO 設立のきっかけについて、堤氏は次のように述べている。

　　子どもが生まれてから公園デビューを果たしたのですが、そこで障がいを
　　持つ子と母が、他の親子がいない時間帯でないと遊べないという状況に遭
　　遇しました。（中略）そこで立ち上げたのが「子育てサークル PAO（Possi-
　　bility・Ability・Opportunity）」です。これは、障がいを持つ子どもを抱える
　　ママも、子どもを育てている立場はみな同じであり、母親が元気に楽しく
　　日々を過ごせれば、子どもも必ず前向きになれるはず、との思いを共有す
　　るママたちの集まりです[5]。

　このような母親同士の関係性で抱える問題に加えて、母親の社会参加の難しさについても堤氏は次のように認識していた。「当時は、女性は結婚を機に家庭に入り、家事に専念するのが当たり前。子育ても女の役目で、育児に専念する母親たちの出かけるところと言えば、近くの公園と買い物くらいのもの」であったからである。「こんな状況は変えなければいけない。自分から動こう」と決意した堤氏は、母親学級やベビースイミングで知り合った同じ問題意識を持つママ友2人と、1995 年 4 月に子育てサークル PAO を立ち上げる[6]。
　多摩市は新興住宅地で古くからの近所付き合いが少なかったこともあり、PAO はすぐに約 200 人が参加する団体となった。その後、「ドレミファぱれっと」という障がいの有無に関わらず親子が集まれるイベントを開催した。このイベントを通じて堤氏はさらに2人の母親と知り合うことになる。彼女たちはそれぞれ別の子育てサークルに所属しており、そこからの賛同を得たことで、母親たちのネットワークは 1,500 名に拡大した。その後、PAO 主催で開催するイベントが多くなったため、そのノウハウの継承・持続発展のために、1996 年 4 月に任意団体キャリア・マムが設立された。
　この任意団体を基盤として有限会社キャリア・マムが設立されることになるが、そのきっかけは、1996 年に住宅都市整備公団（現、独立行政法人都市再生

機構）から、多摩ニュータウン 30 周年事業の事務局を引き受けてほしいとい
う依頼があったことである。この依頼では法人であることが条件として提示さ
れていたため、1997 年、堤氏の当時の夫である今野哲雄氏が事務局長、堤氏
が社長となり、有限会社アクセルエンターテイメンツの内部にキャリア・マム
事業部が設置された。

　その後、2000 年 8 月にアクセルエンターテイメンツから独立、株式会社キャ
リア・マムが設立される。会社設立の動機は、「社長になりたい、組織を大き
くしたい」[7]という利己的動機ではなく、「皆が働くためにスタートラインに立
てる仕組みを作りたい」[8]という利他的動機にあったと堤氏は述べている。設
立に際してはベンチャーキャピタルからの出資という方法もあったが、「VC
の出資を受け、『どんどん稼がなければならない』となると、稼げる人を“選
別”して仕事をしなければならなくなり」、「皆にスタートラインに立ってもら
う機会を提供できなくなり、会社を立ち上げる意味がなくなってしまう」[9]と
考えたため、堤氏は出資者に事業説明をして出資を募り、資本金 1,000 万円を
自分で集める方法を選択した。

　また、堤氏は「母親」であることは、事業選択においても次のような影響を
及ぼしていると述べている。「創業する際、私は子どもたちに説明できない事
業はやらないと固く誓っていました。私にとって最高の褒め言葉は、子どもた
ちから『うちのママは世界一かっこいい！』と言われることです」[10]。

③　キャリア・マムの起業チームメンバー

　キャリア・マムの立ち上げに監査役として参加しているのが、公認会計士の
山上真里氏である。山上氏は堤氏の神戸女学院時代の同級生であり、財務面か
らキャリア・マムを支えている人物である。会社のマネジメントがわかる公認
会計士である山上氏を監査役にしたことは、キャリア・マムの経営に大きな影
響を与えていると堤氏は語っている。

　また、キャリア・マムの取締役である井筒祥子氏は、キャリア・マムの実務
面を支えている。堤氏と井筒氏の出会いは、1997 年に井筒氏が堤氏の「子ど
もを産んで社会で生きづらい」という記事を読んで共感を覚え、連絡をとった
ことに始まる。当時、井筒氏は伊藤忠商事に勤務しており、第 2 子出産後の育
児休業中であった。1998 年 3 月に職場復帰をしたものの、育児と仕事の両立

が難しかったこと、堤氏と一緒にキャリア・マムを成長させたいという思いが強くなったことで、1998年9月末に退社し、10月からキャリア・マムの経営に携わるようになった。

④　キャリア・マムの経営スタイル

　子育てサークルの立ち上げ時から、常に組織の活動を引っ張ってきた堤氏であるが、彼女は自身の性格については、「人をまとめる力がないなって、いつも自信がありませんでした」[11]と述べている。また、当初は組織の先頭に立つタイプのリーダーシップスタイルをとっていたが、のちに「スタイルが変わって後ろからサポートするような形でやり始めたら、知らないうちに（メンバーとの関係性が）良くなった」[12]（括弧内は筆者加筆）と語っている。

　堤氏が先頭を走るタイプであることで失敗した事業もあるが、現在のキャリア・マムのマネジメントは、堤氏と井筒氏が二人三脚でマネジメントしていくというスタイルで行われている。大平（2015）によれば、堤氏は「自分自身を『アイデア・メーカー』と捉え、井筒を『堤のアイデアを実現するための実務家』であると捉えている」（pp. 122-123）。彼女らの役割は明確に分担されており、「堤が突っ走ってしまっているときに、私（井筒氏）が考えうるリスクを洗い出し、伝えるようにしています。そうするとそれに対して堤が新しい提案をし、2人のディスカッションを通じて、議論が深まったりして、最終的な事業が形作られるケース」（大平，2015，p. 123）（括弧内は筆者加筆）が多いという。

（2）　考察

　キャリア・マムの創業は、単独の首謀者である堤氏によって創業されたパターンである。堤氏は、自身の経験に基づいて母親が抱える問題を認識し、その解決のためのアイデアを実現するためにママ友たちと起業チームを形成していった。

　人材確保の戦略は、起業家の知識や能力を補完するために加えられたメンバーもいるが、社会的な繋がりを基にメンバーが加わったパターンのほうが多い。例えば、任意団体創業時のメンバーであるママ友たちは、社会的な繋がり

に基づいて確保された人材である。類似性―魅力理論に従えば、「多摩市で子
育てをしている」、「子育ての難しさや母親の社会参加の難しさを感じている」
という類似した特徴に魅了されたと言える。このような高い類似性は、初期の
起業チームの形成だけでなく、その後のママ友のネットワーク拡大にも大きく
影響していたと推測される。

　その一方で、キャリア・マムの事業化に関わった監査役の山上真里氏や取締
役の井筒祥子氏のチームへの参加は、堤氏の知識や能力を補完するメンバーの
追加として捉えることができる。ただし、監査役の山上氏は堤氏の中高時代の
同級生であることから、彼女の参加は社会的な繋がりに基づくものとしても見
なされる。また、井筒氏の場合にも、井筒氏がキャリア・マムに加わった動機
としては、堤氏と井筒氏の抱えていた問題に類似性が存在していた点が大き
い。

　特に、「母親」という共通したアイデンティティを持っていたことは、起業
家的活動へ人々の参加を促したと推測される。堤氏の創業のきっかけや、ビ
ジョン・事業方針の決定には、「母親」としてのアイデンティティが影響を及
ぼしている。また、ママ友や井筒氏といったメンバーは、「母親」という共通
のアイデンティティを持っていたからこそ起業チームに参加したと考えられ
る。

　加えて、キャリア・マムの場合には、「母親が抱える問題解決」を目的とし
た組織として創業された点が、起業チームの形成戦略、メンバーとして参加す
る動機に影響を及ぼしている。非営利組織の萌芽期には、説得力あるビジョン
やミッションを表明し（Andersson, 2016）、それらに共感してくれる人を巻き込
んでいくことが重要な活動となる。キャリア・マムの場合には、堤氏が明確な
ビジョンを掲げていたことと、それを多くの人に発信できる場（新聞など）が
存在していたことによって、ビジョンに共感してくれる人材を確保することが
可能であったと考えられる。

　創業の動機とアイデンティティの関係に注目すると、堤氏の場合には従業員
から創業者へのアイデンティティの移行は見られなかった。なぜなら、学生時
代からフリーアナウンサーとして活動していく中で、「機会を特定し、評価し、
開拓する」という起業家的アイデンティティが内在化されていたからである。

　創業における組織づくりの点では、キャリア・マムではメンバーの役割アイデンティティが、明確に分担されている。先行研究で指摘されているように、起業家には発明家、創業者、開発者という 3 つの異なるアイデンティティが存在しているが、キャリア・マムの場合には、堤氏が発明家、創業者、井筒氏が開発者の役割を担っている。また、リーダーシップという側面に注目すると、初期は堤氏が組織を強い力で引っ張っていくというスタイルが見られたが、彼女自身が述べているように他者をサポートするスタイルに変化している。加えて、井筒氏と共同で意思決定が行われている点から、必ずしもリーダーシップを発揮するのは堤氏ではなく、他のメンバーによってもリーダーシップが発揮されていると考えられる。

　このようにチームの中でそれぞれの役割が分担されており、かつそれぞれの役割に対して情熱を持っている場合には、チームの凝集性は中程度になる（Drnovsek, et al., 2009）が、キャリア・マムの場合には、「母親」という類似性の高いアイデンティティを持っていることで、チームの凝集性が維持されている可能性がある。先行研究では、女性起業家の場合は「起業家」と「母親」の役割の間に葛藤が生じる可能性が指摘されているが（Warren, 2004）、キャリア・マムの場合には、「母親」のアイデンティティの存在が、創業や起業家的活動への参加動機、チームの凝集性を高めている。キャリア・マムでは、「母親」というアイデンティティは同質である一方で、仕事の経験の部分では多様性のある起業チームが形成されており、チームの同質性と多様性が両立されていると推測される。

　キャリア・マムの事例から示唆される点は、以下の 2 点である。1 点目は、創業に関わる人材を確保するためには、起業家による明確なビジョンの発信と社会的な繋がりの活用が必要となる点である。堤氏の「母親の抱える問題を解決したい」という明確なビジョンとそれが口コミやメディアによって発信されたことは、ママ友や井筒氏という人材を確保するうえで有用であった。したがって、創業時においては、起業家個人が主要なリーダーとしてリーダーシップを発揮することが人材を確保するうえで重要である。

　2 点目は、同質なアイデンティティを持っているメンバーを確保することで、凝集性が高いが、多様性もあるチームを作り上げることができる可能性であ

る。キャリア・マムの起業チームのメンバーは、「母親」という同質のアイデンティティを持っているが、仕事の経験や起業家的アイデンティティの面では多様性が維持されている。したがって、起業チームの構成を考えるうえでは、アイデンティティといった個人の内面の同質性と多様性にも注目する必要があろう。

●注

1) 例えば、Forbes, et al.（2006）は、起業チームの拡大によってもたらされたネガティブな影響を指摘している。研究対象のベンチャー企業は、データストレージのソフトウェア市場で成功するために十分な人員と機能的にバランスのとれた経営陣が必要であると考え、積極的に多くの副社長を採用した。しかし、新しく採用した副社長の 1 人と既存の経営陣は合わず、他のメンバーと衝突した。その結果、彼は他の事業に着手するために組織を去ることになった。Forbes らはこの副社長の加入が、チームの機能を著しく低下させ、人的資本の減少という好ましくない結果に終わったことを指摘している。

2) 認知的衝突とは、仕事の内容やタスクを実行する方法に関する衝突であり、合理的な議論や話し合いによって解決される場合が多い。関係性の衝突は、個人間の感情的な不一致であるため、怒りや敵意といった強い否定的感情を生み出すことがある（Jordan, et al., 2006）。

3) 本節のキャリア・マムに関する情報は、特に記載のない場合は大平（2015）から引用したものである。

4) 「株式会社キャリア・マム」ウェブサイトより引用。https://corp.c-mam.co.jp/company/message/（最終閲覧日：2022 年 9 月 18 日）

5) 「ひろしまスターターズ」。https://hiroshima-starters.com/life/special_career_mam.html（最終閲覧日：2022 年 9 月 17 日）

6) 東京都産業労働局「東京カイシャハッケン伝！　多摩地区　株式会社キャリア・マム」。https://www.kaisyahakken.metro.tokyo.lg.jp/old/company/c-mam/（最終閲覧日：2022 年 9 月 18 日）

7) 創業手帳「キャリア・マム　堤香苗」。https://sogyotecho.jp/c-mam_tutumi/（最終閲覧日 2022 年 9 月 18 日）

8) 「Let's スタートアップ！特別編 キャリア・マム―キャリア・マム代表の堤香苗さんに聞く『女性起業家を取り巻く現状と未来への提言』」『電波新聞』。https://dempa-digital.com/article/338501（最終閲覧日：2022 年 9 月 19 日）

9) 「Let's スタートアップ！特別編 キャリア・マム―キャリア・マム代表の堤香苗さんに聞く『女性起業家を取り巻く現状と未来への提言』」『電波新聞』。https://dempa-digital.com/article/338501（最終閲覧日：2022 年 9 月 19 日）

10) 「ひろしまスターターズ」。https://hiroshima-starters.com/life/special_career_mam.html（最

終閲覧日：2022 年 9 月 17 日）
11）NIKKEI STYLE　NIKKEI リスキリング　リーダーの母校「フリーアナから出産契機
　　に起業―決断支えた神戸女学院」。https://style.nikkei.com/article/DGXMZO47718420U9A7
　　20C1000000/（最終閲覧日：2022 年 9 月 19 日）
12）家事代行のマエストロサービス「マエストロインタビュー」。https://www.maestroservic
　　e.co.jp/interview/01/（最終閲覧日：2022 年 9 月 19 日）

【参考文献】

Andersson, F. O. (2016) "Nascent Nonprofit Entrepreneurship: Exploring the Formative Stage of Emerging Nonprofit Organizations," *Nonprofit and Voluntary Sector Quarterly*, Vol. 45, No. 4, pp. 806-824.

Burke, P. J. (1980) "The Self: Measurement Requirements from an Interactionist Perspective," *Social Psychology Quarterly*, Vol. 43, No. 1, pp. 18-29.

Byrne, D. E. (1971) *The Attraction Paradigm*, Academic Press, New York and London.

Carter, N. M., Gartner, W. B., Shaver, K. G., and Gatewood, E. J. (2003) "The Career Reasons of Nascent Entrepreneurs," *Journal of Business Venturing*, Vol. 18, No. 1, pp. 13-39.

Cardon, M. S., Wincent, J., Singh J., and Drnovsek, M. (2009) "The Nature and Experience of Entrepreneurial Passion," *Academy of Management Review*, Vol. 34, No. 3, pp. 511-532.

Discua Cruz, A., Howorth, C., and Hamilton, E. (2013) "Intrafamily Entrepreneurship: The Formation and Membership of Family Entrepreneurial Teams," *Entrepreneurship Theory and Practice*, Vol. 37, No. 1, pp. 17-46.

Drnovsek, M., Cardon, M. S., and Murnieks, C. Y. (2009) "Collective Passion in Entrepreneurial Teams," In Carsrud, A., Brännback, M. (eds.), *Understanding the Entrepreneurial Mind, International Studies in Entrepreneurship*, Vol. 24, Springer, New York.

Ensley, M. D., Carland, J. W., and Carland, J. C. (2000) "Investigating the Existence of the Lead Entrepreneur," *Journal of Small Business Management*, Vol. 38, No. 4, pp. 59-77.

――, Hmieleski, K. M., and Pearce, C. L. (2006) "The Importance of Vertical and Shared Leadership within New Venture Top Management Teams: Implications for the Performance of Startups," *The Leadership Quarterly*, Vol. 17, No. 3, pp. 217-231.

Florin, J., Lubatkin, M., and Schulze, W. (2003) "A Social Capital Model of High-Growth Ventures," *The Academy of Management Journal*, Vol. 46, No. 3, pp. 374-384.

Forbes, D. P., Borchert, P. S., Zellmer-Bruhn, M. E., and Sapienza, H. J. (2006) "Entrepreneurial Team Formation: An Exploration of New Member Addition," *Entrepreneurship Theory and Practice*, Vol. 30, No. 2, pp. 225-248.

Gartner, W. B. and Carter, N. M. (2003) "Entrepreneurial Behavior and Firm Organizing Processes," In Acs, Z. J. and Audretsch, D. B. (eds.), *Handbook of Entrepreneurship Research. International Handbook Series on Entrepreneurship*, Vol. 1, Springer, Boston, MA, pp. 99-127.

Gupta, V., MacMillan, I. C., and Surie, G. (2004) "Entrepreneurial Leadership: Developing and Measuring a Cross-cultural Construct," *Journal of Business Venturing*, Vol. 19, No. 2, pp. 241-260.

Hall, D. T. and Mirvis, P. H. (2014) "Redefining Work, Work Identity, and Career Success," In Blustein, David L. (ed.), *The Oxford Handbook of the Psychology of Working*, Oxford University Press, pp. 203-217. (渡辺三枝子監訳『キャリアを超えてワーキング心理学―働くことへの心理学的アプローチ―』, 白桃書房, 2018 年)

Hoang, H. and Gimeno, J. (2010) "Becoming a Founder: How Founder Role Identity Affects Entrepreneurial Transitions and Persistence in Founding," *Journal of Business Venturing*, Vol. 25, No. 1, pp. 41-53.

Jin, L., Madison, K., Kraiczy, N. D., Kellermanns, F. W., Crook, T. R., and Xi, J. (2017) "Entrepreneurial Team Composition Characteristics and New Venture Performance: A Meta-Analysis," *Entrepreneurship Theory and Practice*, Vol. 41, No. 5, pp. 743-771.

Jordan, P. J., Lawrence, S. A., and Troth, A. C. (2006) "The Impact of Negative Mood on Team Performance," *Journal of Management and Organization*, Vol. 12, No. 2, pp. 131-145.

Klotz, A. C., Hmieleski, K. M., Bradley, B. H., and Busenitz, L. W. (2014) "New Venture Teams: A Review of the Literature and Roadmap for Future Research," *Journal of Management*, Vol. 40, No. 1, pp. 226-255.

Lazar, M., Miron-Spektor, E., Agarwal, R., Erez, M., Goldfarb, B., and Chen, G. (2020) "Entrepreneurial Team Formation," *Academy of Management Annals*, Vol. 14, No. 1, pp. 29-59.

Murnieks, C. and Mòsakowski, E. (2007) "Who am I? Looking inside the "Entrepreneurial Identity,"" *Babson College Entrepreneurship Research Conference (BCERC) 2007, Frontiers of Entrepreneurship Research 2007*.

Pearce, C. L. and Sims, H. P. (2002) "Vertical versus Shared Leadership as Predictors of the Effectiveness of Change Management Teams: An Examination of Aversive, Directive, Transactional, Transformational, and Empowering Leader Behaviors," *Group Dynamics: Theory Research and Practice*, Vol. 6, No. 2, pp. 172-197.

—— (2004) "The Future of Leadership: Combining Vertical and Shared Leadership to Transform Knowledge Work," *Academy of Management Executive*, Vol. 18, No. 1, pp. 47-57.

Pelled, L. H. (1996) "Demographic Diversity, Conflict, and Work Group Outcomes: An Intervening Process Theory," *Organization Science*, Vol. 7, No. 6, pp. 615-631.

Rosenthal, S. A. and Pittinsky, T. L. (2006) "Narcissistic Leadership," *The Leadership Quarterly*, Vol. 17, No. 6, pp. 617-633.

Simons, T. L. and Peterson, R. S. (2000) "Task Conflict and Relationship Conflict in Top Management Teams: The Pivotal Role of Intragroup Trust," *Journal of Applied Psychology*, Vol. 85, No. 1, pp. 102-111.

Stryker, S. and Burke, P. J. (2000) "The Past, Present, and Future of an Identity Theory," *Social Psychology Quarterly*, Vol. 63, No. 4, pp. 284-297.

Sviokla, J. and Cohen, M. (2016)「起業はチームでしたほうが成功する」,『DIAMOND online』

（2016 年 3 月 18 日）https://diamond.jp/articles/-/87619（最終閲覧日 2022 年 8 月 29 日）

Vyakarnam, S. and Handelberg, J. (2005) "Four Themes of the Impact of Management Teams on Organizational Performance: Implications for Future Research of Entrepreneurial Teams," *International Small Business Journal*, Vol. 23, No. 3, pp. 236–256.

Warren, L. (2004) "Negotiating Entrepreneurial Identity: Communities of Practice and Changing Discourses," *The International Journal of Entrepreneurship and Innovation*, Vol. 5, No. 1, pp. 25–35.

大平修司（2015）「第 3 章　株式会社キャリア・マム」，谷本寛治編著『ソーシャル・ビジネス・ケース―少子高齢化時代のソーシャル・イノベーション』，中央経済社，97-154 頁。

小林英夫（2017）『何がベンチャーを急成長させるのか―経営チームのダイナミズム―』，中央経済社。

第9章
資金調達制度・政策

高橋　徳行・大驛　潤

1　はじめに

　創業時の起業活動において、「資金調達は最大の障害物」と称される。そのような中、現在、企業の資金調達（融資ないし投資）の面での変化が、著しく進行している。いかに資金を調達するかにおいて、調達手段の多様化は、事業を始めるにあたっての大きな鍵になるであろう。ここでは、金融取引に固有の特徴とはどのようなものなのか。その特徴は、これから創業しようとする企業や創業間もないスタートアップ企業が資金調達をする際にいかなる影響を与えるのか等、金融取引に関して起業家が直面する問題とその対応方法を理解する。

　金融という視点で、起業活動の特徴をみた場合、3つのリスクを鑑みなければならない。

　第1に新しいスタートアップ企業に対するリスクである。同じ事業機会を追求する場合でも、例えば、三井物産株式会社や住友商事株式会社が始めるのと、生まれたばかりの企業が始めるのとでは、金融機関の態度が違うのは当然である。もちろん、態度の違いは成功の確率よりも金融機関内での稟議の通りやすさから生じているかもしれない。

　第2に、新しい事業機会に対するリスクである。成功した場合は"事業機会追求型"の起業家の方が、経営資源活用（非事業機会追求）型の起業家よりも成長する傾向が強い（高橋，2000a）。しかし、成功するかしないかは事前にはわからない。銀行などに典型的に見られるように、金融機関が成長可能性より

も安全性を重視する場合、事業機会の新規性がマイナスに働くかもしれない。

　第３に、金融取引における規模に対するリスクである。つまり、「規模の経済性」が働くかどうかを、金融機関は考えるのである。通常、新規開業企業が10人以上の規模で始めることは例外的であり、一般には５人前後程度でスタートする[1]。企業規模が小さいということは、資金調達規模も小さいことを意味する。資金提供前や提供後の情報収集やモニタリング費用に規模の経済が働きやすい金融取引の場合、取引金額が小さいことはそれだけでリスクとなり、金融機関から見ると魅力的でない。

　このことは、間接金融だけに限定されるものではなく、本章第４節で見るように、投資など直接金融にも観察されることであり、個人投資家（ビジネスエンジェル）の存在が着目される背景の１つでもある。

　本章では、まず、金融取引に関する特徴について考え、間接金融によって創業資金を調達することの難しさを確認する。

　次にベンチャーキャピタルからの資金供給のロジックを概観する。

　起業時の資金調達における個人投資家の重要性の検討である。ビジネスエンジェルともいわれる個人投資家は、３Ｆと呼ばれる、起業家＝創業者（Founder）、家族（Family）、そして友人（Friends）から資金調達を行う。起業家にとっては、ベンチャーキャピタルや民間銀行から資金調達ができるまでの間、いわゆる資金の谷間を乗り切る上で、個人投資家が大きな役割を果たす。

2　間接金融による資金調達

（1）　金融取引の特徴

　創業期の資金調達を考える際、まず金融取引にかかる特徴を理解し、そのことが起業家の資金調達にどのような影響を与えているのかを知ることが重要である。

　金融取引は現在から将来にわたる取引であるため、取引が契約どおり履行されるかどうかが不確定であり、銀行であれば貸付からの収益は確実ではなく、

リスクが伴う。そのために、貸出先に関する情報が非常に重要になるものの、貸出先である起業家は同質ではなく、情報の完全性も保証されていない。一般に、すべての金融取引において、貸し手は借り手ほど借り手の情報を事前に把握しているわけではないので、借り手が本気で返済する気があるのか、資金使途の信憑性はどのくらいのものなのか、そして借り手の経営能力が高いのか低いのかは、貸し手が費用を負担して調べなければならない。いわゆる非対称情報の問題が発生する。

　加えて、これから事業を始めようとする場合、起業家自身が自分の能力を正確に把握していないという問題がある。起業家が成功するかどうかは、起業後の学習能力に依存するものの、それは起業前には誰も知ることができない[2]。「非対称情報」の問題との違いは、理論的な視点では、起業後の学習能力はコストと時間をかけても測り知れないという点であるが、実務的には同じ問題を金融機関に与えることになる。

　また、金融取引には取引費用に関して「規模の経済」が働く。例えば、銀行融資であれば融資金額が大きくなればなるほど、融資を実行するために必要な審査費用などのコストは低下するであろう。もちろん、取引費用には固定的なものと可変的なものが含まれ、可変費用については、得られる情報などに収穫逓減の法則が働くことから、必ずしも規模の経済は働かず、むしろある一定水準を超えた時点では規模の不経済が働く可能性も否定できない。取引先のインフォーマルな情報を得るために接待などを求められる場合は、追加的情報の限界費用が非常に高いものになるかもしれない。しかし、一般には1億円の貸出を1件行うために必要な費用は、1,000万円の貸出を10件行うための費用ほどはかからない。

　このように、①金融取引における情報の重要性、②起業家の異質性、③情報の不完全性（非対称情報の存在）、④起業家の能力の事前判断困難性、⑤金融取引における規模の経済、の5つの問題によって、起業家は必要な資金供給を得られない可能性がある。

（2）　逆選択

　まず、非対称情報や金融取引における規模の経済などが、金融取引にどのような問題をもたらすのかをみていきたい。

　そのために、まず、貸出先である企業がすべて同質、かつ企業に関する情報が完全であるケースを想定しよう。これは完全競争市場における商品の同質性と情報の完全性に相当するものである。

　簡略化のために、貸出や資金調達に伴う経費はゼロとし、すべての企業は1％の確率で1年後に倒産するものとする。このような状況下で、金融機関が100企業に100万円ずつ、貸付期間が1年の短期貸出を実行する場合、金融機関は1企業の倒産によって失われる100万円を99企業からの利息収入でカバーできるような貸出利率を設定すればよい。すなわち、倒産しない99企業からは1企業当たり（100/99）≒1.01万円の利息、もしくは1.01％の年利を一律に貸すことによって、金融機関は貸付を実行することができる。

　次に、貸出先である企業は同質ではないが、企業に関する情報が完全であるケースを想定しよう。ここでも、貸出や資金調達に伴う経費はゼロとするが、1年後に倒産する確率は、第1グループ50社は0.5％、第2グループ50社は1.5％とする。この場合は、第1グループから発生する損失は25万円であり、第2グループから発生する損失は75万円であるから、第1グループに対しては1企業当たり（25/49.75）≒0.5025万円、もしくは0.5025％の年利を、第2グループに対しては（75/49.25）≒1.5228万円、もしくは1.5228％の年利をそれぞれ課すことによって企業金融は実行される。

　しかし、企業が同質ではなく、かつ情報も完全ではない時には問題が生じる。すなわち現実社会の場合である。非対称情報が存在すると、金融機関は1つ1つの企業の事前モニタリングを実行しなければどの企業が第1グループに属し、どの企業が第2グループに属しているのかを知ることはできない。しかし、事前モニタリングには費用がかかり、貸付金額が相対的に小さな企業には取引費用に関して規模の経済が不利に働くので、金融機関は、既存の大企業など他の貸出機会がある場合はそちらを優先するであろう。創業期のスタート

アップ企業の場合、起業家能力の事前判断が不可能であることもこの現象に拍車をかける。

　また、この時、1つ1つの企業がどちらのグループに属するのかの判断を断念し、あたかもすべての企業が同質であるかのように一律に 100 企業すべてに年利 1 ％を課すことは可能であろうか。この場合、貸し倒れリスクが 0.5 ％の第 1 グループの企業の多くは年利 1 ％を高いと思い、借入を断念するかもしれない。もし、第 2 グループの 50 社だけが借入を実行し、1.5 ％の割合で実際に貸し倒れが発生すれば、金融機関にとっての損失は 50 社＊100 万円＊1.5 ％＝75 万円、一方、利息収入は 50 社＊100 万円＊1.0 ％＝50 万円にとどまるので、金融機関は損失を受けることになる。これがいわゆる逆選択と呼ばれるものである。質の良いものだけが残る「自然淘汰」とは反対に、質の悪い（貸し倒れリスクの高い）企業が残るので「逆」選択なのである。一か八かで事業を始める起業家が多く集まる可能性が高まる。

　いずれにしても、企業の同質性と完全情報が担保されない現実社会では、逆選択などの可能性によって創業期のスタートアップ企業への金融が円滑に進まない場合は十分に考えられる。

（3）　モラルハザード

　逆選択は資金提供前に発生する問題であるが、モラルハザードは資金提供後に起こりうる問題である。モラルハザードは「倫理の欠如」のような訳語が当てられることが多いが、経済学で使用される時の意味はもう少し広い。ここでは、資金の借り手が貸し手の期待に反した行動を取るような意味で使われる。

　ここでは、モラルハザードについて銀行融資を例にとって考えてみよう。ある起業家が、成功の確率が p、成功した時の収入が H であるような 1 年完結型の事業を実行するために、無担保で資金 K を年利 i で借り入れたとする。この場合、失敗の確率は（1−p）であるが、この場合、無担保で借りているので、失敗した時に起業家が失うものはない。つまり、この起業家の期待収益 R_K は、次のように示される。

$$R_K = p * [H - K * (1+i)] + (1-p) * 0$$
$$= p * [H - K * (1+i)] \tag{9.1}$$

　一方、銀行のこの事業に関する期待収益 R_B は、資金 K の調達コストを r とすれば、

$$R_B = p * [K*i - K*r] + [(1-p) * \triangle [K * (1+r)]$$
$$= p * K * (1+i) - K * (1+r) \tag{9.2}$$

で示される。銀行は、この事業が成功した場合は、利ざや（i−r）に貸付金額（＝起業家が借り入れた資金）を乗じたものを収益として得ることができるものの、この事業が失敗すれば、貸付金額 K に加えて、銀行が資金調達を行った先（預金者など）に支払う金利、すなわち（K*r）も失う。(9.2) 式では、事前・事後のモニタリング費用は含めていない。

　起業家と銀行の期待収益をみる時、次の2点が重要になる。1つは、起業家の期待収益の中には事業から得られる収入 H が含まれているが、銀行の期待収益の中には含まれていないことである。そのため、起業家は、プロジェクトからの予想収益 H が支払い元金プラス利息である K*（1+i）を上回れば、成功確率 p が非常に小さくても、期待収益はプラスになる。一方、銀行はできるだけ成功確率 p が高いプロジェクトを好む。もう1つは、銀行にとっての成功確率 p は十分高いことが求められる。なぜならば、一般に、利ざやと呼ばれる、貸出金利 i と調達金利 r の差は非常に小さいからである。例えば、調達金利が 0.5％、貸出金利が 1.5％ とすれば、利ざやはわずか1％に過ぎない。そのような場合、金融機関が求めるプロジェクトの成功確率は、1.005/1.015 ≒ 0.99、つまり 99％ と非常に高いものとなる[3]。

　このように起業家と銀行の期待収益の決定要因が同じではないので、銀行はより確実な資金使途を求める一方、起業家は必ずしもそのような行動を取らないかもしれない。起業家は勤務者という安定的な地位を捨てて事業を始めたり、長年かけて蓄えた資金をつぎ込んだりしているので、成功した場合の報酬をできるだけ多く求めるのは当然であり、またそのためには多少のリスクは厭

わない。一方、銀行は成功した報酬の大きさよりも事業の安全確実性を求めるのである。

　モラルハザードを防ぐには、貸し手は貸出を実行した後も、借り手の行動を観察したり、監視したりしなければならない。しかし、事後モニタリングと呼ばれるこのような行動には費用が伴い、ここでも規模の経済が働く。1億円の貸付先の1件当たりの事後モニタリング費用は、1,000万円の貸付先10件の事後モニタリング費用と比べて低いのが一般的である。モラルハザードの可能性と事後モニタリング費用にかかる規模の経済の存在によっても、貸出規模の小さな創業期の金融問題が生じる。

　モラルハザードを防ぐためにはさまざまな方法が考えられているが、その中で、もっとも一般的な手段は担保の徴求である。

　例えば、ある起業家が事業に失敗した場合、金融機関から調達した元金と利息に相当する資産を失う場合を想定してみよう。先のモデルで言えば、$(1-p)$の確率で$K*(1+i)$を失うケースである。この時の起業家の期待収益R_{K2}は(9.1) 式のようにならず、

$$R_{K2}=p*[H-K*(1+i)]+(1-p)*[\triangle K*(1+i)]$$
$$=pH-K(1+i) \tag{9.3}$$

となる。

　つまり、この場合、起業家は、単に事業の予想収益Hが$K(1+i)$を上回れば良いのではなく、プロジェクトの成功確率と予想収益の積が$K(1+i)$よりも大きくならなくてはいけない。つまり、pとHの積が問題になるのであって、失敗した場合に何も失わないケースと比べて、pの確率の高さが重要になり、その意味で銀行の行動パターンに近づく。

　このように、失敗した場合に起業家にも損失が出るようにすることで、モラルハザードを防ぐことができる。これが担保を徴求した時に期待できる効果である。しかし、現実にはここでも問題が生じるのであって、成長可能性の高い、業歴が若く規模の小さい起業家ほど提供できる担保を持っていないケースが少なくない。担保不足のために、必要な資金を受けられない起業家は相当数

みられる。

（4）　外部資金導入の必要性

　次に、資金供給を十分に受けられない場合、創業間もないスタートアップ企業にとってどのような問題が発生するのであろうか。ある企業の収入 R を資金量 M の増加関数とし、資金調達費用 C は M の増加関数とする[4]。また、資金量 M は自己資金 A と外部資金 L の合計であり、機会費用としての利子率は r＞0 としよう。また、収入 R と資金量 M に関しては、M が小さい時は収穫逓増、M が大きくなると収穫逓減が働くものとする。

$$R＝f（M）\tag{9.4}$$
$$C＝r＊M\tag{9.5}$$
$$M＝A＋L\tag{9.6}$$

　もし、R＞C が成り立っているのであれば、R－C＞0 によって自己資金を増やすことができるので、この企業は、外部資金 L を導入しなくても、次期の生産活動における使用可能な資金量 M が増え、最適生産量、つまり限界収入と限界費用が等しくなる R^* に近づくことができる。例えば、**図 9-1** において資金量が M^1、収入が R^1、資金調達費用が C^1 となっているようなケースである。創業期の段階ですべてのスタートアップ企業がこのような状態にあるのであれば、何も問題はない。

　しかし、一般には創業間もない時は、費用が収入を上回るものである。**図 9-1** では、資金量が M^2、収入が R^2、資金調達費用が C^2 のような場合である。収入が R^2 では、この企業は赤字である。金融機関がこの企業の収入曲線、つまり成長可能性を正確に見抜くことができれば、この企業は外部資金 L の導入によって総資金量を M^{**} を超える水準まで増やし、その後は自律的に最適生産量まで生産を伸ばすことができるだろう。しかしながら、金融機関は赤字企業や収入曲線の形状を見極めることが難しい企業に対して、資金供給をためらう可能性は非常に高いのである。

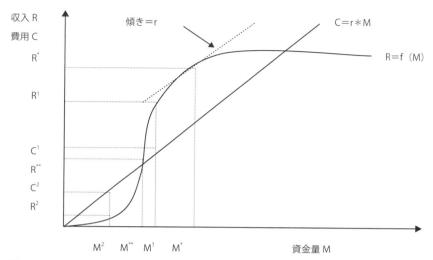

図 9-1 効率的生産規模と資金量

出所：筆者作成

　このように、起業家は事業を始めたり成功させたりするために、外部資金の導入を必要としながらも、①金融取引における情報の重要性、②起業家の異質性、③情報の不完全性（非対称情報の存在）、④起業家の能力の事前判断困難性、⑤金融取引における規模の経済、という金融取引に伴う 5 つの固有の問題に加え、銀行融資などの間接金融の場合、貸し手は成功報酬によって報われるのではなく、少ない利ざやによってのみ収益を得られるという性格により、資金調達が一般には難しくなる傾向がある。

3　ベンチャーキャピタルによる資金調達

（1）　リスク寛容度と成功報酬の共有

　起業家が銀行などの間接金融を通して資金を調達することが難しい大きな理由の 1 つは、事業の成功報酬を起業家が独り占めしてしまうからである。それ

では、もし、成功報酬を資金の借り手と貸し手が共有できる場合はどうであろうか。例えば、第2節の（9.1）式と（9.2）式を、起業家は成功報酬Hの半分だけを受け取り、残りの半分を銀行に与えるという条件に変えた場合、両者の期待収益は次のようになる。

$$R_K = p * [0.5*H - K*(1+i)] + (1-p)*0$$
$$= p * [H - K*(1+i)] \tag{9.7}$$

　一方、銀行のこの事業に関する期待収益 R_B は、資金Kの調達コストをrとすれば、

$$R_B = \mathbf{p * 0.5 * H} + p * [K*i - K*r] + [(1-p)*\triangle [K*(1+r)]$$
$$= \mathbf{p * 0.5 * H} + p * K * (1+i) - K*(1+r) \tag{9.8}$$

　仮に、この場合、利ざやは1％のまま（例えば、i＝2％、r＝1％）としても、必要資金が1,000万円、成功報酬が5,000万円とすると、（9.7）式と（9.8）式は次のように書き換えることができる。

$$R_S = p * [2500 - 1000*(1+0.02)] = 1480 * p \tag{9.9}$$
$$R_B = p * 2500 + p * 1000 * (1+0.02) - 1000 * (1+0.01)$$
$$= 3520 * p - 1010 \tag{9.10}$$

　この時、金融機関に求められる成功確率（期待収益がプラスになるための確率）は、1010÷3520＝28.6％となり、成功報酬がまったく得られなかった場合の99％に比べて大幅に下がる。つまり、リスクに対して寛容になる。このように、資金供給先の企業が急成長することによって、莫大な成功報酬（キャピタルゲインなど）を得られる可能性がある場合、調査費用や資金供給後のモニタリングコストやリスクなど十分カバーすることができる。これが、ベンチャーキャピタル（以下、VC）の基本的なロジックである。近年は、ファンド運用者の質が上がり、機関投資家が参画するファンドも増えてきた。

　日本ベンチャーキャピタル協会（2022）において、Preqin 社と共同で、出資者向けに運用実績が公表された。日本ベンチャーキャピタル協会（JVCA）がVC の運用成績を提出するのは 2020 年 12 月に続き 4 回目（二人組合・CVC 等を除き、純投資目的で第三者資金を運用しているファンドのみを対象）である（**表9-1**）。

　前回調査から VC が 7 社、ファンド数が 30 本増えた。対象ファンドの運用総額は、前回から 0.7 兆増え、2.8 兆円と、国内 VC 市場の 7.4 割をカバーした（金額ベース）。日本ベンチャーキャピタル協会（2022）に従うと、国内のベンチャーキャピタル 49 社、全 150 本のファンドに対して出資者（リミテッドパートナー）への報告時点でファンドの投資リターンは組成後 7 年以上経過した VC ファンドのリターンの中央値はほとんど 2 倍以上となった（2021 年 12 月末時点）。すなわち、2019 年末と同水準を維持し、また 2022 年の組成ファンドにおいては 6 倍を上回った。

　革新的な技術やサービスを持つスタートアップ企業への投資に対する関心は高い。国内ファンドの投資リターンが近年、東証株価指数（TOPIX）のリターンを上回る水準であったことがわかった。

　日本ベンチャーキャピタル協会（2022）では、新たに公開市場比較（PME）を指標として採用している。PME とは、PE ファンドのキャッシュフローを、その時に株式市場インデックスに投資したと仮定して運用成果を比較計測する指標である。これは、同じ設立年の既存 PE ファンド同志であっても、投資や回収のタイミングが異なるため、比較ができないのを理由に、取り入れられた指標である。簡略すれば、PME は TOPIX の投資リターンの騰落率と比べたときにファンドの投資リターンがどのくらい上回ったかを示す開示指標である。

　具体的には、PE ファンドの初期投資、配当金受け取り、投資先売却収入などの不定期な資金流出入が、比較対象となるベンチマーク指数の売り買いによっても同じくに発生すると仮定し、ベンチマーク指標の同期間の IRR や投資倍率を算出する。これにより、比較対象となる PE ファンドとベンチマークの間の運用成績比較を行えるように意図されたものである。

　2021 年までの集計で、10 年から 9 年間連続で TOPIX を超えた。これを見ると、2010 年代以降の景気回復でベンチャーキャピタル（VC）の運用成績が好

表 9-1　中央値ベンチマークテーブル（2021 年 12 月末時点）**

ビンテージ（年）	ファンド数	PIC（%）	DPI（%）	RVPI（%）	ネット IRR（%）	ネットマルチプル（X）
2010	3	100.0	205.0	9.6	11.8	2.15
2011	8	100.0	127.4	26.3	18.4	1.71
2012	3	100.0	244.7	395.4	34.8	6.40
2013	7	100.0	143.1	90.5	16.5	2.46
2014	6	100.0	102.0	111.9	17.5	2.42
2015	17	100.0	17.7	106.3	13.4	1.70
2016	12	100.0	8.0	114.3	11.8	1.55
2017	12	97.4	2.2	103.5	10.5	1.36
2018	18	94.1	0.0	106.4	7.7	1.16
2019	16	60.0	0.0	107.1	n/m	1.11
2020	15	35.4	0.0	90.9	n/m	0.91
2021	9	13.9	0.0	99.1	n/m	0.99

注 1：必ずしも IFRS、US GAAP、FAS 157、または IPEV ガイドラインに従った公正価値に基づく
　　　指標ではないため、これらの指標は他国または他地域との国際比較には適さない。
注 2：ベンチマーク作成には、各ビンテージ最低 3 本のファンドが必須。ファンド数が 3 に満たな
　　　いビンテージは非表示（n/a＝Not Applicable）。ファンド組成から年数が浅い時点での IRR の
　　　高低にあまり意味はないため、直近 3 年間の IRR は非開示（n/m＝Not Meaningful）。各指標
　　　の中央値を示すものであり、DPI の中央値と RVPI の中央値を足した数値は必ずしもネット
　　　マルチプルの中央値と一致しない（DPI で中央値に当たるファンド ≠ RVPI で中央値に当た
　　　るファンド）。
出所：日本ベンチャーキャピタル協会（2022）。

　転、最近では個人が VC に出資できる仕組みも登場した。ただ、スタートアップ投資は上場株に比べて投資時期や銘柄選択によるリターンのブレが大きく、故に慎重な対応が求められる投資である。通常、投資額と成果は、一様ではなく、成功と失敗が混在している。

　本来、VC はリスクマネーを社会的に効率良く循環させるために米国で発展した仕組みである。当初は、鉄道業、鉄鋼業、石油業、銀行業で大成功した、ロックフェラー（Rockefellers）家やホイットニー（Whitneys）家などは、組織に頼らないで投資を行っていた。ところが、1930 年代、40 年代になると、莫大な個人資産を有する人たちの間で、投資先の発掘や育成を組織的に行いたいと

いうニーズが強くなり、現在の VC の原型が 1946 年に誕生した。この年に、アメリカン・リサーチ・デベロップメント（American Research and Development：ARD）が当時のハーバードビジネススクールの教授らによって設立されたのである。ARD が小型コンピュータのベンチャー企業であるデジタル・イクイップメント（Digital Equipment Company）への投資で大成功を収め、ホームラン（homerun）とハンズオン（hands-on）という VC の経営モデル、つまり投資先には手をかけ、数社に対する投資の失敗を 1 社の成功によってカバーするという経営モデルが社会的に認知されるようになった。その後、年金ファンドの VC への出資規制の緩和やキャピタルゲイン課税率の提言などの社会的制度の整備もあり、フローベースで年間投資額が 2000 年代では 10 兆円を超える産業に成長した。

（2） ベンチャーキャピタルのロジック

VC から出資を受けている創業期のスタートアップ企業は、日本でも米国でも年間 1,000 社程度である。日本では年間約 20 万社、米国では年間約 80 万社の新規開業企業があるとしても、それぞれ 200 社に 1 社、800 社に 1 社が、VC から出資を受けているに過ぎない。VC は成功報酬を担保に出資をするのであるから、投資対象企業はハイポテンシャルな企業に限られる。VC から資金を導入できる企業は、ある意味では、起業家の中のエリート中のエリートということもできる。

運良く VC の目にとまり、「出資をしましょう」となった時に決めなければならないことは、①いくらの金額を出してもらうか、②（それと引き替えに）何 % の株式の持ち分を放棄すればよいのか、もしくは何株をいくらで引き取ってもらうかである。それには、キャピタルゲインが得られる時（通常は店頭公開時）の会社の価値を、まず評価しなければならない。専門的には、バリュエーションといわれる。

その中の 1 つの方法が、株価収益率（PER）によるものである。会社の市場価値は税引き後利益の何倍かということであり、若い、伸び盛りの企業の場合、15 倍から 20 倍といわれる。税引き後利益が 8 億円で、PER が 20 倍であ

れば、会社の価値は 160 億円となる。ただし、具体的な数字は市況によって大きく変化する。

　例えば、5 年後の価値が 160 億円と判断された会社が、今、8,000 万円の出資を VC から受ける時、何 % の持ち分をあきらめればいいのか。スタートアップ時に投資する時の VC が要求する利回りを年 50 % とすると、VC からみると、投資した 8,000 万円が 5 年後に約 4 億円になれば良い。市場価値が 160 億円の企業から 4 億円を得るには、必要な持ち分は、4÷160＝2.5 % になる。つまり、この企業の新株発行段階での株式数が 400 株（額面 5 万円の株式の場合は資本金が 2,000 万円の企業）とすると、10 株を 8,000 万円で VC に譲渡すればよいのである。

　このように、株価収益率をベースに VC と交渉する時に必要な情報、もしくは決定しなければならないことは、①キャピタルゲインを得る時期、②その時の投資先企業の税引後利益、③株価収益率（PER）、④ VC の投資金額、⑤ VC が求める投資利回り、⑥投資先企業の発行済み株式数と資本金である。

　今、キャピタルゲインを得る時期を投資から 5 年後、その時の投資先企業の税引後利益を 8 億円、株価収益率（PER）を 20 倍、（投資を受ける時の）投資先企業の発行済み株式数と資本金をそれぞれ 400 株、2,000 万円として、VC の投資金額と VC が求める投資利回りが変化した時、それに応じて、企業が譲渡すべき株式数と持ち分がどのように変わるかをみると、**表 9-2** のようになる。当たり前のことであるが、投資金額が増えれば、VC が要求する持ち分や株式数が増える。また、要求利回りの水準が上昇しても同じことが言える。年利回り 50 % の方が 30 % よりも投資を受ける企業にとってはきつい条件となる。

　ここでは、額面よりかなり高い評価を例に話を進めたものの、現実には、事業の方向性が見えてきた段階でも、額面どおり（1 株 5 万円）でないと、投資しようとしない VC も少なからずみられる。ただし、これも、株式市況次第で状況は相当変化する。

(3)　バリュエーションの実際

　わが国で、ハイポテンシャルな企業は、どのように資金調達を行ったのか、

表 9-2　ベンチャーキャピタルが要求する持ち分比率（株式数）

VC の投資額	8,000 万円	8,000 万円	2 億円	2 億円
期待利回り	50 %	30 %	50 %	30 %
5 年後の投資価値	4 億円	2 億 2,400 万円	10 億円	5.6 億円
要求する持ち分	2.50 %	1.40 %	6.25 %	3.50 %
要求する株数	10 株	5.6 株	25 株	14 株
投資段階における一株当たりの評価	800 万円	1,428 万円	800 万円	1,428 万円
投資段階における企業の価値	32 億円	57 億円	32 億円	57 億円

前提条件

投資 5 年後の税引後利益	8 億円	8 億円	8 億円	8 億円
株価収益率（PER）	20 倍	20 倍	20 倍	20 倍
投資 5 年後の会社の価値	160 億円	160 億円	160 億円	160 億円
発行済み株式数	400 株	400 株	400 株	400 株
資本金（額面）	2,000 万円	2,000 万円	2,000 万円	2,000 万円
一株当たりの額面	5 万円	5 万円	5 万円	5 万円

　出所：筆者作成。

　日本ではじめてバリュエーションによる方法で VC から資金調達したケースを見てみよう。資金調達を行った企業は、携帯電話回線のサービスプロバイダーである日本通信株式会社（東京都品川区、創業 1996 年）である[5]。

　同社の三田聖二社長は、8 歳の時から米国に渡り、デトロイト大学電気工学科博士過程とハーバード大学経営大学院上級マネジメントプログラムを修了し、米国メリルリンチ証券副社長、日本モトローラ常務取締役、そして最後はアップルコンピュータ日本法人社長を勤めるなど、華麗な経歴を持っている。その彼が、日本のスタートアップ企業の教科書になろうとして設立した企業が日本通信なのである。

　まず、三田社長は 96 年に、自宅を事務所にして、資本金 2,000 万円（400 株）で同社をスタートした。その 3 ヵ月後に、日本合同ファイナンス（現、JAFCO）から約 3 億円の投資を受けているが、この時、JAFCO が取得した株式は全体の 10.31 ％である。つまり、400 株のうち 46 株の新株を発行したに過ぎない。3 億円を 46 株で調達したということは、1 株当たりの評価額は 655 万円であ

る。

　同社が挑む事業機会のポテンシャルは、当時 5,000 億円ともいわれ、三田氏が目指した同社の株式公開後の市場価値は 1,000 億円である。1,000 億円の 10.31 ％ は 103 億円であり、仮に 10 年後でも 3 億円が 103 億円になれば、VC としても十分ペイする。この場合、創業 3 ヵ月足らずの企業の株式が、額面の 131 倍で評価されたことの意義は大きい。三田社長は、このような試みを通じて、大きな可能性に挑む起業家が育つ風土を作り上げたいと考えていた。銀行融資をまったく受けないで上場すれば、それは 1 つのモデルになる。また、バリュエーションによる株価決定も、一見すると VC は今までよりも高い買い物をするようになると思われるが、正当な評価を成長可能性の高い企業に与えることで企業の成長速度が速まり、投資の回収時期や前倒しになれば、VC にとってもメリットにもなるということであった[6]。

4　個人投資家による資金調達

（1）　個人投資家が注目される背景

　リスクマネーの供給者として VC と並んで重要なのは、ビジネスエンジェルとも呼ばれる個人投資家（以下、ビジネスエンジェル）である。この分野における先駆的研究者の一人である、英国サウスアンプトン大学（University of Southampton）のメイソン（Colin M. Mason）教授はビジネスエンジェルを「血縁関係のない人にリスクマネーを供給する、事業経験豊かな富裕層の個人」と定義している。

　ビジネスエンジェルの存在自体は決して新しいものではない。例えば、スコット・アレキサンダー・グラハム・ベル（Scot Alexander Graham Bell）は、1874 年に電話器開発の最終段階における資金が必要であった時や会社を設立する時に、ボストンの弁護士と皮革製品商人に資金援助を受けている。また、ヘンリー・フォード（Henry Ford）は 1903 年に事業をスタートする時、5 人のビジネスエンジェルから合計 4 万ドルの支援を受けたといわれている[7]。

　近年におけるビジネスエンジェル台頭の理由は、VC の資金供給が注目される中で、それが資金調達問題の解決策に、必ずしもなっていないからである。VC の問題点はいくつかあるが、ここでは、2 つに集約する。わが国に絞れば、第 1 に、投資の総件数の少なさと総投資額の減少である。そもそも VC による投資総件数も総投資額が少なければ、当然、何か別のもので、それを補う必要がある。

　第 2 に VC の平均投資額の上昇である。VC による平均投資額の拡大（最近の VC は、500 万ドル以下の投資には関心を示さない）によって、"自己資金や家族・親族から資金調達" と "VC" や金融機関の間、すなわち「資金調達の谷間」（Capital Chasm もしくは Equity Gap）を、ビジネスエンジェルで埋める必要性が生じる。

　まず第 1 に、近年の "VC 投資に関する日米比較（2019〜2020 年）" を図示した（**図 9-2**）。OECD の国際比較によると、日本の VC 投資額の対 GDP 比は

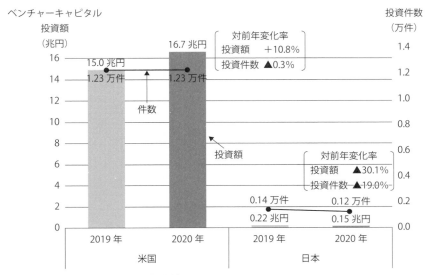

図 9-2　VC 投資に関する日米比較（2019〜2020 年）

　注：米国は、2019 年、2020 年の平均為替レートでドルを円換算した値（1 ドル＝108.99 円（2019 年）、106.73 円（2020 年））。
　出所：経済産業省経済産業政策局（2021）。

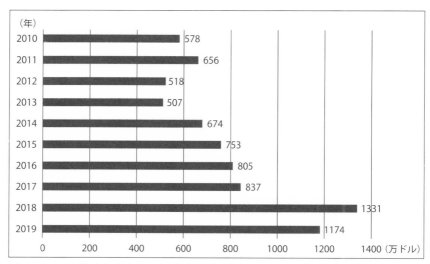

図 9-3　VC（米国）1 件あたりの資金調達の推移

出所：NVCA（2020）を基に筆者が計算。

0.03 ％ であったが、G7 諸国の中ではイタリアに次いで低い結果を示している。
2020 年の VC 投資額を見ると、日本は、件数・投資の金額、双方共に小さい。
加えて、2019〜2020 年（コロナ禍）、日本は前年比、投資額が減少した。他方、
米国は増加の結果を示していることは看過してはならない。

　第 2 は、VC による平均投資額の上昇である。80 年代後半では、25 万ドル
から 100 万ドル程度の投資も珍しくなかった。ところが、90 年代後半になる
と、240 万ドル（89 年）であったものが 540 万ドル（95 年）、1,560 万ドル（2000
年）になった。そして、世界金融危機（2007〜2010 年）後、低下期は続いたが、
近年は、1,174 万ドル（2019 年）、1,331 万ドル（2018 年）と高い水準に復活し
ている（図 9-3）。

　図 9-3 のように 1 件当たりの投資額が増加した背景の 1 つは、年金基金や機
関投資家からの資金が大量に流入したことである。現在では VC ファンドの半
分以上は年金基金からの資金が原資になっている。大型投資家の場合、1 つの
VC ファンドに対しての出資割合を全体の 10 ％ 以下に抑え、かつ VC ファン
ドの大きさは 1,000 万ドル（＄10 Million）以上を望む傾向がある。いわゆる

10/10 ルールといわれるものであり、このため、VC ファンドの規模が拡大し、1 件当たりの投資金額も拡大した[8]。直接投資によるリスクマネーの提供においては、金融取引の規模の経済性がみられるようになってきたのである。

VC による平均投資額の拡大によって、前述の「資金調達の谷間」という問題が生じている。米国中小企業庁（SBA）「エースネット設立の背景」（The Process and Analysis Behind ACE-Net）報告によると[9]、米国の場合、25 万ドル程度までは、創業者自身、家族・親戚、友人、いわゆる 3 F（Founder, Family, Friend）から何とか調達できる。しかし、それ以上になると VC からの援助が必要になるものの、最近の VC は 500 万ドル以下の投資には関心を示さないので、25 万ドルから 500 万ドル規模の資金調達がちょうど空白地帯になっているという指摘がなされている。そして、この資金調達の谷間に当たる部分を補う存在としてビジネスエンジェルが注目されている。

では、日本企業は成長段階に応じて、資金調達先をどこに求めているかをみる（表 9-3）。

「創業期」では“経営者本人の自己資金”、いわゆる貯えが 80.2 ％を占める。続く、「成長初期」では、間接金融として“民間金融機関からの借入”が 59.0 ％と最も大きな役割を果たしている。商業銀行やノンバンクからの資金

表 9-3　成長段階別にみた資金調達先の変化

	第 1 位	第 2 位	第 3 位	第 4 位	第 5 位
創業期に利用した資金調達方法（N=1,956）	経営者本人の自己資金（80.2 ％）	民間金融機関からの借入れ（34.9 ％）	家族・親族、友人・知人等からの借入れ（34.0 ％）	政府系金融機関からの借入れ（25.2 ％）	公的補助金・助成金の活用（8.9 ％）
成長初期に利用した資金調達方法（N=1,798）	民間金融機関からの借入れ（59.0 ％）	経営者本人の自己資金（52.5 ％）	政府系金融機関からの借入れ（35.0 ％）	家族・親族、友人・知人等からの借入れ（20.8 ％）	公的補助金・助成金の活用（13.1 ％）
安定・拡大期に利用した資金調達方法（N=1,517）	民間金融機関からの借入れ（61.6 ％）	経営者本人の自己資金（48.5 ％）	政府系金融機関からの借入れ（34.1 ％）	公的補助金・助成金の活用（13.8 ％）	家族・親族、友人・知人等からの借入れ（13.6 ％）

出所：三菱 UFJ コンサルティング（2017）。

提供として両者合計も多い。もっとも、わが国では、ビジネスエンジェルから
の融資はない。そして、「安定拡大期」になると、"経営者本人の自己資金"の
割合が下がり、"民間金融機関からの借入"が 61.6 ％と最も高くなる。

　当然、「創業期」を脱して、「成長初期」、「安定拡大期」になると、"経営者
本人の自己資金"、"家族・親族、友人・知人等からの借入"の比重は低下す
る。他方、"民間金融機関からの借入れ"、"政府系金融機関からの借入"に加
え、コロナ禍以降は、"公的補助金・助成金の活用"の比率増加傾向にある。

　以上から、企業は、「創業期」には、経営者の自己資金や、融通の利く家
族・親族といった周辺から資金調達をはじめる。しかし成長段階が上がるに従
い、自己の貯えや身近な人などからの借入から、外部の金融機関からの借入や
公的補助金・助成金の活用へと、資金調達手段を変えていく。

　では次に、企業が成長段階に応じて、利用したかった資金調達先をみる（**表
9-4**）。「創業期」では、実際に利用した資金調達手段が、起業家自身の貯えで
80.2 ％（現実）だった（**表 9-3**）のに対し、利用したかった資金調達先の最上位
は、"民間金融機関からの借入"48.8 ％（理想）となっている。また、実際に
活用しなかった（あるいは、周りにビジネスエンジェルが居なくて活用したくとも

表 9-4　成長段階別で利用したかった資金調達先

	第 1 位	第 2 位	第 3 位	第 4 位	第 5 位
創業期に利用し たかった資金調 達方法 （n＝391）	民間金融機関 からの借入 （48.8 ％）	政府系金融機関 からの借入 （48.6 ％）	公的補助金・助 成金の活用 （43.5 ％）	政府系金融機 関からの借入 （45.1 ％）	個人投資家か らの出資 （44.0 ％）
成長初期に利用 したかった資金 調達方法 （n＝309）	公的補助金・ 助成金の活用 （49.5 ％）	ベンチャーキャ ピタル、投資組 合・ファンド等 からの出資 （46.6 ％）	政府系金融機関 からの借入 （44.3 ％）	政府系金融機 関からの借入 （45.2 ％）	個人投資家か らの出資 （44.1 ％）
安定・拡大期に 利用したかった 資金調達方法 （n＝258）	公的補助金・ 助成金の活用 （51.2 ％）	クラウドファン ディングの活用 （47.7 ％）	ベンチャーキャ ピタル、投資組 合・ファンド等 からの出資 （46.9 ％）	政府系金融機 関からの借入 （45.3 ％）	個人投資家か らの出資 （44.2 ％）

　出所：三菱 UFJ コンサルティング（2017）。

活用できなかった）ものの、理想として、"ビジネスエンジェル（個人投資家）からの出資"（44.0％）が第 5 位に入ってきている。

これが「成長初期」になると、"公的補助金・助成金の活用"（49.5％）は当然として、ビジネスエンジェル、すなわち"ベンチャーキャピタル、投資組合・ファンド等からの出資"（44.6％）が大きな位置を占めている。商業銀行やノンバンクからの資金提供はあるものの、"公的補助金・助成金の活用"（49.5％）と"ベンチャーキャピタル、投資組合・ファンド等からの出資"（46.6％）、両者の比重が高い。この段階になると、ビジネスエンジェルに加え、VC の比重も増えてくる。

そして「安定・拡大期」になると、"公的補助金・助成金の活用"が 51.2％と高いのは当然として、"クラウドファンディングの活用"が 47.7％と、新たにランキングしてくる。もっとも、この段階においても、直接金融の新たな資金調達手段である"クラウドファンディングの活用"の有効性は高いと考えられる。

成長段階が上昇するに従い、「公的補助金・助成金の活用」から「ベンチャーキャピタル、投資組合・ファンド等からの出資」へ、そして「クラウドファンディングの活用」へと比重は増しているのが分かる。

ビジネスエンジェルによる投資規模、投資件数は多くの研究者によって推計されている。投資の匿名性のため、どの推計値が正しいとは言えないものの、規模と件数において VC 市場を上回っていること、おおむね合意が得られている。例えば、ビジネスエンジェルの先駆的研究者であるウェッツェル（Wetzel）やメイソン（Mason）の推計によると、ビジネスエンジェルの投資規模は VC の 3 倍から 5 倍、また件数は 30～40 倍である。

(2)　Zoom と個人投資家

近年、コロナ禍の需要を追い風に、最も急成長したスタートアップ企業の 1 つに、Zoom（正式名：ズーム・ビデオ・コミュニケーションズ、以下、Zoom）がある。このインターネットによる会議・ミーティングのソフトウェア（フリーミアムの SaaS 版）販売の Zoom も、ビジネスエンジェルによって資金調達の谷

間をうまく切り抜けた企業である。

　同社は、2011 年に設立され、2019 年 4 月、ナスダックに上場した。当時の公開価格の 1 株 36 ドルで、同社の評価額は 92 億ドルとなった。さらに上場初日の株価が 72 ％高、初値 65 ドルをつけ（終値 62 ドル）、時価総額は 160 億米ドルに達した。その約 20 ％を保有する起業家エリック・ユアンの純資産も 32 億ドルへと跳ね上がった。2019 年 4 月に株式公開をするまでの間、1 億 9,585 万ドルの資金を調達した。アマゾンが株式公開をするまでの間 931 万 2,961 ドルの資金調達（1997 年 5 月当時）したのに対し、およそ 21 倍の資金調達となる。

　Zoom の株式公開までの資金調達の内訳をみると、創業者であるエリック・ユアンやその家族から 30 万ドル、ビジネスエンジェルとして 2011 年、元シスコ上司（投資家第 1 号）から 25 万ドル、WebEx 創業者から 300 万ドルの融資を得た。2013 年に入り、ヤフー創業者ジェリー・ヤンから 600 万ドル、同じく 2013 年、香港 No.1 富豪の李嘉誠（レイ・カーセン）から 650 万ドルの融資を受けた。2015 年、シリーズ C 投資ラウンドで「エマージェンス・キャピタ

表 9-5　IPO（株式公開）までの Zoom の資金調達の歩み

2011 年	ズーム・ビデオ・コミュニケーションズ株式会社（本社：アメリカ合衆国カリフォルニア州サンノゼ）として法人設立登記
2011 年	ビジネスエンジェルとして 2011 年、元シスコ上司（投資家第 1 号）から 25 万ドル融資を受ける。2019 年、Zoom のナスダック上場でこの元上司は 700 倍のリターンを得た。
2011 年	WebEx 創業者から 300 万ドルの融資を得た。
2013 年	ヤフー創業者ジェリー・ヤン（Jerry Yang）から 600 万ドルの融資を受けた。
2013 年	香港 No.1 富豪の李嘉誠（Li Ka-shing、レイ・カーセン）から 650 万ドルの融資を受けた。
2015 年	シリーズ C 投資ラウンドで「エマージェンス・キャピタル」から 3,000 万ドルのラウンドの資金調達に成功した。
2017 年	Zoom は公式に Unicorn クラブに参加し、シリーズ D 投資ラウンドで「セコイア・キャピタル」から 1 億 1,500 万ドルのラウンドの資金調達に成功した。
2019 年	IPO（株式公開）。当公開価格の 1 株 36 ドル（約 3,900 円）で、評価額は 92 億ドル。上場初日の株価が 72 ％高、初値 65 ドルをつけ（終値 62 ドル）、時価総額は 160 億米ドルに達した。
2019 年	株式の約 20 ％を保有する起業家ユアンの純資産も 32 億ドルへ。

　出所：筆者作成。

表 9-6　IPO までの Zoom の資金調達の内訳

資金提供者	金額：ドル	全体に占める割合：%
創業者・親・兄弟	3 万	0.15
ビジネスエンジェル	1,375 万	7.02
VC	1 億 4,500 万	92.65
総額	1 億 9,585 万	100.00

出所：筆者作成。

ル」から 3,000 万ドルのラウンドの資金調達に成功した。

　2017 年、Zoom は公式に Unicorn クラブに参加し、シリーズ D 投資ラウンド
で「セコイア・キャピタル」から 1 億 1,500 万ドルのラウンドの資金調達に成
功した。その VC 合計は 1 億 4,500 万ドルにもなる。時系列でみると、最初は
創業者やその家族、次にビジネスエンジェル、VC となっており、資金の谷間
である「30 万ドルから 1 億 4,500 万ドル」単位の資金はビジネスエンジェルが
供給している（**表 9-5**、**表 9-6**）。

（3）　わが国の個人投資家

　米国でビジネスエンジェルが注目された背景の 1 つに、VC による投資単位
の拡大があった。90 年代であれば、創業者や家族から集めた資金が枯渇する
段階で VC からの資金を導入することができた。しかし、VC が 500 万ドル以
下の投資に向わなくなる中で資金の谷間が生まれ、そこがビジネスエンジェル
にとっての投資機会となった。

　その点に関しては、わが国の場合、VC による 1 件当たりの投資金額は、経
済産業省経済産業政策局（2021）に従うと、1〜2 億の間を推移しており、米国
と比べると非常に小さい[10]。中小企業総合事業団（当時）が信用保証企業 8,700
社を対象とした調査によると、金融機関業態別の借入れ 1 件当たりの平均借入
額は、都市銀行が 3,415 万円、地方銀行が 2,527 万円、第 2 地方銀行が 2,628
万円、信用金庫が 1,237 万円、信用組合が 820 万であるので、日本の VC が供
給している金額は、都市銀行と金額的には同程度のものであり、少なくも金額

ベースではあまり違いはない。

　さらに、日本政策金融公庫総合研究所編（2022）によると、2022 年度（平均）は、創業者（271 万）、家族・親戚（49 万）、友人（52 万）、いわゆる 3 F（Founder, Family, Friend）からの資金調達合計が 372 万円、政府系を含む金融機関からの借入合計が 882 万円となっている。

　以上から推定すると、わが国では日本政策金融公庫の資金、民間金融機関の資金のすぐ後に VC が控える構造になっている。わが国の VC の場合、最近は改善されつつあるとは言え、出口市場が整備されてこなかったことに加えて、優先株の設計に大幅な制限があったり、非常勤取締役も常勤取締役と同じ責任を負わなければならなかったりするなど、VC が投資先をコントロールしにくい状況が過去にあった。そのことも、米国のように 1 企業に対して大きな金額を投資し、いわゆるハンズオン（投資後の管理を徹底すること）ができなかった背景として挙げられる。いずれにせよ、米国でみられた「資金の谷間」という問題はそれほど深刻化していないと考えられる。

　しかし、1997 年に中小企業庁が所得税 2,000 万円以上の個人 700 人を対象に行った調査によると、そのうちの 34 ％はスタートアップ企業の創業資金・増資資金に投資することに興味を示している。また、国民生活金融公庫総合研究所が 99 年に実施した「中小企業経営者による起業活動支援に関するアンケート」では、3,622 人の中小企業経営者のうち 65.4 ％が今後何らかのかたちで起業活動を支援する意思ありと回答している。

　例えば、そのうちの 1 人である有限会社 M ファーマシーを経営する O・M 社長（当時 48 歳）は、38 歳の時に神奈川県で調剤薬局を開業し、現在では県下に 10 店舗を持つに至っている。開業当初から従業員教育に力を入れ、力のついた薬剤師に新しい店舗を任すという方法で店舗数を増やしてきた。しかし、この方法では、お店が増えるたびに忙しくなるので、いずれは見込みのある従業員に出資を行い、お店を持たせ、自分はオーナーシップに応じた報酬を得たいという希望を持っている。

　また、千葉県でトラック 30 台を所有し、海上コンテナ専門の運送業を営んでいる株式会社 K 運輸の T・S 社長（当時 65 歳）も、エンジェル活動に興味を持っている。ただし、彼によると運送業の世界では投資に値する人間は 1,000

人に1人と少ない。同業では出会いのチャンスがないので、行きつけの居酒屋の板前に出資したところ過去に失敗した経験もある。彼は同業者組合の役員をしているが、エンジェル活動に対する他の役員の関心も高いという。

　エンジェル活動に対する関心が高まるとすれば、次の課題は彼らや彼女たちに目利き能力があるかどうか、つまり投資に値する起業家とそうではない起業家を見分ける能力の有無である。

　この疑問に対しても、「中小企業経営者による起業活動支援に関するアンケート」はかなり明確に答えている。この調査は起業家に対する「投資」だけに焦点を当てたものではなく、中小企業経営者による起業活動全般に対する支援状況を調査したものである。しかし、この調査では、回答者に出資の有無も尋ねており、出資というかたちで支援を行った回答者が219人いる。出資を行った中小企業経営者のプロファイル、投資先との関係、投資判断基準、投資結果などをみることによって、日本のビジネスエンジェルの判断能力をある程度知ることができる（**表9-7**）。

　特徴の第1は、投資先として距離的に近い人を選んでいることである。同じ市町村内が50.7％を占め、同じ都道府県になると80.5％になる。地理的近接性の重要性は、欧米のビジネスエンジェル調査でも指摘されている。ちなみに、VCはビジネスエンジェルほど、地理的近接性を重んじていないといわれる。

　第2は、交際期間の長さである。「中小企業経営者による起業活動支援に関するアンケート」における出資者と投資先との交際期間は10年以上が46.0％と最も高く、反対に1年未満は8.5％に過ぎない。この点は、欧米とはかなり異なる。資金調達関係の情報提供を行っている米国サンフランシスコ市のInternational Capital Resources 社が600人のビジネスエンジェルを対象に行った調査によると、57％が友人や家族から投資先を紹介してもらい、31％がVCや銀行などのルートを通して投資先を発見し、残りの12％は家族や友人以外の紹介によるものである[11]。

　International Capital Resources 社の調査から推測されることは、日本は知っている人に投資を行い、欧米は投資をするまでは知らなかった人に投資をしているということだ。事業計画書を書くことが当たり前であり、契約によって投資

表9-7　わが国のビジネスエンジェルのプロファイル等

出資者（ビジネスエンジェル）	性別 （N＝215）	男（93.5％）、女（6.5％）
	年齢 （N＝215）	25〜29歳（1.4％）、30〜39歳（6.5％）、40〜49歳（19.5％）、50〜59歳（43.3％）、60〜69歳（21.9％）、70歳以上（7.4％）
	年収 （N＝192）	500万円未満（32.3％）、500〜599万円（39.6％）、1,000〜1,499万円（18.2％）、1,500〜1,999万円（4.7％）、2,000万円以上（5.2％）
	距離 （N＝195）	同じ町村内（12.8％）、同じ市・区・都内（37.9％）、同じ都道府県内（29.7％）、異なる都道府県（19.5％）
支援先との関係	交際期間 （N＝189）	1年以内（8.5％）、2〜4年以内（20.6％）、5〜9年以内（24.9％）、10年以上（46.0％）
	関係 （N＝180）	当社の元役員・元従業員（17.8％）、取引先の元役員・元従業員（14.4％）、同業者の元役員・元従業員（7.2％）、異業者の元役員・元従業員（7.8％）、家族・親戚（16.1％）、友人（22.8％）、知人などから紹介された第三者（9.4％）、その他（4.4％）
投資判断	事業内容の説明方法 （N＝196）	綿密な事業計画書の提示（6.1％）、ある程度概要のわかる事業計画書の提示（27.6％）、事業計画書の提示はなく口頭で説明（55.6％）、事業に関する詳しい説明はなかった（10.7％）
	起業支援を決断させる重要な要件 （N＝140）	技術力や信用力のある人物であること（53.6％）、その事業が成功する確率が高いこと（18.6％）、当社に支援するメリットがあること（15.0％）、その事業に興味があること（6.4％）、地域の活性化に結びつくこと（5.0％）、その他（1.4％）
	配当の期待 （N＝82）	期待した（29.3％）、期待していない（70.7％）
	キャピタルゲインの期待 （N＝84）	期待した（11.9％）、期待していない（88.1％）
	出資金額 （N＝160）	100万円未満（16.9％）、101〜499万円（61.9％）、500〜999万円（11.3％）、1,000万円以上（10.0％）
支援方法	出資者の数 （N＝77）	1人（27.3％）、2人（20.8％）、3人（15.6％）、4人（7.8％）、5人以上（28.6％）
	株式の取得 （N＝190）	取得した（48.4％）、取得していない（51.6％）
	経営参加の有無 （N＝88）	参加している（29.5％）、参加していない（70.5％）

モニタリング	財務内容の報告の有無 （N＝86）	受けている（53.5％）、受けていない（46.5％）
	配当の有無 （N＝87）	ある（26.4％）、ない（73.6％）
支援後の状況	支援先の経営状況 （N＝190）	うまくいっている（43.7％）、うまくいっていない（10.0％）、すでに転廃業している（9.5％）、現時点では判断できない（32.1％）、わからない（4.7％）
	支援に対する満足度 （N＝198）	大変満足（11.6％）、ある程度満足（43.4％）、あまり満足していない（14.6％）、後悔している（9.6％）、まだ何とも言えない（20.7％）
	今後の支援に対する考え方 （N＝196）	積極的に行いたい（9.7％）、条件が整っていれば支援してもかまわない（68.9％）、どちらかといえば支援には消極的である（17.9％）、支援は絶対したくない（3.6％）

資料：国民生活金融公庫総合研究所編（1999）「中小企業経営者による起業活動支援に関するアンケート」。

注：起業支援の経験が有ると回答した915人のうち、支援内容まで回答した人が856人。その856人のうち、出資を行った219人についてのデータである。

先の行動をコントロールすることに慣れている欧米とは状況が異なる日本は、「よく知っている」人に投資をすることによってリスクを下げている。

　第3は、投資先に占める「知人などが紹介された第三者」の割合が9.4％と少なく、自分が経営している会社、取引先、同業者、異業者の元役員や元従業員の割合が、合計で47.2％を占めることである。また、家族・親戚が16.1％、友人も22.8％を占める。これも、「よく知っている人」に投資をすることによって、リスクを下げている現れである。

　第4は、起業支援を行う際の最も大きな理由として、「技術力や信用力のある人物であること」（53.6％）を挙げ、2番目の理由として「その事業が成功する確率が高いこと」（18.6％）を挙げている。支援理由が人物と事業の両方を見ている点も、欧米のビジネスエンジェルと似ている。例えば、オスナブラッグ（Mark Van Osnabrugge）とロビンソン（Robert J. Robinson）が90年代後半に数百人の米国の個人投資家を対象に行った調査によると、投資先を選ぶ時の第1の優先順位は起業家の熱意、第2が信頼性、第3が製品・サービスの優位性である[12]。

　第 5 は、支援結果にはおおむね満足していることである。支援に対する満足度は、「大変満足」（11.6 %）、「ある程度満足」（43.4 %）の合計は 55 % となっており、「後悔している」（9.6 %）は 1 割にも満たない。この結果は、投資先の経営状況のうち、「うまくいっている」割合が 43.7 % を占めていることなどが背景にあると考えられる。

5　まとめ

　情報収集コストや支援後のモニタリングコストを抑えるためには近隣に住んでいて、知り合ってからの期間が長い相手に投資をするのが、合理的である。欧米のビジネスエンジェルの場合は、さらに信頼できる人からの紹介、そして信頼できる人への照会、いわゆる「紹介と照会」を積極的に使うことによって、2 つのコストを下げる工夫をしている。支援理由が人物と事業の両方を見ることが重要となる。

　このように、悪いカードを引かないための判断能力については、日本と欧米の間に大きな隔たりはなく、そのこともあって支援経験者の半分以上が自分の行った支援に満足している。

　以上、起業家が起業を立ち上げる際、どのくらいの金額をどのように調達しているかを見てきた。仮に、公庫、民間金融機関、投資家、VC、のいずれにせよ、資金調達（融資ないし投資）を受けるのであれば、まずその資金調達に先立って、起業家自らが、「イグジット戦略」など、先々の成長プロセスを決めておく必要がある。例えば、アーリーステージを抜けて、さらに事業規模を拡大して、株式上場を目指す方向もある。また、起業家が、第三者に株式を売却したり、IPO（株式公開）をしたりすることで利益を得る、という選択肢もある。いずれにせよ現在、金融サービスと情報技術が相互作用を起こしており、このフィンテック（fin tech）の展開による急速な資金調達の多様化が、起業家にとって、追い風になっているのは確実である。それを次章で確認する。

●注

　1）日本政策金融公庫総合研究所編（2022）では、起業家本人、パート・アルバイト、そ

して派遣社員などを含めても平均 4.0 人（2022 年度）である。
2）Jovanovic（1982）pp. 649-670.
3）例えば、2002 年 6 月の都市銀行における貸出約定平均金利は年 1.649 ％であり、同時
　　期の 1 年定期預金の金利は 0.041 ％である。
4）生産物価格を 1 と仮定するならば、収入 R を生産量、もしくは産出量と読み替えるこ
　　ともできる。
5）高橋（2005）。
6）日本通信は 2005 年 4 月 21 日に株式公開をした。
7）Elizabeth（1989）を参照。
8）SBA（1997）p. 3.
9）エースネット（ACE-Net）とは、97 年に米国中小企業庁（SBA）がイニシアチブを
　　取ってつくられた、インターネットを使ったビジネスエンジェルと起業家とのマッチン
　　グサービスである。
10）経済産業省経済産業政策局（2021）。
11）Benjamin and Margulis（2000）p. 142.
12）Van Osnabrugge, et al.（2000）pp. 137-138.

【参考文献】

Benjamin, G. A. and Margulis, J. B. (2000) *Angel Financing*, John Wiley & Sons.

Elizabeth (1989) *Adventure Capital*, Inc. magazine.

Jovanovic, B. (1982) "Selection and the Evolution of Industry," *Econometrica*, Vol. 50, No. 3, pp. 649-670.

NVCA (2020) "NVCA Yearbook," National Venture Capital Association.

Roberts, E. B. (1991) *Entrepreneurs in High Technology: Lessons from MIT and Beyond*, Oxford University Press.

SBA (1997) "The process and Analysis Behind ACE-Net"

Spector, R. (1997) *Amazon.com: Gat Big Fast*, Harper Business.（長谷川真実訳『アマゾン・ドット・コム』，日経 BP 社，2000 年）

Van Osnabrugge, M., et al. (2000) *Angel Investing*, Jossey-bass.

磯崎哲也（2022）『増補改訂版 起業のファイナンス』，日本実業出版社。

大驛潤（2018）『流通・市場・情報：システムと戦略』，創成社。

──（2019）『流通政策の理路』，千倉書房。

忽那憲治（2003）「新規開業時の資金調達と金融機関の役割」，中小企業総合研究機構編『新規開業研究会 調査研究報告書』。

経済産業省経済産業政策局（2021）「VC 投資に関する日米比較（2019-2020 年）」，経済産業省経済産業政策局。

国民生活金融公庫総合研究所編（1999）『中小企業経営者による起業活動支援によるアンケー

ト』，中小企業リサーチセンター。

財団法人ベンチャーエンタープライズセンター（2003）「ベンチャーキャピタル投資状況調査」。

高橋徳行（2000a）『起業学入門』，財団法人通商産業調査会出版部。

——（2000b）「わが国における欧米型ビジネスエンジェルの可能性」，国民生活金融公庫総合研究所編『起業活動を支える日本のエンジェル』，中小企業リサーチセンター。

——（2003）「中小企業金融における公共部門の役割」，中村慎助・小澤太郎・グレーヴァ香子編『公共経済学の理論と実際』，東洋経済新報社。

——（2005）『起業学の基礎：アントレプレナーとは何か』，勁草書房。

日本政策金融公庫総合研究所編（2022）『2022 年版新規開業実態調査』，日本政策金融公庫総合研究所。

日本ベンチャーキャピタル協会（2022）「国内 VC パフォーマンスベンチマーク第 4 回調査（2021 年版）」，日本ベンチャーキャピタル協会。

三菱 UFJ コンサルティング（2017）『起業・創業の実態に対する調査』，三菱 UFJ コンサルティング。

第10章
資金調達制度・政策の展開

大驛　潤

1　はじめに

　日々、無借金経営を実践している企業は、当然、存在する。しかしながら、企業が成長投資に資金を要す場合や、運転資金として日々の企業活動を回すための資金等は、外部から調達するのが一般的である。その意味で、企業の成長スピードや外部環境の変化の視点から、一概に無借金経営が合理的とは言えない。いわゆる黒字倒産という逆説である[1]。起業家にとって、軌道に乗るまでの"外部からの必要な範囲内の資金調達"は、事業を成功させる鍵となるが、基本は、「自社リスクに対応した資本をいかほど準備できるか、現行事業からどれほどの資金を創出できるか、自社の資産をどのように最適化するか」にある。

　伝統的な資金調達としては、①借入（融資：銀行）、②資本（出資：CV等）、③補助金（審査条件が厳しい）、④助成金（入金が遅い）などが考えられるが、いずれも担保や保証人が必要で、煩雑な手続きを要する。資金調達の本来の意味は、「時間を金で買うこと」にある。現場の業務もまた、資金を創出するための活動であり、"売上こそ最強の資金調達"といわれれる所以である。前段の通り、自社のリスクに応対した資本をどれ程、準備できるか、現行の事業からいかほど資金を創出できるか、自社の資産をいかに最適化するか、といった一連の活動が起業家の本領発揮の場となる。

　本章において検討するのは、新たな3つの資金調達手段である。まず、「クラウドファンディング」（crowd funding）である。その後、フィンテックの展開

によって、可能となった最新の「暗号資産型資産調達」、そして、「投資家マッチング・プラットフォーム」、以上3つに関して、今後の資金調達のベクトルを検討する。

2　先行研究とクラウドファンディングによる資金調達

　前章に従うと、企業には3種類の主要な資金調達方法があった。間接金融としては「銀行借入」、直接金融としては、「ベンチャーキャピタル」と「ビジネスエンジェル」、以上3種類である。起業家は、「ペッキングオーダー理論」の視点から優先順位を考え、資金調達する。

（1）　先行研究

　メタバース、DeFi、NFT、暗号資産、などの用語が幅広く紹介されるようになり、最近ではブロックチェーン技術に関連する記事を、目にする機会が多くなった。

　2008年、このブロックチェーン技術の概念が公表され、2009年、この技術を基盤にビットコイン（BTC）が生成された。公表から15年、現在、このブロックチェーン技術の進化に伴い、企業の資金調達が多様化しているが、伝統的に日本企業は、資金調達手段を「銀行借入」に大きく依存してきた。

　日本の資金調達手段は、戦後から銀行借入（負債）を基盤とした経路依存上にあり、一般に、起業家が、必要金額を低コストで銀行から調達できる環境がある。その意味で、この銀行借入を軸とした資金調達は、資本コスト政策上、効率的判断と言える。なぜなら、資本コストは、負債コスト（債権者から調達した負債に係る支払い利息など）と株主資本コスト（株主からの出資によって調達した資本）を加重平均したWACC（Weighted Average Cost of Capital＝加重平均資本コスト）、すなわち最低限、企業が稼ぐ必要のある期待収益率を指すからである[2]。通常、資産調達が機動性を持ち、コストが少なければ負債であっても、資本コスト意識の点から考えると、銀行借入は企業の合理的な対応の結果生じる資金調達行動と解釈できる。

　しかしながら、80 年代後半以後の金融の領域における規制緩和の余波は、とりわけ大きく、Shirasu and Xu（2007）では、規制緩和によって社債が選択される傾向にあることを明らかにしている。また、Hoshi, Kashyap, and Scharfstein（1993）では、純資産が豊かな企業ほど、調達において、社債発行の手段を選択する傾向があると示し、福田編（2003）の実証分析では、80 年代後半以降の日本企業を対象に、利益率の低さが、社債発行の増加を導く傾向にあることを明らかにしている。

　他方、銀行借入（デッド）の資金調達（main bank system）には、情報の非対称性に起因する「エージェンシー・コスト」を引き下げる機能があるとしている。また、Hoshi, Kashyap, and Scharfstein（1993）は、80 年代後半以後、企業が、間接金融、すなわち銀行借入への依存度を下げ、その結果、資金制約が逆に強まったと主張している。

　結局、資金調達研究において、さまざまな接近法が並存している「セオリー・ジャングル」の中、いかなる要因が、企業に、資金調達の手段を選択させているのであろうか。

　資本と負債の間の選択理論である「モディリアーニ・ミラー理論」に従うと、完全市場（税金、倒産、情報の非対称性がない等）を仮定すれば、企業の資金調達時、資金調達手段の組合わせ法（資本構成および配当政策など）を変えても、企業価値自体に変化はないとされる。すなわち、エクィティ（資本）とデッド（負債）、いずれかの選択は、企業価値に影響を付与しないということである。どの資金調達を選ぶかは、企業のコストにとって無差別（選択にとって、全く同じ効用・合理性をもたらす財の組合わせ）となる、としている。そうであるならば、ここで企業価値を最大化する最適負債比率自体、意味がないことになる。

　もっとも、「モディリアーニ・ミラー理論」は完全市場を前提とする理論であることから、「情報の非対称性」が存在しないことを仮定する。しかし実際、現実の非完全市場に目を向ければ、起業家と投資家の間には、前述の通り、情報の非対称性が存在し、それを呼び水としてエージェンシー・コストが発生する。Myers and Majluf（1984）では、それぞれの資金調達手段の活用に、企業は優先基準を設けており、特定の資金調達手段の可能性調達を突き詰めた後で

も、それで足りなければ、次の段階での調達選択を実行するとする。それは、資金調達に関して、第1に内部留保を用い、それで資金不足であれば、第2に負債、すなわち銀行借入、最後の第3に株式発行の順で、資金調達を行うことを意味する。これをペッキングオーダー理論（Donaldson, 1961）という。

起業家と投資家の間における情報の非対称によって、投資家は"投資プロジェクト"の判断がつかず、平均的評価・意思決定を対象に行う。そのため、収益性の低い企業は株価が過大評価され、逆もしかりとなる。故に、収益性の低い（株価が過大評価）企業が、収益性の高い企業より、株式や社債の発行インセンティブが高い。逆もしかりである。その際、「投資プロジェクト」におけるキャッシュフローが大きく、負債返済リスクがないならば、理論上は、投資家における無リスクの負債は、情報の非対称性を是正できる。もっとも、確定債務であるデッドによる資金調達（借入）は、株主発行による従来株主の希薄化問題を解決するので、株式発行よりも選ばれる。あるいは、収益性の高い企業が、内部資金（現金など）を保有していれば、情報の非対称性を是正できるので、投資問題の過少化を解決できる。

以上、情報の非対称性の問題に対して、ペッキングオーダー理論は、企業の効率的対処による資金調達を選択することに一定の合理性がある。

このような不完全市場下において、企業は、インセンティブ（負債利子による節税効果で負債増にする）と、リスク（負債比率の上昇に伴って倒産）を両睨みしながら、企業価値の最大化のための資本構成を意図する。これを「最適資本構成の理論」という。これは、上記、両睨みないし二律背反によって最適な負債比率を、企業は選ぶに違いないという枠組みとなる。この「最適資本構成の理論」によると、負債比率が最適水準よりも高い企業は新規借入や社債発行を抑え、株式発行で、負債比率の最適化へ調整を行うとされる。

もっとも、株価上昇でファンダメンタルズ価格を上回ってるフェーズで、企業は新規株式発行によって、既存の株価値を高めさせることが可能である。それは新規株主を犠牲にしながらではあるが、一時的株価の高低を、仮に企業が活用して便益を獲得しようとするケースである。当然、かような行動をとる企業もあろう。Baker and Wurgler（2002）に従うと、この行動を「マーケット・タイミング仮説」に基づく企業行動と称する。Loughran and Ritter（1995）にお

いては、株式発行後、投資家の期待収益を、企業収益が下回ることを実証的に
示している。Kim and Weisbach（2008）では、株式発行での調達資金の使用用
途に関して、投資、買収、研究開発のほか、現金保有の増加を示している。こ
れらは、資本構成がマーケット・タイミングでの株式発行と株式買入で決定す
る「マーケット・タイミング仮説」に合致する実証結果となっている。90 年
代以降の日本企業を対象に、細野・滝澤・内村・蜂須賀（2013）では、非上場
企業の新規株式発行、上場企業の株式・社債発行による資金調達の決定因を分
析した。結果、レバレッジ比率と時価簿価比率の双方が高い企業は、株式発行
割合も高いとした。これは「マーケット・タイミング仮説」、「最適資本構成の
理論」、「ペッキングオーダー理論」を支持するものである。

　このように、企業における資金調達手段の選択決定については、多様なアプ
ローチの先行研究がある。この資金調達手段の選択に関しては、多くの理論・
実証的分析が行われてきた[3]。

　企業による資金調達の選択インセンティブを解明することは、企業だけでな
く市場に対しても、効率的な資金調達の形成がされることとなり、将来もあら
ゆる見地に立脚して、企業の資金調達に関しての議論が進むことが強く望まれ
ている。次節では、アマゾンを例に、資産の最適化について概観する。

（2）　資産の最適化

　ここでは、資金調達における「ペッキングオーダー理論の優先順位」だけで
なく、現実に資金調達手段の使い分けをしているアマゾンの事例を見る。それ
は、いわゆる、起業家の資金調達に関わる巧みな一連の活動である。

　アマゾンは、研究開発と事業買収に向けた投資に関して、資本市場のバラン
スを見ながら資金を調達している。2017 年、アマゾンがリアル店舗として、
137 億ドル（当時の為替レートで約 1 兆 5,000 億円）で、オーガニックスーパー
のホールフーズ（Whole Foods）を買収した。3 つの点から資金調達を考察する。

　第 1 に、その際の調達手段として、160 億ドルの「デット・ファイナンス」
を選択・実行した。デット・ファイナンスとは、借入れによる資金調達のこと
で、借入金融ともいう。企業における資金調達の手段の 1 つで、銀行借入（あ

るいは社債発行）など、他人資本の増加になる調達のことをいう（いずれ返さなければならない資金調達）。当時、同社は手元に「現金」（約210億ドル）を保持しており、「債券発行」の必要がなく、買収資金の準備は可能な状況であった。しかしながら、低金利市場を鑑み、フレクシブルな資金を低コストで調達した。この買収案件（キャッシュフローが見込める）に関しては金利の低い「デット・ファイナンス」で充足した。

　第2に、買収案件と並行して、同社は研究開発投資の継続性を保つため、「現金」を研究開発に充当した。

　第3として、新規事業への投資（クラウドサービス事業：アマゾンプライムやAWS：Amazon Web Services）には、同社がこれまでの事業から創出された豊富な「キャッシュ」を利用した。そこでは、同社のフリー・キャッシュフロー（営業キャッシュフローと投資キャッシュフローとを足して合わせたもの）が当期純利益超えを長期継続するという特異な状況を招来している。

　資金調達における同社の取り組みは、絶妙な使い分けと言えよう。事業に必須の資金を外部から最適なバランスで調達し、既存事業から最大限のキャッシュを創出し、資産形成分を新規事業に分配するループ構築である。

　このように研究開発との関連を考慮し、フリー・キャッシュフローの視座から資金調達の使い分けが行われているのがアマゾンである。

　周知のように、創業時から現在まで、アマゾンは赤字計上で事業拡大してきた。アニュアルレポート（Annual Report）にある「開示資料」の冒頭を読めば、「利益率の最大化」や「1株当たり利益」（EPS）よりもフリー・キャッシュフローを経営指標として重視しているのは明らかである（**表10-1**）。同社は、利益率を最大化するのが目的ではなく、先行投資をしながらそれを、競合他社に対する参入障壁として構築してきた。それは、特に近年のクラウド事業に関し顕著である。

　その事実は、見方を変えれば、顧客への最大の価値提供で、より大きなボトムライン（リカーリング・レベニュー）を長期的に実現するものでもある。同社の長期的目標は、利益率の最大化ではなく、フリー・キャッシュフローの最大化にあるが、その投資型の事業展開は、自社市場の成長性の裏打ちがあってこそである。市場が急成長している場合、これは必ずしも利益率の指標は合致し

表 10-1　アマゾンのフリー・キャッシュフロー　　　　　（単位：百万ドル）

	2016 年 12 月期	2017 年 12 月期	2018 年 12 月期	2019 年 12 月期	2020 年 12 月期
フリー・キャッシュフロー	10,466	8,307	19,400	25,825	31,020
営業活動による CF	17,203	18,365	30,723	38,514	66,064
固定資産投資額	△ 6,737	△ 10,058	△ 11,323	△ 12,689	△ 35,044

出所：Amazon（2021）。

ないファイナンスの論点と一致している。

　次に本節では、まず、上記 3 つ（銀行借入、ベンチャーキャピタル、ビジネスエンジェル）に加え、近年、直接金融の分野で、新たに台頭してきた「クラウドファンディングによる資金調達」の特徴について考える。このクラウドファンディングによって創業資金等を調達することの、メリットとデメリットを確認する。そこでは、起業時の新しい資金調達とされるクラウドファンディングの背景にも言及する。そこでは、金融サービスの発展を通して解明されてきた金融取引、とりわけ資金調達を、ロジックとして、理解する側面を検討していく。

（3）　クラウドファンディングの仕組み

　まず、企業には、前述の通り、3 種類の資金調達方法があった。間接金融としては「銀行借入」、直接金融としては、「ベンチャーキャピタル」と「ビジネスエンジェル」、以上である。当然、起業家は、より俯瞰した視座から、「ペッキングオーダー理論」（プライオリティ）を考え、資金調達する。

　そのような中、金融サービスの進展と相俟って、クラウドファンディング（crowd funding）という新しい資金調達が、直接金融の第 3 の手段として現在、普及してきている。このクラウドファンディングは、ニーズの高まりや規制緩和により多様化し、近年、市場規模が急速に拡大している。手間をかけずに安く始められ、サイト上でのプラットフォームを通じて、出資者が少額参加できるため、煩雑な手続きがなく効率がよい。このクラウドファンディングは、特

定の事業プロジェクトを実現したい起業家に共感する人たち（crowd）が、資金を持ち寄り、活動資金を提供（funding）する。調達した資金をもとに、起業家は事業プロジェクト達成に向け活動し、無事達成できた際は、リターン（製品やサービス、金銭、達成感等）を出資者たちと分かち合う。このクラウドファンディングは、起業家への出資を軸に、テストマーケティング、事業プロジェクトの精査、発明品やフリーソフトウェアの開発、個人・法人のプロジェクト、芸術家支援、防災、政治運動など、幅広い分野で活用されている。

　起業家にとって、企業の資金調達手段として、これは直接金融における新しい方法と考えられる。群衆（crowd）と資金調達（funding）を組み合わせたこの新たな資金調達の手段について、企業の実情を交え検討する。

　一般に、企業の資金調達は「投資とリターン」のサイクルから考えると分かりよい。企業の資金調達方法は、バランスシートの右側を見るのが常で、それは、資金が右側から企業に流入するイメージとなる。

　バランスシートの右側が示すように、そこには、資金の流入として、2 つの経路がある。「負債」を増やす資金と「資本」を増やす資金である。それぞれはデット・ファイナンス（Debt＝借入・債権の発行）と、エクイティ・ファイナンス（Equity＝株式の発行）と称される。基本は、エクイティ・ファイナンス、つまり株主からの調達である。実はこの「株式」に、クラウドファンディングにみられるインターネットを使った「小口化した資金調達」と同じ手法が見られる。"小口の資金の出資を、群衆に対し、広く求める仕組み"である。

　前段の通り、このクラウドファンディングは、"インターネットを介して不特定多数の群衆から、小口で資金調達する仕組み"で、「非投資系」と「投資系」に分けられる。前者には、「購入型」と「寄付型」の 2 つがある。**図 10-1**で図示されているのは、非投資系の購入型といわれる種類のクラウドファンディングの仕組みである。日本のクラウドファンディングの中では、最も多いタイプのクラウドファンディングの形である。

　購入型は、企業が、ある商品・サービスの開発費用の出資を募り、集まった資金で開発した商品・サービスを出資者にリターンするという、広く資金を集める仕組みである。よく活用される商品・サービスには、映画、ゲーム、アニメ、音楽等のコンテンツ制作事業などがある。その他、一定プレミアム付き地

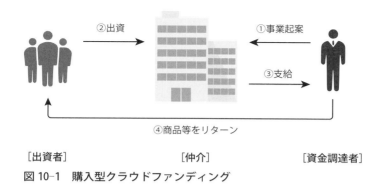

［出資者］　　　　　　　　　［仲介］　　　　　　　　　［資金調達者］

図 10-1　購入型クラウドファンディング

域商品券、何らかの理由によって演劇できなかった劇団等による演劇の配信チケットを商品とするものなど、いくつかのバリエーションがある。いずれにせよ、リターン内容が、実際に開発した商品・サービスである点が特徴的である。また購入型は、目標金額との関係から、さらに 2 種類に区分される。All or Nothing と All in である。前者は、目標額の資金調達が達した場合のみ実行される仕組みで、後者は、資金の多寡を問わず実行される仕組みである。つまり、目標金額に達成しなかったとしても、企業は、資金調達をすることが可能となる。

　一般社団法人日本クラウドファンディング協会（2021）によると、購入型の市場規模は、前年比 196.4 ％の 501 億円にまで広大している（**図 10-2**）。コロ

図 10-2　購入型クラウドファンディング市場規模の推移

出所：一般社団法人日本クラウドファンディング協会（2021）。

ナ禍による飲食店など実店舗を持つ企業の積極的活用もあり、2017年から5年で6.5倍の市場規模に達し、前年比でも3.3倍となった。プロジェクト予算を確保する形として、出資者から応援を募るこのかたちが、今後、一層広がっていくものと考えられる。ビジネス法的には、購入型は、"通信販売"に該当し、特定商取引に関する法律の規制がかかることになる。当該法律には、広告表示に関わる規制や誇大広告の禁止などが含まれるため、既存の購入型を取扱っているプラットフォーマーを活用しない場合は注意を要する。

　「寄付型」のクラウドファンディングにおいても、寄付と言いつつ、何らかのリターンを行っているケースもある。仮に、購入型において、出資額に比べて、プロジェクト実施の企業からのリターンの価値があまりに低いケースでは、購入型にも関わらず、それは寄付に過ぎない、と認定される場合も当然ある。その結果、寄付型と同様の税務上の法律問題が生じる可能性があるので注意を要す。「リターン」が発生しないことを前提とする寄付型のクラウドファンディングの場合は、企業にとって金銭的な負担がかからず、資金調達した資金を、より多くの活動に当てることができる。

　以上2つの非投資系クラウドファンディングをここまで見てきた。次に、投資系クラウドファンディングを検討する。それは、以下のように4つの型がある。

　第1に、融資型である。これは、ソーシャルレンディングなどの投資家から集めた資金を、資金需要者が借り手企業へ融資し、返済利息をリターンとして投資家に分配するものである。

　第2に、株式型である。これは、企業が、非上場企業に融資し、未公開株をリターンとして投資家に分配するものである（2015年5月の法改正）。

　第3に、不動産型である。これは、投資家から集めた資金をもとに、資金需要者が不動産を取得し、不動産で得た収益をリターンとして投資家に分配するものである。

　第4に、ファンド型である。これは資金需要者が、投資家から集めた資金を事業に融資し、売上高に応じてリターンを分配するものである。

　日本クラウドファンディング協会（2021）によると、日本におけるクラウドファンディングの市場規模は、約1,700億円で、そのうち購入型は501億円と

表 10-2　日米英の株式型クラウドファンディングの規制

	日本	米国	英国
年間調達上限額	1 億円	107 万ドル	純資産の 10 ％まで（一般投資家のみ）
年間投資上限額（制度通算）	なし	年収・純資産に応じて2,200〜10 万 7,000 ドル	なし

出所：筆者作成。

なっている。その他、投資系は、融資型 1,125 億円、株式型 9.2 億円、不動産型 38 億、ファンド型 26.8 億の内訳になっている。

　このうち、融資型や寄付型が主流といわれている中、諸外国の普及を見ると今後、「株式型」が伸びると期待される。それ以外では、不動産型が、低リスクかつ安定した利回りとなる点で注目される。超低金利の現在、業界平均（4〜6 ％）の利回りが期待でき、株式投資や FX よりもリスクが低く、1 万円という少額からスタートできることから、簡単に始められる資産運用の手段であると同時に、スタートアップ企業にとっては、資金が集めやすく、効率的な資金調達方法として注目されよう。

　もっとも課題についても言及しておく必要がある。わが国では、（1）年間資金調達額 1 億円以下、（2）投資家による同一企業への投資額 50 万円以下、といった規制がある（**表 10-2**）。安全性とのバランスではあるが、諸外国と比べ、制約の大きいこの規制が足枷になっている分野（大きな研究開発費を必要とする事業等）もある。クラウドファンディングが普及する背景には、規制が関わってくる。

（4）　仮想通貨型資金調達と法改正

　さてここまで、クラウドファンディングを類型化してきた。それは、出資者に対するリターンの内容によって、主に、①非投資系（購入型、寄付型）、②投資系（融資型、株式型、不動産型、ファンド型）の 2 つの種類に分類された。

　次に、ブロックチェーンを活用した資金調達の方法について検討する。STO（デジタル有価証券）に対する ICO（デジタル有価証券以外の価値を付与）は、（1）

表 10-3　資金調達の形態

	形態	定着	主要な法律
ICO（デジタル有価証券以外： ユテイリティ、ガバナンス、 ペイメントなど）	(1) 狭義の ICO (2) IEO (3) IDO	× ○ ○	資金決済法 資金決済法 資金決済法
STO（デジタル有価証券）		○	金融商品取引法

出所：筆者作成。

狭義の ICO（2020 年以降、実情廃止）、(2) IEO、(3) IDO の 3 形態に分類できる（**表 10-3**）。

　まずは、2020 年の『資金決済法』、『金融商品取引法』の両改正前に、急速に普及した狭義の ICO（Initial Coin Offering）について検討したい。

　狭義の ICO とは、資金調達として、企業が新規事業ないしコミュニティ維持・発展のために、新しく仮想通貨を発行し、資金調達する方法であった。購入者に、仮想通貨（token）を提供し、それに対して、ある意味で、会員権のような扱いでサービスを、購入者が享受した。つまり、狭義の ICO とは仮想通貨の新規公開による資金調達の方法であった。企業の資金調達手段としては、株式を新規公開する IPO が有名であるが、狭義の ICO は仮想通貨の隆盛によって生まれた新しい手法であった。

　この狭義の ICO による資金調達は、人の手を介さずに契約内容を自動実行できるプラットフォームやスマートコントラクト等で簡便に購入できる仕組みと、当初考えられていた。ここで言うスマートコントラクトとは、契約のスムーズな検証、執行、実行、交渉を意図したコンピュータプロトコルを指す。スマートコントラクトには第三者を介さずに信用が担保された取引を処理できるという特徴がある。それは、契約条件が満たされた時、自動的に実行するコンピュータコードに契約をデジタル化する。

　この簡便さ故に、ブロックチェーンを背景に、新たな資金調達方法として当時注目された。しかしながら、Block, et al. (2021) に従うと、2017 年をピークとして、狭義の ICO は残念ながら詐欺が多く、資金調達をしたものの、何の業績も上げられず、または開発も行われないまま、価値のない暗号資産を渡さ

れだけで終了ということが極めて多くあったとする。その意味で、安全性に問題があったと言えよう。これが、一時期、注目されただけで、狭義の ICO が定着しなかった理由である。これに伴い、法制度の改正が行われた。

　2020 年 5 月 1 日より改正された『資金決済法』が施行された。これは前年の 2019 年 5 月 31 日に成立した『情報通信技術の進展に伴う金融取引の多様化に対応するための資金決済に関する法律等の一部を改正する法律』に基づくものである。

　2020 年の改正された『資金決済法』では、国際的な動向等を踏まえ、“仮想通貨”の呼称が“暗号資産”に改められた。加えて、暗号資産交換業の定義に暗号資産の管理だけを行うカストディ業者が追加された（改正法第 2 条第 7 項第 4 号）。その目的は、暗号資産の流出リスクへの対応のために、暗号資産交換業者への規制強化にある（改正法第 2 条第 7 項第 4 号）。

　まず、この改正後の『資金決済法』の施行によって、前段の通り、仮想通貨は「暗号資産」に正式名が変更となった。その上、暗号資産の取引に対して、従来、仮想通貨交換業者のみが規制対象となっていたが、暗号資産のウォレット等の暗号資産カストディ（管理）業務に関して、新しく規制が加わった。すなわち、この法改正は、暗号資産交換業への規制強化が目的と読み取れる。暗号資産の流出リスクへの対応でもある。ウォレット業務以外の一般的な暗号資産交換業者に対しても、コールドウォレットでの管理、弁済原資の確保、広告・勧誘規制等など、規制強化が促進された。

　くわえて、ICO による資金調達は、既存の資金決済法や金融商品取引法の適用関係が不明確であった。しかし、『金融商品取引法』の規制下に、暗号資産を置くことが 2020 年以降、明らかとなった。これによって、セキュリティトークン、デジタル証券発行に連なる事業が活発になり、仮想通貨業界は新たなビジネスが現在、進展している。

3　資金調達の多様化

(1)　暗号資産型資金調達

　以上、狭義の ICO が一時期、注目されただけで、資金調達として定着しなかった理由をみてきた（**表 10-3**）。前述の Block, et al.（2021）に従うと、狭義の ICO による資金調達が行われるようになった 2017 年以降、ホワイトペーパーで示されていたプロジェクトが実際に行われないなどの詐欺被害が多発したということである。当時、海外には魅力的なホワイトペーパーを発行し多くの資金を調達したとは言うものの、多額の資金を調達するために、それに見合った信用を得るには、資金調達における信頼性に問題があったと言えよう（加藤，2022）。これが、注目の割に、狭義の ICO が定着しなかった理由である。

　次に、「新しく発行される仮想通貨（token）を、最初から証券として、金商法の規制の中で発行していく形の方が、より安全」という概念が生まれてきた。それが STO（Security Token Offering）、すなわちセキュリティトークン発行による資金調達の方法である。これは、有価証券の価値をデジタル化したもので、デジタル有価証券（株券や社債券）として発行することで新たな資金調達を行う手法のことである。2020 年以降、改正された『金融商品取引法』によりセキュリティトークンの位置づけが明確化され、その発行ルール（法的位置づけ）が明確になったことで、実行可能となった。また実際、金融商品取引業の資格を持つ金融機関を通してやり取りをしていくことになったので、証券会社側の体制が整備された。

　証券規制の中で発行された token の取引であれば、詐欺のようなものは容易に行えなくなり、安全が担保される。社会的な有用性と利用者保護の点でも一定の均衡が担保されよう。では、具体的にセキュリティトークンとはどのようなものなのか。既存の仮想通貨プラットフォームと token の大きな違いとしては、ビットコインやイーサリアムなどはカレンシータイプの仮想通貨であるのに対し、token はアセットタイプの暗号資産の転移がある。前述の 2020 年の改

正金融商品取引法に従えば、セキュリティトークンの位置づけは、基本、第一項有価証券と分類された。第一項有価証券とは、株式等と同じ類型なため、これらと同様の規制がなされるということである。すべてが対象とはならないが、「電子記録移転権利」という概念が新たに作られ、ブロックチェーン等で電子的に権利がトランスファー可能なものは、第一項有価証券に位置づけられる。技術的見地から、適格機関投資家等のみに譲渡がされるように担保されており、譲渡承諾の仕組みが含まれてる例外的な場合は第二項有価証券となる。

　もっとも、有価証券に分類されるということで、セキュリティトークンの発行に金融商品取引業の資格が必須というわけではない。つまり token の発行を行い、資金調達をする企業は、情報の開示が必要といった上場企業のルールとなるが、実際、セキュリティトークンの売買・仲介の取引業者にとって、金融商品取引業の資格が必要ということである。既存の仮想通貨交換業の資格では扱えなくなり、いわゆる証券会社の資格が必要になる。STO による資金調達を行う企業は、証券による資金調達を行ってきた従来の企業と同等の対応が求められるので、ICO と比較し、STO はより安全である。STO は有価証券の一種として扱われるので、ICO と異なり、証券会社や銀行など金融機関も興味を持って実証が進められた。

　STO の主な流れを概観すると、**図 10-3** のとおり、投資家に金融商品が届くまでに、STO プラットフォームを軸とした手続きが行われる。STO では、証券発行のプロセスが ST プラットフォーム上で処理されることが大きな特徴となっている。有価証券的な暗号資産で資金調達するのが STO である。

　日本 STO 協会も既に立ち上がっており、金融商品取引法第 78 条第 1 項に規定する「認定金融商品取引業協会」として、金融庁より認定を受けた（2020年）。このような団体がルールを整備するなどし、自主規制団体として STO に関するルールを明確化してきたことで、STO 実行可能となった。

（2）　IEO（Initial Exchange Offering）と IDO（Initial DEX Offering）

　2020 年以降、現在は、暗号資産を活用した資金調達の方法に関しては、STO（デジタル有価証券）に対して、（広義の）ICO（デジタル有価証券以外の価値

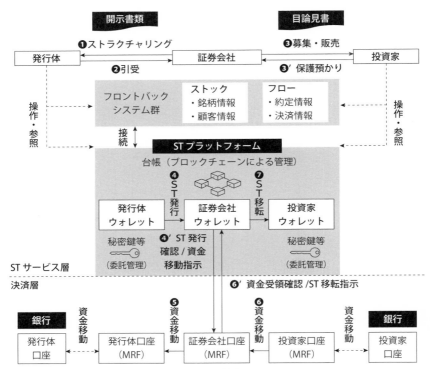

図 10-3 STO（Security Token Offering）の流れ

出所：一般社団法人 STO 協会（2022）。

を付与：例えばアプリ開発など）の調達手段は、

第1に、暗号資産取引所を通じて資金調達を行う IEO（Initial Exchange Offering）

第2に、分散型取引所を通じて資金調達を行う IDO（Initial DEX Offering）

以上、2つに分類される。

① IEO（Initial Exchange Offering）の仕組み

第1に、「IEO」（Initial Exchange Offering）は、暗号資産を新しく発行し、投資家から資金調達をする点では、ICO と同様である。しかしながら、IEO では、暗号資産交換業の許認可を得た中央集権型取引所（第三者）が、その資金調達の責任を持ち、投資家から資金調達するので、この点が狭義の ICO とは大き

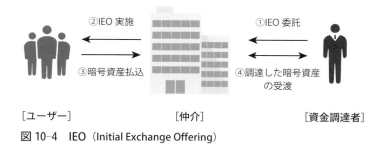

②IEO 実施
①IEO 委託
③暗号資産払込
④調達した暗号資産
の受渡

［ユーザー］　　　　　　　　［仲介］　　　　　　　　［資金調達者］

図 10-4　IEO（Initial Exchange Offering）

く異なる。責任の所在を明らかにし、信頼性を高めることができる。

　つまり、狭義の ICO では token の拡散を発行者自身がするのに対し、IEO ではこれを暗号資産取引所（中央集権型）に委託して行う点の違いである。なお、発行の際、認定資金決済事業者協会である JVCEA（一般社団法人日本暗号資産取引業協会）と金融庁による審査が必要で、暗号資産の発行者やホワイトペーパーの内容等が審査・スクリーニングされることとなる。厳格な要件により登録を受けた中央集権型取引所の協力の下（IEO 発行主体としては必ずしも暗号資産交換業の登録を受ける必要はない）において、IEO を実施することとなる（図10-4）。

②　IDO（Initial DEX Offering）の仕組み

　第 2 に、特に 2021 年に入って急増したのが IDO で、これは「Initial DEX Offering」の略称である。IEO が、中央集権型であったのに対し、分散型取引所（DEX）で暗号資産を発行して、資金調達する方法である。この IDO 開催には、資金調達の目的の明確な提示が不可欠となる。目的や新しく発行する暗号資産の市場規模、将来性などを示して、投資家から多額の資金を集めることが肝になる（図 10-5）。

　概念的には IPO（新規公開株）と同じと考えれば分かりよい。IPO が、非上場企業が株式上場して資金調達するのに対し、IDO は、株式のように議決権や配当、株主優待などはないが、分散型取引所での取引前に告知し、暗号資産という形で資金調達するアプローチは、IPO と同じと言えよう。市場で新しく発行した暗号資産が取引され始めると、短期に数倍〜数十倍に上昇することもあることで、大きな利益を投資家が得ることも可能であり、その反対もしかり

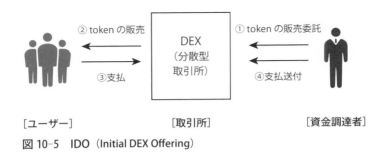

図 10-5　IDO（Initial DEX Offering）

である。DEX は、分散型取引所を介するため、審査（特定管理者による）がなく、誰でも IDO 開催が可能である。当然、IDO 開催の内容それ自体に、惹きつける内容がなければ、投資家から関心を寄せてもらえないため、IDO は失敗に終わることも考えられる。

（3）　暗号資産発行型資金調達の今後

　以上、見てきた通り、STO、IEO、IDO という新たな資金調達手段の登場によって、資金調達の選択肢が増えることとなった。いろいろな種類の資金調達手段が登場し、今後もその活用の場は広がることが予想される。その意味で、"資金調達"拡大の恩恵を、起業家は、最大限有効活用すべきである。

　暗号資産の仕組みを使えば、インフラ資産や不動産といった個人投資家が投資しにくかった不動産等の実物資産でも簡単に証券化が可能である。その前提となるスキームの適法性リサーチやスキーム組成の知識も今後、重要となろう。例えば、IDO は、専用のプラットフォームを使えば、誰でも開催できる。それに加え、金利や配当の支払いはおろか、返済すら必要がない。スマートコントラクトに裏づけられたブロックチェーン技術を活用するため、従来に比べて低コストで、資金調達のスピードが格段に速い。これらのメリットが呼び水となり、IDO の注目度は高まる一方である。

　例えば、2023 年 1 月以降、1 週間に複数の IDO が開催されている。そこでは、token セール開催後に、数十倍の高値が付くケースもまれではない。その意味で、IDO の活性化は、それだけ多くのプロジェクトの存在を示唆する。暗

号資産による資金調達は、そのままブロックチェーン上でさまざまなプロジェクトに活用されている[4]。つまり、暗号資産が不可欠で、その原資を調達するために IDO が果たす役割は大きいと言える。

　しかしながら、暗号資産は詐欺の温床や資金洗浄になりやすく、常に悪用の危機にさらされているのも事実である。前述の、DEX は金融庁から認められておらず、法整備も追いついていないため、何らかのトラブルに巻き込まれてもすべては自己責任となる。

　IDO などブロックチェーン技術を用いた token による資金調達を日本で行う場合、利便性と安全性は当然として、「会計」と「課税」の問題を考えておく必要がある。第 1 に、会計に関する問題としては、その基準整備が遅れているために、適正会計の処理が担保されていないことを指摘しておきたい。

　第 2 に、課税問題として、資金調達の際、一括課税によって、資金繰りが抑制させられているということある。また金融規制の厳しさから、法人税の課税負担におけるスタートアップ企業のキャピタル・フライトの問題がある。すなわち、ドバイ（仮想通貨特区）やシンガポール（税制上優遇処理）などの国へ資本逃避し海外で起業など、国内の優秀な人材の流出問題も顧みる必要がある。こうした法人税率の低い海外で、法人設立し事業を展開するという選択肢を検討せざるを得ない日本のスタートアップ企業も多い。

　これらのビジネス上の各種リスクが軽減され、今以上に技術、会計、課税の面を整備し、資金調達に利便性と安全性が担保されれば、ニーズは確実に増加していくに違いない。良好な資金調達環境を整えるには、まだ多くの時間と労力が不可欠となるであろうが、環境を整えていくベクトルでの取組みは進める必要があろう。狭義の ICO の二の舞にならぬよう、各種リスク判定は、通常の取引よりも特に慎重に行う必要がある。

4　企業の資金調達の今後

（1）　投資家マッチング・プラットフォーム

　もともと、ビットコインなどの仮想通貨は、何らかの価値それ自体を電子的に移転可能というものである。この点を踏まえ、貨幣や価値が、仮想通貨の領域にあるというアプローチが出てきた。その意味で、仮想通貨も、EC（Electronic Commerce：電子商取引）や ES（Electronic Service：電子的サービス）と連携しやすく、仮想通貨と言われた時の貨幣の代替品のような性質も含め、その価値を電子的に表現できる。2020 年の法改正には、新しく発行される暗号資産（token）を、最初から証券として、『金融商品取引法』の規制の中で発行した。このようなものとして、狭義の ICO 消滅の 2020 年以降、一層、安全で実用化でき、今までにない優れた技術、便利なサービスとして期待され法改正が行われた。

　次に、新たな第 3 の資金調達を見る。

　それは、インターネット上の「投資家マッチング・プラットフォーム」の普及である。起業家ないし起業家予備軍が、そのプラットフォームを使って、アイデアと創業計画を示して、資金提供を呼びかけ、投資家に出資してもらうことが現在、可能となっており、いくつかのプラットフォームが出揃っている。これは、これまでになかった仕組みである。

　本節では、具体的に、インターネットの浸透に従って、起業家ないし起業家予備軍が、オンライン・サロン（投資家マッチング・プラットフォームとして活用）を活用して資金調達する仕組みを概説する。オンライン・サロンという、「フェイス・トゥ・フェイス関係が無い」ネットでの出会い経由から、オフライン・サロンで、実際に双方が会って、プレゼンテーション等により、資金調達する仕組みについて検討する。

　2017 年に DMM.com が Synapse（2012 年開始のオンライン・サロン・プラットフォーム事業）を子会社化したことや起業家育成グループ（金融、ママビジネス、

教育、美容の 4 ベンチャー）を持つ 1 万 4,000 人会員（2023 年 2 月現在）の Holland Village Private Salon（2021 年 8 月開始、月 1 万円）の急成長で、急に注目を集めているのが、このオンライン・サロンである。クラウドファンディングとコラボしたオンライン・サロンが、新たな資金調達の手法として注目されているわけであるが、では、新たな資金調達の場としてのオンライン・サロンとは、いかなるものであろうか。

　オンライン・サロンとは、インターネット上で展開される月額会費制のコミュニティの名称である。起業家、アスリート、ブロガーなど、専門的な知識を持っていたり、特定の領域での経験やスキルを持つ者が主催者となり運営・管理を行っている。

　具体的に、オンライン・サロンにはさまざまな種類のものがあり、ファンコミュニティとしての側面が強いものや情報・ノウハウを提供する講義型のもの、共にプロジェクトを行うプロジェクト型のものなどがある。例えば、2014 年に開始した起業家主宰の「HIU」などは、起業体験だけでなく、資金調達可能という意味で、資金調達型オンライン・サロンとしてもその知名度が高い。

　いずれにしてもユーザー・ファンに、「起業」として、オンライン・サロン経営や飲食店経営や「映画製作」など特別な体験を提供する点で共通し、特に YouTuber やインフルエンサー等ビジネス領域で、資金調達をはじめ、起業体験として、コアなファンの育成、顧客体験の向上など、起業に関わる継続的な収益を得る上で注目されている。

　オンライン・サロンで "ビジネスエンジェル" と繋がり、会員限定のオフライン・イベントで出会い、出資してもらうなど、クローズドなサロン空間での濃いコミュニケーションを踏まえて、リアルでの資金調達活動に繋がっている。例えば、HIU では、「月額 10,800 円の会費」を払うことで「月 2 回の定例イベント」ほか、さまざまなイベント、交流会、勉強会などに参加する権利が得られるが、ここにビジネスエンジェルが参加しており、サロン会員が立ち上げる起業に資金提供をしている。逆に言えば、ビジネスエンジェルとの出会いを求めて、サロン会員になるものが多い。

　またこのオンライン・サロンの仕組みとして、日々誕生するさまざまなプロジェクトの支援として、国内最大のクラウドファンディング『CAMPFIRE』と

図 10-6　資金調達の全体像

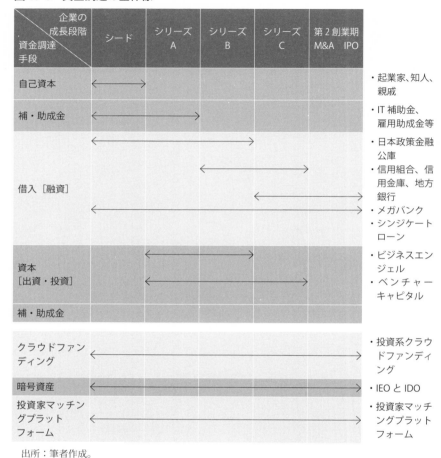

資金調達手段 ＼ 企業の成長段階	シード	シリーズ A	シリーズ B	シリーズ C	第2創業期 M&A IPO	
自己資本	←————→					・起業家、知人、親成
補・助成金	←—————————→					・IT補助金、雇用助成金等
借入［融資］		←——————————→				・日本政策金融公庫
			←————→			・信用組合、信用金庫、地方銀行
				←————→		・メガバンク
	←——————————————————————————→					・シンジケートローン
資本［出資・投資］		←————→				・ビジネスエンジェル
		←——————————→				・ベンチャーキャピタル
補・助成金						
クラウドファンディング	←——————————————————————————————→					・投資系クラウドファンディング
暗号資産	←——————————————————————————————→					・IEOとIDO
投資家マッチングプラットフォーム	←——————————————————————————————→					・投資家マッチングプラットフォーム

出所：筆者作成。

の協力により特設チャンネルを立ち上げている。HIU では、これまでの資金調達額は 2 億円を超え、起業経験のなかったものが、起業の経験値をあげる場として機能している。

　もっとも、ただ単に、資金調達にとどまらず、起業家サロン会員によるプロジェクトに対する直接支援が得やすく、分科会のクラウドファンディンググループでは起業サクセスのためのアドバイスが、熟練起業家から得られたり、

とメリットが多い。このオンライン・サロン以外に、現在、投資家マッチング・プラットフォームが数多く展開している。新たな 3 つの資金調達を含めて、図示すると**図 10-6** のようになる。

(2)　企業の資金調達の実情

　日本企業の資金調達について見てみる。

　日本企業にとって、資金調達手段は、伝統的に銀行借入に大きく依存してきた。それは、間接金融として、銀行（負債）が基盤となる経路依存であり、通常時、必要金額を低コストで銀行から調達可能という環境にあった。現在、国内 PO（公募増資）は世界水準と比較するとはるかに少ないのが実情である。ペッキングオーダー理論に沿う形を実際は示していない。むしろ、日本の株式市場が中小規模の上場企業を中心に公募増資を行う環境が整っておらず、公募増資のハードルが高いのを理由に置く。

　従来の、間接金融（負債）を軸とした資金調達は、「資本コスト政策」のコンテクストでは効率的判断である。つまり、資本コストは、負債コストと株主資本コストを加重平均した WACC（加重平均資本コスト）、すなわち期待収益率を指すからである。もっとも、例えばソフトバンクのように、株式市場での資金調達も存分に利用し成長資金を獲得している企業も少なからず存在する。

　通常、金融取引が機動性を持ち、コスト少の状況であれば、銀行借入を基盤とする負債であっても、資本コスト意識の点からは、優先的に負債による資金調達を選択することが効率的である。その場合、借入額の増大が理由で、低い自己資本比率を招来するといった、健全性に問題が発生する状況で、初めて別の資金調達方法を検討するといったフローとなる。その 1 つが、直接金融での資金調達である。

　このような中、直接金融での「新たな資金調達」の動向について本章にて考察した。新たな資金調達は、経験的に観察される企業の資金調達の概念について、「暗号資産」といった観点から考察することができ、示唆に富むスキーム（scheme）であると考えられる。この暗号資産発行型資金調達の基盤となっているブロックチェーン技術は、スピーディーで手数料がかからない故に、業界

の垣根を越え、あらゆる方面での活用が、急速に進行していくと考えられる。暗号資産市場は、今後、NFT（Non-Fungible Token：代替不可能な token）など、これらの市場の拡大が続けば、そのニーズは格段に高まると見てよいであろう。その際、重要となるのは、事業に必要な資金を外部から最適なバランスで調達し、既存の事業から最大限にキャッシュを創出し、形成した資産を事業構築のための新規投資（ないし株主・債権者へ還元）に最適に分配することである。

　本章でも検討した、暗号資産型資産調達に関しては、現在においても未だ定まった理論体系が形成されていない。今後、実務面においては各企業が試行錯誤の中で検討し、他方で、学術界が実務面の実績をエビデンスとして実証研究を行っていくものと考えられる[5]。

●注 ────────

1) フェイスブックのインスタグラム買収（10 億ドル）や、グーグルによるユーチューブ買収（16.5 億ドル）など、赤字企業の買収なども含まれる。

2) WACC を ROIC（Return On Invested Capital）が上回らなければならない。ROIC が WACC より低い事業は、PL 上の利益が「黒字」であったとしても、高い金利で借金して、低い利周りの金融商品に投資している状況で実質的には赤字である。

　　この企業と債権者（銀行など）から調達したお金に対して、どれだけ効率的に利益を上げることができたかを示す指標である ROIC を目標値とする際、収益性、資産効率性に関して、各担当部署で目標可能な 2 次ドライバーへの落とし込みが必要で、便宜上、ROIC ツリーと称す場合がある。ROIC ツリーで特定された 2 次ドライバーの目的は改善、すなわち ROA や ROE の改善ドライバーになる。実務上、この現場への、数値に基づく具体的な落込みが不可避となる。

3) 資産調達の理論に関してはその他、「ガバナンス構造理論」、「デット・オーバーハング理論」、「予備的動機に基づく現金保有理論」、「経営者の裁量理論」、「銀行によるホールドアップ理論」などがある。

4) 2021 年 6 月、マイクロソフト社が BaaS というプラットフォームを閉じた。BaaS とはブロックチェーンを用意するプラットフォームである。通常、このブロックチェーンを活用したい場合、ノードを用意したり、ブロックチェーンのネットワークを設定したりと、煩雑である。これらを BaaS は簡便にするプラットフォームであったが、マイクロソフト社がこのブロックチェーンというプラットフォームを閉じた。

　　その意味で、将来、企業が、BaaS のようなプラットフォームを活用して、自前でブロックチェーンのネットワークを構築するのではなく、公的ブロックチェーンを活用す

るベクトルになっていくと考えられる。今後、企業間の連携において、ブロックチェーンを活用する場面が、必然的に多くなるが、その場合、公的ブロックチェーンと私的（エンタープライズ）ブロックチェーンを混ぜたネットワーク構成が想定される。

5）当然、暗号資産を日本市場で行いたい海外企業も多数存在している。そのような中で、鍵となるのは、連携を推し進めることにあるであろう。フィンテック関連は、金融機関や証券会社に任せ、一方、ブロックチェーン技術やITの応用先を考えるアイデアは、スタートアップ企業に任せるなど、各社、役割分担しながら展開していくべきである。2019年以降の新型コロナウイルスの感染拡大の影響で、コロナ対策として、紙や現物から電子的なものにトランスファーする潮流の中、金融商品自体は電子商取引で完結するような姿になっていく流れが見えてきている。

【参考文献】

Aghion, P. and P. Bolten (1992) "An Incomplete Contracts Approach to Financial Contracting," *Review of Economic Studies*, Vol. 59, No. 3, pp. 473–494.

Almazan, A. and J. Suarez (2003) "Entrenchment and Severance Pay in Optimal Governance Structures," *Journal of Finance*, Vol. 58, No. 2, pp. 519–547.

Amazon (2021) "Annual Report," Amazon.

Baker, M. and J. Wurgler (2002) "Market Timing and Capital Structure," *Journal of Finance*, Vol. 57, No. 1, pp. 1–32.

Berlin, M. and J. Loeys (1988) "Bond Covenants and Delegated Monitoring," *Journal of Finance*, Vol. 43, No. 2, pp. 397–412.

Block, J. H., Groh, A., Hornuf, L., Vanacker, T., and Vismara, S. (2021) "The entrepreneurial finance markets of the future: A comparison of crowdfunding and initial coin offerings," *Small Business Economics*, Vol. 57, No. 2, pp. 865–882.

Denis, D. J. and V. T. Mihov (2003) "The Choice Among Bank Debt, Non-Bank Private Debt, and Public Deb: Evidence from New Corporate Borrowings," *Journal of Financial Economics*, Vol. 70, No. 1, pp. 3–28.

Diamond, D. W. (1984) "Financial Intermediation and Delegated Monitoring," *Review of Economic Studies*, Vol. 51, No. 3, pp. 393–414.

―― (1991) "Monitoring and Reputation: The Choice between Bank Loans and Directly Placed Debt," *Journal of Political Economy*, Vol. 99, No. 4, pp. 689–721.

Donaldson, G. (1961) *Corporate Debt Capacity: A Study of Corporate Debt Policy and the Determination of Corporate Debt Capacity*, Harvard University.

Hirota, S. (1999) "Are Corporate Financing Decisions Different in Japan?: An Empirical Study on Capital Structure," *Journal of the Japanese and International Economies*, Vol. 13, No. 3, pp. 201–229.

Hoshi, T., A. Kashyap, and D. Scharfstein (1993) "The Choice between Public and Private Debt: An

Analysis of Post-Deregulation Corporate Financing in Japan," *NBER Working Paper*, No. 4421.

Hosono, K. (1998) "R&D Expenditure and The Choice between Private and Public -Do the Japanese Main Banks Extract the Firm's Rents?," *Institute of Economic Research*, Hitotsubashi University, Discussion Paper 353.

Houston, J. and C. James (1996) "Bank Information Monopolies and the Mix of Private and Public Debt Claims," *Journal of Finance*, Vol. 51, No. 5, pp. 1863-1889.

Jensen, M. C. (1986) "Agency Costs of Free Cash Flow, Corporate Finance, and Takeovers," *American Economic Review*, Vol. 76, No. 2, pp. 323-329.

Kim, W. and M. Weisbach (2008) "Motivations for Public Equity Offers: An International Perspective," *Journal of Financial Economics*, Vol. 87, No. 2, pp. 281-307.

Kraus, A. and R. H. Litzenberger (1973) "A State-Preference Model of Optimal Financial Leverage," *Journal of Finance*, Vol. 28, No. 4, pp. 911-922.

Loughran, T. and J. Ritter (1995) "The New Issues Puzzle," *Journal of Finance*, Vol. 50, No. 1, pp. 23-51.

McLean, R. D. (2011), "Share Issuance and Cash Saving," *Journal of Financial Economics*, Vol. 99, No. 3, pp. 693-715.

Modigliani, F. and M. H. Miller (1958) "The Cost of Capital, Corporation Finance and the Theory of Investment," *American Economic Review*, Vol. 48, No. 3, pp. 261-297.

Myers, S. C. (1977) "Determinants of Corporate Borrowing," *Journal of Financial Economics*, Vol. 5, No. 2, pp. 147-175.

―― and N. S. Majluf (1984) "Corporate Financing and Investment Decisions When Firms Have Information That Investors Do Not Have," *Journal of Financial Economics*, Vol. 13, No. 2, pp. 187-221.

Sharpe, S. A. (1990) "Asymmetric Information, Bank Lending and Implicit Contracts: A Stylized Model of Customer Relationships," *Journal of Finance*, Vol. 45, No. 4, pp. 1069-1087.

Shirasu, Y. A. and P. Xu (2007) "The Choice of Financing with Public Debt Versus Private Debt: New Evidence from Japan after Critical Binding Regulations Were Removed," *Japan and the World Economy*, Vol. 19, No. 4, pp. 393-424.

磯崎哲也（2022）『増補改訂版：起業のエクイティ・ファイナンス』，ダイヤモンド社。

一般社団法人 STO 協会（2022）https://jstoa.or.jp/　STO 協会。

一般社団法人日本クラウドファンディング協会（2021）『クラウドファンディング市場調査報告書』，日本クラウドファンディング協会。

加藤雅俊（2022）「創業時に直面する課題」，『スタートアップの経済学』，有斐閣。

忽那憲治（2022）「お金を調達する」，忽那憲治・長谷川博和・髙橋徳行・五十嵐伸吾・山田仁一郎『アントレプレナーシップ入門』，有斐閣。

小山晃弘（2021）『令和 4 年申告用：暗号資産の確定申告がわかる本』，ゴマブックス。

小山淳一・倉澤芳弥・茂田雄介（2022）『資金調達力の強化書』，あさ出版。

嶋谷毅・川井秀幸・馬場直彦（2005）「わが国企業による資金調達手段方法の選択問題：多

　　項ロジット・モデルによる要因分析」,『日本銀行ワーキングペーパーシリーズ』,
　　No.05-J-3。

清水洋 (2022)「どう資金を集めるか」,『アントレプレナーシップ』, 有斐閣。

白田佳子 (2003)『企業倒産予知モデル』, 中央経済社。

鈴木一功・田中亘編著 (2021)『バリュエーションの理論と実務』, 日本経済新聞出版。

高橋徳行 (2005)「資金調達」,『起業学の基礎：アントレプレナーシップとは何か』, 勁草書
　　房。

鶴沢真・大村敬一 (2020)「スタートアップ企業の新たなファイナンス手法」, 早稲田大学
　　WBS 研究センター出版・編集委員会『早稲田国際経営研究』, No. 51, pp. 41-69。

西岡慎一・馬場直彦 (2004)「わが国企業の負債圧縮行動について：最適資本構成に関する
　　動学的パネルデータ分析」,『日本銀行ワーキングペーパーシリーズ』, No.04-J-15。

長谷川博和 (2018)「資金調達をどのように行うのか」,『ベンチャー経営論』, 東洋経済新報
　　社。

福田慎一編著 (2003)「社債発行の選択メカニズム」,『日本の長期金融』, 有斐閣。

細野薫・滝澤美帆・内村憲児・蜂須賀圭史 (2013)「資本市場を通じた資金調達と企業行動
　　－IPO, SEO, および社債発行の意思決定とその後の投資・研究開発－」,『フィナンシャ
　　ル・レビュー』, 第 112 号, pp. 80-121。

本庄裕司 (2010)「フィナンス」,『アントレプレナーシップの経済学』, 同友館。

松浦克己・竹澤康子・鈴木誠 (2000)「90 年代における上場企業の増資行動」,『郵政研究所
　　ディスカッション・ペーパー・シリーズ 2000-01』。

山岡佑 (2021)『実践スタートアップ・ファイナンス』, 日経 BP。

第 3 部

スタートアップ
企業の成長

第11章
起業から事業化へ

高橋　徳行・大驛　潤

1　はじめに

　起業家は商品・サービスをブラッシュアップした後、次に事業化へと進む。立ち上げた商品・サービスを、継続して利益を創出する規模感の事業にまで落とし込むステージに入る。転がり始めた起業家の着想を一人前の完成された事業まで、創り上げ、規模の拡大を図っていく段階となる。

　本章では、起業家が、市場で事業機会を発見し、事業を軌道に乗せた後の経営基盤を確立するまでの間を考究する。確保した市場でのポジションにおいて、持続的に競争優位を維持するための能力に関しての考察である。

　まず第1に、本章の競争戦略の枠組みを、資源ベース理論の観点から理論的に考察する。そこでは、ポジショニング理論に加え、なぜ資源ベース理論が重要なのかを確認する。その後、起業後の企業存続率について、データを用いて言及する。それを踏まえ、企業倒産の落とし穴を3つ指摘する。

　次に第2に、事業機会を発見し、新市場を創造した日本駐車場開発株式会社（以下、日本駐車場開発）を例に、ポジショニングと経営資源の関係を考察する。起業した後、経営基盤を確立するまでの間、企業に求められることとはどのようなものなのか。なぜ企業は、魅力的なポジションを確保するだけでは、不十分で、卓越した動態的能力が必要なのか検討する。また、持続的な競争上の「優位性」とは、どのようなことを意味するのかを考察する。

　第3に、起業家の経営にスピードが要求されるのは、後発の競合他社の市場参入前に、十分な能力を蓄えるための参入障壁構築のためである。ここでは、

"時間の経済" について検討する。時間の経済は、競合他社の観点に立てば、Dierickx and Cool（1989）が提唱し、Vermeulen and Barkema（2002）が実証した「時間圧縮の不経済」となる。これを模倣困難性の視点から「現場の知識」（Hayek, 1945）、「情報粘着性」（von Hippel, 2001；2006）、「経路依存性」の概念も含めて考究する。なお、この時間概念は、Barney（1996；2002）で指摘された模倣困難性の柱となっている。

　最後に、結論として、持続的競争上の優位な経営資源を資産化し、次の事業に繋げることの重要性を資源ベース理論の枠組みに依拠して要約する。一般に起業家の挑戦は創業後、数年で終わることも少なくない。仮に、最初に狙った事業機会で競争優位を確立することができても、競合他社が増えれば、多くの場合、そこでの収益は分散され、企業単位ごとの収益は低下する。また、製品ライフサイクルの存在に示されるように、事業機会そのものの成長率は鈍化し、いずれ成熟期を迎える。その際、競争上の優位性を資産化し、次の事業に早急に展開することが肝要となる。当然、次の事業展開においては、新しい事業機会に求められる企業内部の経営資源が、持続的競争優位を有しているか否かが枢要となる。

2　先行研究

(1)　ポジショニング理論と資源ベース理論

　起業家が創業当初に「発見した事業機会」の有効性が確認された後、その事業機会において新たな競合他社が登場する。すなわち、このステージで初めて、起業家は他社を意識し、「競争」について考える。理論形成とそれに基づく戦略実行の必要性がこのステージで生じる。ここでは、その事業機会で、起業家がさらなる成長を実現しようとする段階を検討する。

　ここで取り扱うテーマは、戦略論における競争戦略のフレームワークに基づくものである。競争戦略とは、ある特定の業界や市場における競争上の戦略であり、ビジネスストラテジーとも呼ばれ、企業が具体的に、持続的競争優位を

実現するために講じる戦略を指す。Eisenhardt and Sull（2001）、Teece, Pisano, and Shuen（1997）、D'aveni（1994）をはじめ、多くの先行研究において、この設定上で「なぜ、ある企業は他の企業より優れた業績をあげることができるのか」という問題意識を共有している。

　これを主要な問題意識とする競争戦略論は、その基本的スタンスにより、企業の外部環境に着目するものと、企業内部に目を向けるものとに二分することができる。Saloner, Podolny, and Shepard（2001）は、前者のポジショニング理論と後者の資源ベース理論の立ち位置の違いは、企業の競争優位の源泉に対する違いに起因するとしている。前者は、競争優位の源泉とは、企業をめぐる外部環境であると捉え、後者は、競争優位を導出しているのは、企業内部の優れた経営資源であると捉えている。

　換言すれば、上記の問題意識に対し、ポジショニング理論は、優良企業の条件を「競合他社よりも魅力的な市場発見とその市場への早期参入等、自社を良い環境に位置づける」ことと捉える。他方、資源ベース理論は、優良企業の条件を「競合他社より優れた経営資源を企業内部に持ち、しかもそれは、経済価値があり、希少かつ模倣困難で、組織的に効果的に対応する」ことと捉える（Barney, 1996；2002）。

（2）　資源ベース理論

　この経営資源に瞠目する資源ベース理論は、「企業活動の基本的機能を果たす能力」を別とすれば、大別して、以下 2 つの動態的能力を指すものとして整理できる。

　まず第 1 に、「環境条件に合わせて企業内外の資源を利用するために、柔軟に経営資源を組み換える能力」である。第 2 としては、「企業内外の資源を利用するプロセスを学習プロセスとして持つことで、環境変化に対応し続ける能力」である。

　第 1 の接近方法に適合する「能力ベース戦略論」として、資源ベース理論の端緒となった研究が Teece, et al.（1997）である。彼らの研究では、「急激に変化する環境に対処するための企業内外の能力（competence）を統合し、構築し、

そして再形成する企業の能力」として能力を捉えている（Teece, et al., 1997）。

　同様にこの代表的な研究として Eisenhardt and Martin（2000）がある。この研究によると、「能力とは市場変化への適応やその創造のために資源を統合し、再形成し、獲得し、そして解法するプロセス」とされている。同様の指摘は、Carlsson（2001）によってもなされている。Carlsson（2001）によると、能力の本質は、知識の創造統合から移転活用までの知識プロセスを設計し、機能させる能力と定義する。この定義は、前述の Teece, et al.（1997）のダイナミックケイパビリティあるいは Henderson and Cockburn（1994）の architectural competence や Kogut and Zander（1992）の combinative capability と同じ視座を共有している。

　他方、第 2 の接近方法に適合する「能力ベース戦略論」としては、Zollo and Winter（2002）が考えられる。このアプローチは、経営環境の変化に対する創発的学習プロセスを重視して、戦略形成を行う点にその特徴がある。Zollo and Winter（2002）は、能力を、「企業が有効性に向けて体系的に業務ルーティンを創造し、修正する集合的な活動の学習された安定的な活動パターン」としている。能力を安定的な構造化されたものであると認識している側面で、Eisenhardt and Martin（2000）とは立ち位置が異なる。

　この Eisenhardt and Sull（2001）では「高速動態的市場」というコンセプトを提出し、企業環境の変化を強調している。続いて Eisenhardt and Sull（2001）では従来の戦略論が、高速動態的市場では機能し得ないとし、必要とされる戦略として「シンプルルール」に基づく動態的能力を明示する。シンプルルールとは、ハウトゥー、すなわち経験を軸足とした学習から導かれたハウトゥーを幹として構成される戦略論である。

　ここで資源ベース理論において、本研究の分析に際し、特に Barney（1996）で提出された概念枠組みである VRIO（Value, Rareness, Imitability, and Organization）のフレームワークを概観しておく。

　これは、前段の通り、「企業の内部にある経営資源を活用する」というアプローチで、内部の経営資源の特性・評価を、（1）経済価値 Value（評価指標：経営資源は機会や脅威に適応できるか）、（2）希少性 Rareness（評価指標：どのくらいの数の競合他社が、その経営資源を保有しているか）、（3）模倣困難性 Imitability

（評価指標：競合他社が同じ経営資源を獲得・開発・模倣のために、どのくらいコストがかかるか）、以上 3 つで行うものである。この資源を有効活用するのが、組織 Organization となる。その意味で、価値、希少性、模倣困難性（VRI）で実質的には評価するものとなる。

　その中でも、VRIO の柱となる考え方である模倣困難性として、①独自の歴史的条件（時間の経済、経路依存性）、②社会的複雑性（コミュニケーション、組織文化、サプライヤーや顧客とのやりとり）、②因果不明性（獲得の因果関係が、要素分解でも不明）、以上 3 つを挙げている（Barney, 1996；2002）。

　本章の検討では、「ポジショニング理論」に加えて、「能力ベース戦略論」を基盤に、創発的学習プロセスを重視する。それは、Barney（1996；2002）の枠組みを踏まえ、創業後の持続的競争戦略に適した動態的能力とは、いかなるものであるのか、ケースを踏まえて検討することである。その作業の前に、"起業後の存続率"について、以下に言及しておく。

（3）　起業後の存続率

　まず、起業した後、企業は、平均的にどのくらいの期間、存続しているのかをデータから見てみる。実際のところ、起業した企業数も、消滅する企業数も、正確には把握できない。そのためここでは、分母を「誕生した企業数」、分子を「誕生した企業数－消滅した企業数」とし、計算する数字を存続率とするが、その正確さの限界を含め、論を進めていく。

　少々古いデータ（工業関連業種に限定されたデータ）、になるが、**図 11-1** は、個人事業主として創業した企業が 1 年後、2 年後、…にどのくらい存続しているかを示したものである（経済産業省中小企業庁, 2006）。これを見ると、5 年後には 100 企業中 30.2 企業のみが残っており（5 年後存続率 30.2 ％）、廃業した企業の割合は約 70 ％（69.8 社）となる（**図 11-1**）。

　他方、日本政策金融公庫総合研究所（2021）が行った 3,517 社への調査（2016年末を基準年として 2020 年末時点での存続率）では、5 年後の存続率は 89.7 ％、廃業した企業の割合は 8.9 ％である（**表 11-1**）。もっともこれは、日本政策金融公庫総合研究所（2021）が対象としたサンプルが、同公庫が融資を行った企

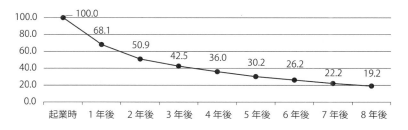

図 11-1　事業所の経過年数別の存続率（個人事業主）

資料：経済産業省中小企業庁（2006）『中小企業白書　2006 年版』の「第 1-2-21 図
　　　開業年次別　事業所の経過年数別生存率」を筆者が再編加工。
注：1984 年に開設された事業所ベースでデータであり、基の統計は「工業統計表」を
　　使用している。

表 11-1　事業所の存続率（個人事業主）と廃業率（2021 年調査）

（単位：%）
（n＝3,517）

	存　続	廃　業	存続廃業不明
第 1 回調査（基準） （2016 年末時点）	100.0	0.0	0.0
第 2 回調査 （2017 年末時点）	97.5	2.2	0.3
第 3 回調査 （2018 年末時点）	94.7	4.7	0.6
第 4 回調査 （2019 年末時点）	92.0	7.0	1.0
第 5 回調査 （2020 年末時点）	89.7	8.9	1.4

出所：日本政策金融公庫総合研究所（2021）。

業に限定されていることによるものと思われる。

（4）　起業活動の構造

　いずれにしても、創業した企業すべてが存続することはなく、日本政策金融
公庫総合研究所（2021）でも人間の存続率と比べるとはるかに低い存続率が示

されている。企業が起業後、数年で消滅する理由はさまざまであるが、整理すると次のようになる（**図 11-2**）。

第 1 は、提供する商品やサービス自体に、需要がない時である。これは「①商品・サービスと市場との整合性の新たな可能性の認識」に関わるところであり、ある意味、わかりやすい。

第 2 は、原材料の調達ができなかったり、品質安定の商品が生産・製造できなかったり、周知活動が合理的に進まなかったりという、「②供給システムの構築（企業の諸活動のデザイン・組み合わせ）」に関係するものである。提供する商品やサービスに一定の需要があるにも関わらず、原材料が手に入らないために、商品やサービスを届けられないのは非常に残念なことである。原材料の仕入れ先が国外の場合、特に気をつける必要がある。しかしながら、昨今の半導体不足に限らず、水産物や農産物の仕入れが思うに任せないことなどは、珍しくない。

第 3 は、資金不足に陥り事業継続が困難になったり、必要な人材を確保できなくなったりすることによるもので、これは商品やサービスそれ自体でなく、その生産・販売等に関する「③諸活動を支える経営資源の調達」に関係している。このように、起業活動は意外に複雑な構造となっているので、思わぬところに「落とし穴」あるということは珍しくない。

以上、起業活動において、新しい事業機会を実現する時、最初の問題は、①

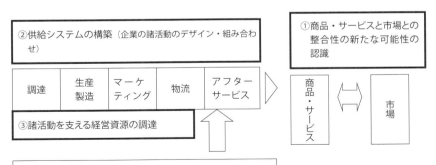

図 11-2　起業活動の構造
出所：筆者作成。

提供する商品・サービスが最終ユーザや消費者に受け入れられるか、②それらの商品・サービスが確実に最終ユーザや消費者に届けることができるか、③企業として採算が取れるかの3点に集約される。

　この時点では、実質的な競争相手はいない。そのため、同業の競合他社に「比べて」商品・サービスが優れているか、価格は低いか、そして付加的サービスがあるかどうかといった問題は発生しない。起業家にとって、最終ユーザや消費者との関係だけが主要問題になる。起業家が「競争」について考える必要が生じるのは、事業分野で、起業家がさらなる成長を実現しようとする次の棲み分け段階で、競合他社との間で生じる「立ち位置」、すなわちポジショニングを意識した時になる。

　以上、起業後の存続率を踏まえ、企業活動の3つの落とし穴について言及した。次節では、起業家が創業当初に追求した事業機会で、成功を収めた後に直面するフェーズでの競争を具体的に検討する。創業後の持続的競争上の優位性とは、いかなるものであるのか、ケースを踏まえて考察する。

3　新市場の創造：日本駐車場開発株式会社

　前節では、競争戦略論の理論的枠組みと起業活動の構造を見てきた。起業家のアイデアが製品・サービスとして物理的に誕生した後、具体的な経営基盤を確立するまでの時間軸の下、その起業家の意思決定が社会化され、構造的に経営資源が連結されるプロセスを起業活動という。

　次に、これら経営資源を起点に、新たな事業が生まれ、当初の起業家の着想が、いかに継続して利益を創出する規模感の大きい事業に発展するかを、ケースの実態に即して検討する。それは、転がり始めた商売レベルの規模が、実行可能な事業として、起業家がどのように発展させ、規模の拡大を図っていくかを考察することでもある。

（1）「事業機会の発見」とビジネスモデル

　1991年に創業した日本駐車場開発[1)]は、同年『駐車場法』改正の下[2)]、大

型ビルなどに設置された"来客用駐車場等"（附置義務駐車場など）を、駐車場ユーザに提供（空きスペースの有効活用）する仲介から事業をスタートしている。

遊休駐車場を、オーナから一括して仕入れ（借り受け）、「時間貸」、「月極」、「併用」で再貸出するという形態である（**図11-3**）。要言すれば、"使われていないもの"と"それを使いたい人"を結びつける仕組みと言える。それは、入居者が埋まらない間、空きとなる"附置義務駐車場"を、新たなニーズを求める"ユーザ"に繋げる仲介活動である。その意味で、同社は、これまで相互に情報交流のなかったオーナとユーザをネットワーク化することに着目して、「事業機会の発見」を行った新市場の創造者と言える。事業機会の発見とは、市場から料金を得られる機会を発見したことを指す。

換言すれば、顧客が「料金を払ってでもほしい商品・サービス」を提供する機会の発見である。ある意味、アイデアビジネス的な要素も多く含まれていたと言えるが、どんなアイデアでもうまくいくとは限らない。もし仮に、この形態のビジネスだけを継続していたら、競合他社の市場参入によって、競争環境が厳しくなり、収益力も低下し、廃業に追い込まれた可能性もある。

しかし、同社は、「入居者が埋まらず、余っている駐車場を貸すのは望まないが、駐車場スペース全体のオペレーションを任せたいユーザ」の駐車場に対し、オペレーションを行うようになった（**図11-4**）。同社のオペレーション事業では、オーナから運営を受託し、駐車場サービスを行う。対価としてオーナ

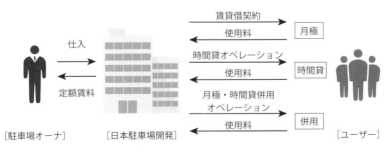

図 11-3　仲介事業

出所：著者作成。

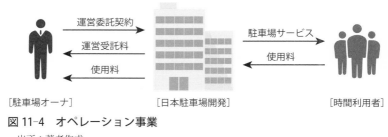

図 11-4　オペレーション事業

出所：著者作成。

から運営委託料を受領する。同事業は駐車場を有人で管理するため人件費が計上される。

　また、「オペレーションもいらない、コンサルタントだけをしてほしいというユーザ」には、経営アドバイスに徹するなど、駐車場周辺のさまざまな仕事を事業化に繋げることになった。同社がオーナとユーザの間に入ることで、「オーナ」に対しては空室に起因する遊休駐車場のリスク軽減と利益増、「ユーザ」に対しては、駐車場スペースの活用（月極法人契約など）というメリットを与える形となる。

　同社が駐車場を買取って、保有するのではなく、これは、サブリースやコンサルティング料金等の収入獲得を目的としたノンアセット事業である。従来の卸売業が担っていた機能、すなわち集散機能（多くの貸し手と多くの借り手を効率的に結びつける機能）、品揃え機能、在庫機能、金融機能、そして情報機能を、駐車場仲介で再現したことに、事業機会の発見もさることながら、同社の差別化、すなわちポジショニングの特徴がある。

（2）　ポジショニングと持続的競争上の優位性

　起業家の提供する商品やサービスには、「希少性」がなければならない（Christensen, et al., 2019）。既存企業と全く同じ商品やサービスであれば、価格競争力や顧客獲得コストの面で不利な立場に追いやられるからである（Christensen, et al., 2019）。しかし、未開の市場に挑戦している起業家においては、経済価値に比べれば、稀少性はある程度予測可能である。その理由は、今現在、存在し

ないものは、誰も創らなければ、将来も確実に存在しないからである。すなわち、事業機会の発見が、誰も発見していないことであれば、起業した時点で希少性は担保される。つまり、まず未開拓の魅力的なポジションをいかに見つけるかが、最重要な勘所となる。

　もっとも、そのようなポジションを発見できたとしても、いつまでも安泰というわけにはいかない。そのポジションが魅力的であればあるほど、多くの競合他社を呼び込むことになるからである。起業家は、有効性の確認されていない市場を開拓した後、市場での優位な立場を守り続けなければ、自ら開拓した市場で苦戦を強いられることになる。

　そのため、ポジショニング確保の基本競争戦略である Porter（1985）による「コスト・リーダーシップ戦略」、「差別化戦略」、「集中化戦略」を、より洗練させなければならない。より合理的にポジショニングを策定し実行するためには、ブルー・オーシャン戦略（Kim and Mauborgne, 2005）のアプローチが有効である。

　Porter（1985）では、差別化戦略か低コスト戦略か、二者択一（Stuck in the Middle）の必要性を説く。ブルー・オーシャン戦略では、二者択一のための具体策を提示している。それは、「（既存商品・サービスに備わっている要素を）増加」、「（別商品・サービスに備わっている新しい要素を）付加」による"差別化（上質）"と、「（既存商品・サービスに備わっている要素を）削減」、「（既存商品・サービスに備わっている要素を）削除」による"低コスト化（手軽さ）"、以上2つの具体的戦略形成である（Kim and Mauborgne, 2005）。

　これにより、レッド・オーシャン（競争の激しい既存市場）に変わるブルー・オーシャン（未開発市場）をユーザに提供可能となり、新たなポジショニングが確保できる。また、「知的財産権の確保」戦略も、このポジショニング確保に寄与すると考えられる。競合他社との差別化として、特許等の知的財産権を確保し、競合他社にその技術を使用させない戦略である。長谷川（2018）に従えば、大企業に比べ、経営資源に劣る、スタートアップ企業が大企業に伍して、競争するためには知的財産権を確立することが競争の源泉の1つになるとしている[3]。

　さて、基本競争戦略を踏まえて、魅力的な外部ポジションで、市場参入はで

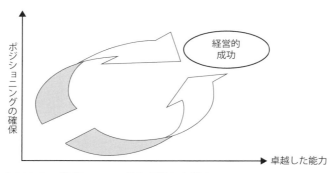

図 11-5　ポジショニングと卓越した能力
出所：藤本隆宏「やさしい経済学―経営入門」日本経済新聞 2002 年 1 月
　　　25 日を基に作成。

きたものの、もし内部における持続的競争上の動態的能力がなければ、勝つこ
とはできない（Kogut and Zander, 1992）。また、市場参入後、そこにとどまるこ
とも難しい。つまり、魅力的なポジションを見つけただけではなく、加えて、
他社にはない能力を有すことが、持続的競争優位を維持する理由になる。

　以上、再確認しておく。事業機会の発見がポジショニングの確保に直結して
いることが最も良いが、そうでない場合でも、Porter（1985）の競争戦略に基
づくブルーオーシャン戦略（Kim and Mauborgne, 2005）を講ずることで、ポジ
ション確保が可能となる。しかし、魅力的な外部のポジション確保のみでは、
成功は長続きしない（Collis and Montgomery, 1997）。それに加え、藤本（2002）
で言及されているように、企業内部の動態的能力の有無が競争優位を持続する
には、重要であり、この両者を踏まえた能力が、本章のテーマである持続的競
争上の優位性と言える（図 11-5）。

4　持続的競争上の優位性の創り方

（1）　価値と模倣困難性

　持続的競争上の優位性とは、技術力であったり、営業部門だったり、優秀な

人材だったりと、企業によりさまざまな経営資源である。模倣困難な経営資源の例としては、技術だけでなくノウハウが含まれると考えると分かり良いであろう（Zoll and Winter, 2002）。

　それはすなわち、競争上の優位性を獲得・維持するための「価値のある能力」であり、また同時に「模倣困難なもの」である必要がある（Carlsson, 2001）。Barney（1996；2002）の「O：組織」は調整項目であるため、実質３つの"VRI 枠組み"で考える。まず、VRI のうち、「V：経済価値」と「R：希少性」に関して、希少性は経済的に有効なため、"価値"として一緒にまとめることができよう。すなわち「価値」（経済価値と希少価値）となる。いま１つが「模倣困難性」、この２つの軸から検討することができる（図 11-6）。

　模倣困難性とは、他の企業から観た際に、やりたくてもできない企業活動を指している（Zollo and Winter, 2002）。もっとも、いくら模倣が困難であっても、市場で役立たない能力であれば意味がない。また、簡単に真似をされてしまう能力であれば、価値があっても持続的競争優位を維持することはできない（図11-6）。

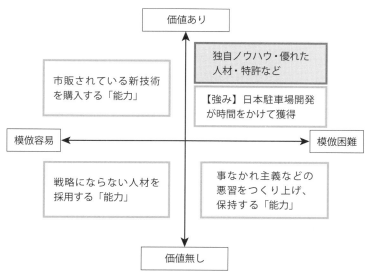

図 11-6　能力の種類

出所：筆者作成。

　例えば、第2象限（価値あり、模倣容易）は、市販されている最新のソフトウェアを積極的に導入するような能力であるが、これらは市場で成功例が出ると、今まで導入に二の足を踏んでいた企業もすぐに導入に踏み切ってしまうようなもので、簡単に模倣されてしまう（**図 11-6**）。

　第3象限（価値無し、模倣容易）や第4象限（価値無し、模倣困難）は、マイナスの「能力」で、発揮すればするほど企業に悪影響を与えてしまうものである（**図 11-6**）。

　第1象限に分類されるような能力とは、日本駐車場開発の事例では、卸売業機能を保持しながら、商品の目利き能力、ユーザに対する信用判断能力、そしてオーナとユーザとの信頼関係としてのネットワーク、「GIS データベース」[4]の構築、といった独自の能力を指す。

　同社は、単なる仲介ではなく、オペレーション、および新しいサービスの提案、各種コンサルティングなどを引き受けることで、同業他社に対して差別化を図るとともに、今のビジネスに必要な能力を蓄積している。単なる仲介であれば、リスクは借り手と貸し手に残る。そこで、貸し手と借り手の障害を取り払うことで、駐車場仲介事業を活発化させ、自らの能力も磨いていった。

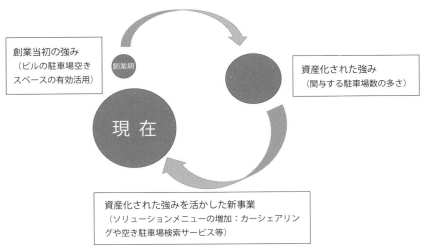

図 11-7　当初の強み→資産化→新たな強みの好循環

出所：筆者作成。

　具体的に、事業の核（Core Competence）を軸にした多角化により、同社が関わる駐車場の数が増え、今度は関わっている駐車場の「数」が武器になっている。数がまとまらないと、事業展開が難しい「遊休駐車場検索サービス」や「カーシェアリング事業」が同社の事業に、新たに加わったことで、それが参入障壁となっている。さらに最近は、スキー場やテーマパークの駐車場オペレーションを行う過程で、「スキー場経営」や「テーマパーク経営」までも行い（多くの客が来ると駐車場の売上も増える）、その延長線上でスキー場などでは、人工降雪機まで所有するに至っている。

　このように、同社は単独事業からスタートし、徐々に柱となる事業を増やしたり、新しい事業に転換したりすることによって存続している（**図 11-7**）。同社は、競争やビジネスモデルの変化が激しい業界で、獲得した強みやユニークなポジションを維持して、成長を続けている企業と言える。

　図 11-6 では、Barney（1996；2002）の枠組みを援用し、価値（経済価値・希少性価値）と模倣困難性（時間の経済性と経路依存性）を 2 つの軸にし、持続的競争上の優位性を図式化した。次に、後者の模倣困難性、すなわち、模倣のしにくさを、コストの面から捉える。なお、Barney（1996；2002）の明言している「コスト」とは、費用のことだけを指すものではない。時間、手間暇、その他、同じ経営資源を獲得・模倣・開発と引き換えに、失うものすべてを含む。

　Barney（1996；2002）では、競合他社が、真似がしにくい自社のビジネスの強みを、模倣困難性の高い経営資源と称す。この模倣のコストを押し上げる要因が質量ともに高ければ、それは、模倣困難なものになるという筋立てである。具体的には、「同じ経営資源を競合他社が得るためにどのくらい多くのコストがかかるのか」ということである。

　前述した通り、Barney（1996；2002）では、（1）社会的条件（時間の経済、経路依存性）、（2）因果不明性、（3）社会的複雑性、以上 3 要因が、模倣困難性に影響するとした。ここでは、模倣困難性の幹となる（1）を中心に検討することで、日本駐車場開発における経営資源の強みの要因を検討する。

　まず、「時間の経済」である。これは、競合他社からすれば「時間圧縮の不経済」のことを指す。Dierickx and Cool（1989）が提唱した時間圧縮の不経済とは、"企業が成長を短時間に詰め込むことは、それを長期間に行うことより

も非効率である”ことを示唆している。これを実証した研究として Vermeulen and Barkema（2002）があり、これは、企業の急速な展開は成果に負の影響を与えることを報告し、Dierickx and Cool（1989）のエビデンスとなっている。

　例えば、日本駐車場開発は、“遊休駐車場”をユーザと結びつけることで、それを事業機会と捉え、競争上のポジションを獲得した。競合の多い“時間貸”専門のコインパーキング事業のビジネスモデル（パーク 24、トラストパーク等）と異なり、同社は、競合の少ない（差別化された）附置義務駐車場に着目しただけでなく、“時間貸”、“月極”、“併用”を駆使し、時間帯によって相互に入れ替える等、緻密なオペレーションを身に付けている。

　この市場に、後発で競合他社が参入してくることを検討してみよう。日本駐車場開発が、「ポジショニング」に成功した後に、なぜ、後発の競合他社は、上記の競争上の「強み」を模倣することが難しいのであろうか。Barney（1996；2002）に従えば、因果困難性や社会的複雑性もあるが、この文脈では獲得・模倣・開発するのに、物理的な「時間」を要するからと考える。時間は金銭で買えないし、「不可逆」の性質を持つ。また後発の競合他社からすれば「時間圧縮の不経済」（Dierickx and Cool, 1989；Vermeulen and Barkema, 2002）の性質も包含している。そのため模倣が難しいと言えよう。

（2）　模倣困難性と「時間圧縮の不経済」

①　現場の知識と情報粘着性、時間圧縮の不経済

　ポジションを獲得した後、日本駐車場開発は、ユーザに対する信用判断能力（目利き能力）、そして業界でのネットワーク化による信頼能力に基づく卸売業機能を保持しながら、GIS データベースを構築している。

　この GIS データベース構築の模倣困難な点は、GIS データベース構築に「先立つ」、附置義務駐車場オーナとユーザの開拓にある。貸し手である附置義務駐車場オーナと借り手であるユーザの間に立って、ネットワーク化した経験の蓄積にある。当然、その経験を通しての失敗と学習が、精緻な GIS データベース構築を導出している。つまり、同社がこれまでのプロセスで獲得した“局所的な粘着情報”（von Hippel, 2001；2006）に基づく「現場の知識」（Hayek, 1945）、

　すなわち、GIS データベース構築の基盤となっている "需給市場に関する粘着情報" の蓄積が現場の知識（Hayek, 1945）を下支えしているということである。ここで言う現場の知識とは、「現場の行為主体が保存する知識」（Hayek, 1945）、すなわち実践知のことであり、局所的な粘着情報とは、「現場から得られる内容の濃い情報」のことである。ユーザのニーズ情報などは、ユーザの属性情報と異なり、企業がいくら市場調査しても、くみ取れないものがある。情報が複雑で、量が多く、暗黙知（Polanyi, 1964）であればあるほど、粘着性が高く獲得が難しいため、この局所的な情報は「粘着情報」と呼ばれる（von Hippel, 2001；2006）。別言すれば、情報粘着性とは、「局所情報をその場から移転するのに、いかほどコストがかかるのか」ということであり、その移転コストが高いほど、粘着性が高いと考えられる。

　月極法人物件（稼働率 90％超）が [5]、同社の営業利益の基盤となっている現在、現場の知識を所持していることは、後発企業に大きな模倣困難な壁となる。特定の局所的粘着情報、すなわち附置義務の駐車場情報やそれを借りたいユーザ情報は、共有されないし、外部に出回らない。市場取引が成立していないのである。そもそも、附置義務の駐車場を賃貸テナント・住居と「切り離した駐車場だけの貸借」という発想がなかったため、その情報が一般流通していないのは当たり前である。同社が手掛けるまで、この局所的情報収集に着手しようとする企業は、存在しなかった。

　1991 年、『駐車場法』の改正により、都心部に駐車場が過剰に整備されることで、そこに事業機会を求めたのが同社である。法改正による事業機会を得て、1991 年最初にこの事業に着手した同社は、これらの情報収集から始める必要があった。とりわけ、相対的に入手しにくい局所的なユーザの粘着情報の収集は、どぶ板営業で、営業担当者が担当エリアにある駐車場を、一軒一軒営業していく手法を展開した（財界展望新社編集部, 2003）。オーナやユーザに関する粘着情報をここで、足を使って、着実に積み上げ、GIS データベース構築に至った。そこでは当然、優良物件の先取りを進めた。ここにおいて、同社の営業には以下のようなメリットがあったと考えられる。

　第 1 に、場合によっては、即商談設定できるという点である。営業で訪問した先ですぐ商談になれば、双方の側の温度感も高く、成約にも繋がりやすい。

　第2に、オーナとユーザ双方の生の情報に触れられることにある。例えば、(1) 特定の地域における駐車場供給量・需要量がどれだけあるのか、(2) そのうち同社が借り上げられるような遊休駐車場と貸出先候補がどれぐらいあるのか、といった情報など、生の情報に触れられるという点がメリットと言える。加えて、その際、ユーザから、駐車場が必要な理由など、使用方法という"コア情報"を聞き出せるケースでもある。

　そもそも、このような粘着情報（von Hippel, 2001；2006）を、企業が先立って蓄積・所持していなければ、オーナとユーザを開拓することは不可能である。同社が、長い年月をかけて生み出した信頼関係を、競合他社が、手に入れるないし構築するには、多くのコストがかかる。また環境も変化し、駐車場の過剰供給（1991年）から適正化へと政府の方針もシフトしてしまった現在では、需給バランスが異なっている。

　環境変化の中、何十年もかけて構築されたGISデータベースを、競合他社がすぐに構築することはできない。いずれも模倣するために「時間」という要素を飛び越えなければ、行動に移せず、全く同じものを手に入れるためには、莫大なコストが必要になる。

　最後に、粘着情報という「情報」の種類（局所情報で暗黙知を内包するもの）が、模倣困難性を導いていることは理解できたが、それを競争戦略に落とし込むには、模倣困難性を高める要因として、情報の種類以外に、"質量"について考えなければならないであろう。すなわち、情報の受け手の質（能力）、いまひとつは情報量に関してである。

　第1に、質であるが、これは、情報の受け手の知識が低ければ、高度で複雑な情報を困難と感じるということである。裏を返せば、当初はその能力が低くとも、経験と知識の蓄積で学習し、そのプロセスで能力を修正・向上することもできる。

　第2に、移転すべき情報量である。当然、量が多ければ、その移転にはコストがかかる。

　以上、情報の種類だけでなく、2要因を踏まえ、情報の粘着性を、ビジネスに活かせるのであれば、大きなアドバンテージ、すなわち高い模倣困難性を構築できると考えられる。

②　経路依存性

　全く同じもの（情報）を手に入れるためには、莫大なコストが必要になるのは、「先手番の利」（先発者優位）だけでなく、過去の時間における「経路依存性」にも関係してくる。

　経路依存性とは、その企業が辿った過去の時間における出来事の"順序"が、競争優位を形成しているという考え方である。同社の GIS データベースという情報的経営資源は、「ユーザ情報」という経営資源と「オーナ所有の遊休駐車場の情報」という経営資源を持ってなければ生まれない。つまり、GIS データベース（情報的経営資源）を構築するためには、その前にユーザ情報と遊休駐車場情報を手に入れなければならないという「順序」が重要ということである。

　同社の事業の発展には、『駐車場法』の改正が大きく関係してくる。大都市における附置義務駐車場等に関する『駐車場法』が 1991 年改正された。この年に同社は設立され、初年度から仲介事業に邁進した。なお、同社が、2008 年頃までに注力した附置義務駐車場の開拓が、2000 年代に入ってから、そして、現在までの同社の好結果を導いている点は強調しておきたい。

　1991 年、自動車保有率と自動車交通量の増大に起因する路上駐車の問題解決のため、『駐車場法』が改正され、「駐車施設の附置義務制度」が、より強化された（駐車場整備地区の対象区域の拡大と附置義務対象建築物の規模下限の引下げで、広く附置義務の適応範囲を拡大）。その後、『駐車場法』改正は、2016 年まで続くが、過去 20 年間で、国内駐車場台数は約 2.6 倍増の一方、自動車保有台数 1.3 倍にとどまっている（国土交通省都市局街路交通施設課，2021）。特に、23 区では、過去 10 年間で、駐車場台数 1.2 倍増の一方、自動車保有台数 0.89 倍と減少し、現在は、都心部駐車場余りが深刻化し、駐車場の増大から最適化に政策の舵が切られている（国土交通省都市局街路交通施設課，2021）。

　当時の背景を辿ってみよう。実質 GDP がマイナス成長になり、国内不況が深刻化したのが 2001 年以降である。**図 11-8** で分かるように、2001 年の時点では、まだ自動車保有台数と駐車場総台数の乖離は続いていた。両者が重なり合うのが 2008 年である。

　経済低迷で 23 区内ビル空室率（テナント・住居）が 8.1 ％（平均 4.6 ％）と約

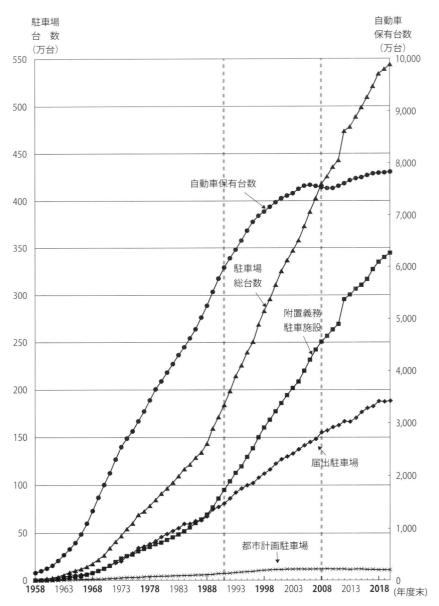

図 11-8　駐車場整備台数の推移

出所：国土交通省都市局街路交通施設課（2021）。

2 倍弱になった（森ビル株式会社，2012）。空室率の増加は附置義務駐車場の空きを意味し、オーナ収入は激減する。オーナにとって苦しい時期に、『駐車場法』改正を睨み、同社は、"遊休駐車場の活用問題"を抱えるオーナに着目し、活用法を示すことで収益改善を図り、信頼を勝ち取っていった [6]。だからこそ、その後に駐車場関連業務に繋げることができた。駐車場仲介から派生して、駐車場のオペレーション運営、コンサルティング、駐車場の買取、と業務が広がっていった。その意味で、同社は、競合が少ないものの、「稼働率などの資産活用に問題点」を有する仲介事業自体を資産化し、今度は、その資産を関連業へ拡張していった。現在の主要 3 事業（駐車場、スキー場事業、テーマパーク事業）はすべて、遊休地問題の経済的解決というその属性を有す事業と言えよう。

　このように、時間という過去において、順を追って手に入れた経営資源は、革新的な技術革新と M&A 等を別とすれば、完全に模倣することはほぼ不可能と言える。時間が持つ不可逆性という特質があるからである。時間は常に流れており、過去への逆流は不可能である。

5　結論

　通常、起業家が発見した事業機会が有効と判明した後は、その市場に競合他社が多数現れるため、競争戦略の形成が求められる。新しい事業機会の有効性の証明が起業家にとっての第 1 の試練とすれば、競合他社を念頭に置いた競争戦略の形成は第 2 の試練であり、ここでつまずく起業家も少なくないため、ここで適格な競争戦略に沿った実行が必要になる。

　本章の目的は、事業機会の発見後も、業績を堅実に伸ばしている日本駐車場開発の成功要因を、ケースを踏まえて考察することにあった。

　この視点に立脚すれば、事業機会発見時のポジショニングの確保に加え、その後の経営資源が創り出す能力の形成プロセスこそが、企業の競争上の優位性において不可欠な側面と言える。そこで、本章では、ポジショニングに加え、個々の企業が有する経営資源にも注目し、その経営資源が競争上の優位性を生み出し、競争力の向上に寄与するという「資源ベース戦略理論」（RBV：Resource Based View）を「ポジショニング理論」に重ね、その蓄積と展開のプロセスを通じた能力の向上に関して検討してきた。その議論の出発点は、当然、新結合概念（Schumpeter, 1942）を意識した「経営資源の有効活用は、他の経営資源との組合わせ」という基本解にある（Penrose, 2009）。そのパースペクティブを踏まえた上で、革新的な未利用の生産的サービス（遊休駐車場のマッチングサービス）による成長の内的要因としての創造的学習プロセスの意義が要点であった。

　これを踏まえると、同社は新市場創造者として、附置義務駐車場の仲介で起業（事業機会の発見）し、独自のポジションを獲得したと言える。すなわち、駐車場をオーナから一括で賃借し、さまざまな契約形態（時間貸、月極、併用）で賃貸するというものである。この仲介を資産化して、その資産を基盤に、時間をかけて、新たな市場を創造し、既存の非効率な経営資源の流通を促し、市場が持つ資源配分機能を促進した。もちろん、理論的には、新しく始める事業機会が有望であることもさることながら、それ以上に新しい事業機会に求められる企業内部の経営資源が競争優位を有しているか否かも重要となる。それと共に、創造的学習プロセスにおいて、それらを資産化し、そこから時間をかけ、再び新たな競争上の優位性を構築していった点が肝要である。

　優位性が「持続的」となる際に不可避なのは、模倣困難によってであり、ポジショニングだけではない。これは既存の先行研究においては「経営資源」と考えられてきた。この考え方は、本章で見てきたように、実務レベルでは狭義過ぎるかもしれない。すなわち今後は、経営資源に、主体的な「企業の活動システム」を合わせて競争戦略の仕組みをつくるべきであると考えられよう。そしてそれは、そうした経営資源と事業機会との適合、常に変化し続ける外部の経営資源の取込みとその内部経営資源化、それらを導いていく能動的な起業家の能力の重要性を主張していることに他ならない。

　起業家は最初の事業機会に固執する傾向にあるが、環境変化の激しい現在は、その事業機会だけで戦える時間は短い。逆に言えば、その事業にとどまるリスクも考慮する必要がある。実際、既存事業に固執するが故の倒産も多い。その意味で、創業当初の事業機会の有効性の証明、その事業における競争戦略の確立に次いで、起業家は、事業戦略から全社戦略へと早急に展開する必要が

あるであろう。

●注 ────────

1）2022 年 7 月期実績：2022 年 7 月期通期実績は、売上高 26,271 百万円（前年同期
10.4％増）、営業利益 4,582 百万円（同 40.4％増）、営業利益率 17.4％（同 3.7％ポイン
ト上昇）となった。増収増益となった（日本駐車場開発株式会社，2022）。

2）1991 年、車保有率と車交通量の増大に起因する路上駐車の問題解決のため、『駐車場
法』が改正され、「駐車施設の附置義務制度」が、より強化された（駐車場整備地区の
対象区域の拡大と附置義務対象建築物の規模下限の引下げで、広く附置義務の適応範囲
を拡大）。1991 年以降、94 年、2004 年、05 年、06 年、12 年、16 年と『駐車場法』の改
正が続き、2023 年現在は、地域によって需給バランスが崩れており、『駐車場法』は配
置最正化に移行している（国土交通省都市局街路交通施設課，2021）。現在の問題は量
というよりも、（コロナ禍以降の宅配需要の増加に伴う）荷捌き・荷下ろし駐車、観光
バス駐車、バリアフリー駐車場、以上 3 点の質の問題に移行し始めていると言えよう。

3）特許で模倣から法的に守られるが、長谷川（2018）で言及されているように、特許は、
良いことばかりではない。特許取得のためには重要情報が審査され、開示の必要がある。
競合他社が開示情報からヒントを得るかもしれないし、他技術で同じことを実現する
「代替による模倣」に対し、無力となる。本来、特許申請しなければ、その技術の存在
すら、競合他社は知らないままであったかもしれない。そのため、特許は、競合他社に
情報を与えるというデメリットも斟酌する必要がある。

4）自社の 3 つのデータ（すなわちオーナ情報、ユーザ情報、地域価格相場情報等）と
GIS を結びつけたデータベースで、競争戦略の構築・実行の基盤となっている。

5）稼働率 90％超は、森ビル株式会社（2022）に依拠する。附置義務の駐車場情報は、
一般的な土地・マンションなどの情報流通（マイソクや不動産運営サイト）と異なり、
広く情報が流布してないのである。故に、需給ともに情報が限定的と言える。その理由
は、土地・マンションがメインの不動産業界に、附置義務駐車場の賃貸情報が提供され
ない、ないし提供されても仲介手数料が、安価過ぎるからである。

6）不動産業は固定費率（コストの減価償却などが大きいため）が高い。それゆえ、オー
ナの収入減少が、そのまま利益率悪化となる。テナント開拓の営業活動だけで対応する
のが一般的だが、利益率大幅悪化の下で、テナント営業と切り離して附置義務駐車場の
有効活用（利益率向上策）を、日本駐車場開発が提示できたのは大きい。2021 年末の空
室率は 5.6％と、コロナ禍前の需給が逼迫している環境下においては、エリアによる空
室率の差異は大きく見られないが、空室率が上昇していく局面においては、都心の附置
義務駐車場の空室率は上昇傾向になる（国土交通省都市局街路交通施設課，2021）。特
に主要ビジネスエリア以外のエリアではその傾向が顕著となっている（森ビル株式会社，
2022）。

【参考文献】

Barney, J. B. (1996) *Gaining and Sustaining Competitive Advantage*, Prentice Hall. (岡田正大訳『企業戦略論』, ダイヤモンド社, 1996 年)

—— (2002) *Gaining and Sustaining Competitive Advantage, 2nd ed.*, Prentice Hall. (岡田正大訳『企業戦略論』, ダイヤモンド社, 2003 年)

Carlsson, S. (2001) *Knowledge Management in Network Contexts*, The 9th European Conference on Information System, pp. 616–627.

Christensen, C. M., K. Dillon, T. Hall, and D. S. Duncan (2016) *Competing Against Luck: The Story of Innovation and Customer Choice,* Harper Business.

——, E. Ojomo, K. Dillon (2019) *The Prosperity Paradox: How Innovation Can Lift Nations Out of Poverty,* Harper Business.

Collis, D. J. and C. A. Montgomery (1997) *Corporate Strategy: A Resource Based Approach*, The Mc-Graw-Hill. (根来龍之・蛭田啓・久保亮一訳『資源ベースの経営戦略論』, 東洋経済新報社, 2004 年)

D'aveni, R. A. (1994) *Hypercompetition*, Free Press.

Dierickx, I. and Cool, K. (1989) "Asset Stock Accumulation and Sustainability of Competitive Advantage," *Management Science*, Vol. 35, No. 12, pp. 1504–1511.

Eisenhardt, K. M. and Martin, J. A. (2000) "Dynamic capabilities: What are they?," *Strategic Management Journal*, Vol. 21, No. 10–11, pp. 1105–1121.

—— and Sull, D. (2001) "Strategy as Simple Rules," *Harvard Business Review*, Vol. 79, No. 1, pp. 107–116.

Hayek, F. A. (1945) "The Use of Knowledge in Society," *The American Economic Review*, Vol. 35, No. 4, pp. 519–530.

Henderson, R. and Clark, K. B. (1990) "Architectural Innovation: The Reconfiguration of Existing Product Technologies and the Failure of Established Firms," *Administrative Science Quarterly*, Vol. 35, No. 1, pp. 9–30.

—— and Cockburn, I. (1994) "Measuring Competence? Exploring Firm Effects in Pharmaceutical Research," *Strategic Management Journal*, Vol. 15, pp. 63–84.

Kim, W. C. and Mauborgne, R. (2005) *Blue Ocean Strategy: How to Create Uncontested Market Space and Make the Competition Irrelevant*, Harvard Business Press.

Kogut, B. and Zander, U. (1992) "Knowledge of the firm, Combinative Capabilities and the Replication of Technology," *Organization Science*, Vol. 3, No. 3, pp. 383–397.

Penrose, E. T. (2009) *The Theory of The Growth of The Firm, Fourth ed.*, Oxford University Press. (原著第 2 版, 末松玄六訳『会社成長の理論 (第 2 版)』, ダイヤモンド社, 1980 年；原著第 3 版, 日高千景訳『企業成長の理論 (第 3 版)』, ダイヤモンド社, 2010 年)

Polanyi, M. (1964) *Personal Knowledge: Towards a Post-Critical Philosophy*, Harper Torchbooks.

Porter, M. E. (1985) *Competitive Advantage: Creating and Sustaining Superior Performance*, Free Press. (土岐坤訳「競争優位の戦略：いかに高業績を持続させるか」, ダイヤモンド社,

1985 年)

Saloner, G., Podolny, J., and Shepard, A. (2001) *Strategic Management*, Wiley.

Schumpeter, J. A. (1942) *Capitalism, Socialism and Democracy*, Harper & Brothers.（大野一訳『資本主義・社会主義・民主主義』，日経 BP クラシックス，2016 年)

Teece, D. J., Pisano, G., and Shuen, A. (1997) "Dynamic Capabilities and Strategic Management," *Strategic Management Journal*, Vol. 18, No. 7, pp. 509-533.

Vermeulen, F. and Barkema, H. (2002) "Pace, Rhythm, and Scope: Process Dependence in Building a Profitable Multinational Corporation," *Strategic Management Journal*, Vol. 23, No. 7, pp. 637-653.

von Hippel, E. A. (2001) "Perspective: User Toolkits for Innovation," *The Journal of Product Innovation Management*, Vol. 18, No. 4, pp. 247-257.

―― (2006) *Democratizing Innovation*, The MIT Press.

Zollo, M. and Winter, S. G. (2002) "Deliberate Learning and the Evolution of Dynamic Capabilities," *Organization Science*, Vol. 13, No. 3, pp. 339-351.

足代訓史（2017）「誕生・成長初期のアントレプレナーシップ」，山田幸三・江藤由裕編『1 からのアントレプレナーシップ』，碩学舎。

大驛潤（2018）『流通・市場・情報：システムと戦略』，創成社。

経済産業省中小企業庁（2006）『中小企業白書　2006 年版』，経済産業省中小企業庁。

国土交通省都市局街路交通施設課（2021）『これまでの駐車場施策と今後のあり方について』，国土交通省。

財界展望新社編集部（2003）「都心のオフィスビルの空き駐車場のサブリース市場をつくりだした日本駐車場開発」，『財界』9 月 9 日号，財界展望新社。

社団法人立体駐車場工業会（2021）「自動車駐車場年報 令和 3 年度版」。

新藤晴臣（2015）「経営戦略との関係」，『アントレプレナーの戦略論：事業コンセプトの創造と展開』，中央経済社。

須賀等（2010）「会社の成長に合わせて進化する：成長の管理」，木谷哲夫編『ケースで学ぶ実践・起業塾』，有斐閣。

高橋徳行（2005）「競争戦略・成長戦略」，高橋徳行著『起業学の基礎：アントレプレナーシップとは何か』，勁草書房。

―― (2021)「夢をかなえるための『アントレプレナーシップ』入門：18 回強さを守って育てる」，けいそうビブリオフィル　https://keisobiblio.com/2020/07/06/takahashinoriyuki05/

―― (2022)「強みをつくって守って伸ばせ」，忽那憲治・長谷川博和・高橋徳行・五十嵐伸吾・山田仁一郎著『アントレプレナーシップ入門』，有斐閣。

高橋諒（2013）「駐車場管理・運営市場におけるニッチャーのビジネスモデル分析」，沼上幹・一橋 MBA 戦略ワークショップ著『戦略分析ケースブック Vol. 3』，東洋経済新報社。

駐車場整備推進機構編（2007）「駐車場ガイドブック 本編」，駐車場整備推進機構。

日本政策金融公庫総合研究所（2021）『新開業パネル調査：アンケート調査の概要』，日本駐車場開発株式会社。

日本駐車場開発株式会社（2021）『2021 年 7 月期決算説明会資料』，日本駐車場開発株式会社。

――（2022）『有価証券報告書』，日本駐車場開発株式会社。

長谷川博和（2010）「スタートアップ段階」，長谷川博和『ベンチャーマネジメント［事業創造］入門』，日本経済新聞社。

――（2018）「ライバルとどのように差別化するか」，長谷川博和『ベンチャー経営論』，東洋経済新報社。

富士経済グループ（2009）『パーキング関連市場の全貌と将来展望：2009 年版』，富士経済。

――（2019）『自動車関連インフラシステム／パーキング＆シェアサービスの市場予測2019』，富士経済。

藤本隆宏（2002）「やさしい経済学：経営入門」，日本経済新聞 2002 年 1 月 25 日。

森ビル株式会社（2012）『東京 23 区の大規模オフィスビル市場調査動向　2012 年度』，森ビル株式会社。

――（2022）『東京 23 区の大規模オフィスビル市場調査動向　2022 年度』，森ビル株式会社。

第12章
アントレプレナーシップの制度化

古田 駿輔

1 はじめに

スタートアップ企業にとって、存続・成長は創業するのと同じくらい重要なテーマである。なぜなら、スタートアップ企業が提供する製品・サービスは従来の製品・サービスとは異なり、新規性が高いからである。新規性が高いということは、従来のビジネス環境で活動している企業が提供していない製品・サービスがあることを指している。新規性が高ければ高いほど、企業の存続率が下がるということが明らかになっている（Samuelsson and Davidsson, 2009）。アントレプレナーが提供する製品・サービスの新規性が高ければ高いほど、不確実性が高くなるため、うまくいくかどうかは事前には図りにくい。また、従来のビジネス環境で提供していない製品・サービスは顧客が理解したり、イメージしたりすることが難しくなるため、目に留まることも多くはないことが想定される。つまり、起業したとしても自動的に存続するというわけではなく、起業という夢をかなえただけで市場から撤退する結果になるアントレプレナーと、起業して行動・成果に結びつけられるアントレプレナーは大きく違ってくるのである。したがって、本章では、アントレプレナーによる創業ではなく、事業継続による存続に焦点を当てる。

アントレプレナーにとって、存続することが重要であるにも関わらず、先行研究では必ずしもアントレプレナーの存続に十分焦点が当たっていたとは言えないのが現状であろう。理由としては、アントレプレナーをいかに創出するのかに焦点が当たっていたことが挙げられる。日本は失われた30年と評される

ように、日本経済が停滞している状況にある。日本経済の停滞を打ち破るに
は、イノベーションが求められている。アントレプレナーはイノベーションを
生み出す1つの要因である。そのため、先行研究では、アントレプレナーに対
して大きな研究関心が寄せられてきた。古典的な研究ではアントレプレナーに
は「特別な何か」があると想定して優秀さや学歴、心理など個人特性に注目し
た研究に加え、事業機会の発見や資金調達、アントレプレナーがアントレプレ
ナーシップを発見する環境要因等が探求されてきた。また、近年では、アント
レプレナーシップを促進することはイノベーションに繋がるという論調を踏ま
え、国の関与はますます大きくなってきている。例えば、大学教育において、
文部科学省の協力のもと、アントレプレナーシップ教育が行われている。アン
トレプレナーシップ教育では、アントレプレナーシップのフレームワークなど
のスキルを学生に座学で教育するだけではない。ビジネスコンテストといった
実践プログラムを構築し、アントレプレナーシップの醸成を図っている。この
ように、学術的な研究および経営実践ともに、アントレプレナーの創出に注力
してきたのである。

　だが、アントレプレナーシップを検討するうえでは、アントレプレナーの創
出に加え、アントレプレナーによる事業継続は重要な論点であろう。なぜな
ら、起業するアントレプレナーは少なくとも自らのビジネスに従来のビジネス
では実現できなかった何かがあると期待しているからである。期待しているか
らこそ、起業し、そのビジネス機会を追求しているのである。だが、起業して
事業化を成し遂げられたからといって、その企業が続くとは限らない。そもそ
も、スタートアップ企業が提供するビジネスは、新規性が高く従来のビジネス
とは異なるため、顧客などに受け入れられるかどうかは不透明である。実際の
ところ、アントレプレナーが興した企業の中で、競争に打ち勝ち、イノベー
ションや成長を実現できるのは一握りだけである。新しい企業は、イノベー
ションの創出に成功し、成長を遂げることで初めて経済に大きなインパクトを
与えることができる。逆に、多くの企業は、経済にほとんどインパクトを与え
ないまま、設立して間もなく市場から姿を消してしまう。見方を変えれば、経
済活性化のためには、新しい企業を興すだけでは不十分なのである。そのた
め、アントレプレナーは事業を制度化させる必要性に迫られるのである。事業

を制度化することで、アントレプレナーは事業を継続させることが可能となる。本章の結論を先取りすれば、アントレプレナーにとって重要なのは、事業がいかに社会から受け入れられるかであろう。社会から受け入れられることで、アントレプレナーは事業を存続させることができる。

　本章は、アントレプレナーシップについて、新制度派組織論の知見を応用しながら、アントレプレナーシップの制度化について検討していく。その前にまずアントレプレナーやアントレプレナーシップの定義について述べていく。

2　アントレプレナーとアントレプレナーシップ

　アントレプレナーとアントレプレナーシップについては、研究者によって定義が異なっており、実のところ統一的な見解がないというのが現状である。その中でも、多く研究者によって支持されているアントレプレナーシップの定義として Stevenson and Jarillo（1990）が挙げられる。Stevenson and Jarillo は、アントレプレナーシップを「個人が現在コントロールしている経営資源に捉われることなく、ビジネス機会を追求するプロセス」として定義している。アントレプレナーシップというと、日本語訳では「起業家精神」や「企業家精神」という訳語が当てられている。これらの訳語では、アントレプレナーシップはアントレプレナーの精神的な側面に着目した概念であり、どちらかと言えば松下幸之助やビル・ゲイツのような偉大なアントレプレナーの伝記や心構えとして捉えられることが多いであろう。だが、アントレプレナーシップを「企業家精神」もしくは「起業家精神」として訳すことは誤訳である（新藤，2015, p. 2）。むしろ、アントレプレナーシップとはアントレプレナーの精神面を含んだ、アントレプレナーの活動面に着目した概念である。

　アントレプレナーシップというと、まずアントレプレナーが会社を興すというイメージもあるだろう。だが、アントレプレナーシップを考える上では、会社を興すだけでは不十分である。なぜなら、会社を興すだけではビジネス機会の追求やそれによるイノベーションの創出には繋がらないからである。会社を興すだけならば、登記申請書をはじめとした書類や資本金 1 円を準備するだけで事足りることであるし、わざわざアントレプレナーシップとして概念を作る

必要もない。アントレプレナーシップでは、会社を興すだけではなく、アント
レプレナーがビジネス機会を追求することが求められるのである。成功するか
否かに関わらず、ビジネス機会を追求することで、初めて社会にイノベーショ
ンを創出することができる。この点を踏まえると、アントレプレナーシップと
は、アントレプレナーの精神面だけではなく、活動面に着目した概念として捉
えられる。

　そして、アントレプレナーシップの内容も重要である。アントレプレナー
シップでは、ビジネス機会の中でも、特に新規性の高いビジネス環境を追求す
ることが求められている。その理由は、既存のビジネス機会と新しいビジネス
機会の違いに起因している（Eckhardt and Shane, 2003）。既存のビジネス環境で
は、意思決定者が達成しようとする目的と手段が明確であり、最適化を目的と
した意思決定が行われる。だが、新規性の高いビジネス環境では、新たな手段
―目的の枠組みを創造することであり、以前の方法を踏襲するという最適化を
目的としたやり方では意思決定が難しいのである。Eckhardt and Shane（2003）
はこのようなビジネス機会の違いに注目し、アントレプレナーが直面している
ビジネス機会は既存のビジネス機会とは異なり、新しい手段や目的、および手
段と目的の関係形成を通じて、新しい商品・サービス、原材料、市場、組織化
の方法などが導入され得る状況であると述べたうえで、「起業家的機会（Entre-
preneurial Opportunities)[1]」として概念を提示している。そのため、アントレプ
レナーおよびアントレプレナーシップでは、アントレプレナーがいかに起業家
的機会を追求していくのかが重要になるのである。以上により、本章ではアン
トレプレナーシップを「個人および組織が現在コントロールしている経営資源
に捉われることなく、起業家的機会を追求するプロセス」として定義する。

　アントレプレナーは起業家的機会を追求している個人や組織であるが、先行
研究では対象を広く捉えており、会社を興して事業を営むスタートアップ企業
だけではなく、既存企業内で新規事業を生み出そうとする個人やチームも含ま
れている。そのため、アントレプレナーには、「起業家」と「企業家」という
訳語が当てられている。起業家と企業家の違いについては混同される場合が多
いものの、違いを意識した定義がなされている。例えば、角田（2002）によれ
ば、「起業家」は会社を興す人物や組織を対象としている一方で、「企業家」は

会社を興す人に加え、既存企業内で立ち上げられる社内ベンチャーの経営者も含まれると述べている（p. 27）。そして、清水（2022）は、「起業家」を、会社を立ち上げる人物として定義しているのに対して、スタートアップ企業や大企業などの企業規模、産業に関わらず、イノベーションを企図・実行する人物として「企業家」を定義している（pp. 17-18）。また、新藤（2015）は、「起業家」と「企業家」双方の意味を含めたものが「アントレプレナー」であると述べている（p. 2）。上記の点を踏まえれば、「起業家」はただ会社を興す人物であり、「企業家」は起業家＋既存組織内で新事業を起こした人物として先行研究では整理されている。だが、先行研究の定義だと、会社を興すスタートアップ企業も企業家に含まれてしまうため、起業家はただ会社を興しただけでイノベーションを企図・実行していないことになる。通常、起業家と言えば、松下幸之助やビル・ゲイツ、マーク・ザッカーバーグをはじめとした会社を興してイノベーションを生み出した人物が連想されるだろう。この点からみれば、先行研究で述べられている起業家と企業家の定義を修正すべきである。本章におけるアントレプレナーシップは起業家的機会を追求する人物や組織であり、起業家と企業家はどちらとも起業家的機会を追求する人物として捉えられる。本章では、起業家はスタートアップ企業をはじめとした会社を興して起業家的機会を追求する人物や組織であり、企業家は既存の企業内で企業家的機会を追求する人物や組織である。なお、本章では、会社を興す人物を想定しているため、アントレプレナーを「起業家」として想定している（図 12-1）。

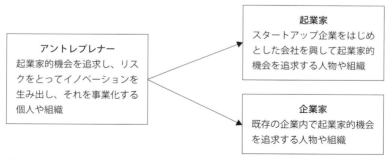

図 12-1　起業家と企業家
出所：筆者作成。

3　社会の受容とドメイン

　アントレプレナーシップと言えば、戦略（第6章）、マーケティング（第7章）、人材育成（第8章）や資金調達（第9章・第10章）等が重視されている。これは、アントレプレナーによる組織作りの側面であり、いわゆる組織のマネジメントが必要だからである。起業家機会を追求していると言っても、アントレプレナー一人では事業を遂行できない。そのため、マネジメントとして、いかに組織作りをするかが重視される。また、アントレプレナーによる組織作りだけではなく、事業戦略やビジネスモデルといった経営戦略（第6章、第11章）も重要になる。なぜなら、アントレプレナーは既存の大企業組織と比べると、経営資源や市場シェアでは圧倒的に劣っているからである。そのため、アントレプレナーはやみくもに既存市場に参入するのではなく、自らの強みを活かすような事業展開をしなければならない。また、ビジネスモデルを構築したうえで、持続的な競争優位性も確保しなければならない。このようにアントレプレナーシップというと、アントレプレナーによる組織作りや経営戦略の話に重点が置かれている場合が多い。

　だが、アントレプレナーシップの既存研究には1つの問題がある。それは、アントレプレナーが組織作りや適切な戦略を構築できれば、自らの製品・サービスが市場に受け入れられるという仮定を置いている点である。アントレプレナーは自ら製品・サービスに自信を持っているから起業するのだが、製品・サービスが優れていることと、それが市場に受け入れられることとは異なる次元として検討しなければならない。なぜならば、新規性の高い製品・サービスは顧客や競争相手にとっては未知のことだからである。新規性が高いということは、顧客や競争相手にとって不確実性が高いことを指している。従来のビジネス環境で製品・サービスを享受している顧客にとっては、アントレプレナーが提示する製品・サービスの優れている点や価値について不十分な理解をする可能性が高い。新規性の高い製品・サービスについて顧客がよくわからなければ購入されることはない。また、もし既存企業にとって、新規性が高い製品・サービスについて自らが提供している製品・サービスを脅かすのであれば、反

対勢力として活動することも想定されるだろう（例えば、Hensman, 2003）。この点を踏まえれば、アントレプレナーシップを考える上では、いかに新規性の高い製品・サービスが市場に受け入れられるかという点について検討しなければならないのである。

　社会における受容の重要性はすでにドメインの研究でも示されている。「ドメイン（domain）」とは、Thompson（1967）によって提示された「組織の生存領域」として捉えられる概念である（藤田，2001, p. 119）。どのような組織であったとしても、事業を行うために必要なすべての活動や、経営資源を自己充足できる組織は存在しない。そのため、ドメインをどのように確立するかは、組織にとって必要なことである。Thompson は保健機関を対象にしてドメインを説明しており、ドメインは「①対象とする病気、②サービスを受ける集団、③提供するサービス」に関して、組織体が明確に自分自身のものであると主張する縄張り」から成り立っている（Thompson, 1967；翻訳，2012, p. 36）。Thompson によれば、この3側面から成り立つドメインは組織ごとに異なっているために多様性があるという。飲料メーカーと自動車メーカーのように違う産業に属している組織には違いがあるだけではなく、同じ産業に属している組織でもドメインについては同じ組織は存在しない。

　また、ドメインは、組織がタスク環境（組織に直接的な影響を及ぼす環境：例えば、顧客や競争相手、供給業者など）を構成している利害関係者との間で、経営資源の交換を通した依存関係にあることを示している。例えば、顧客を想定すれば、組織は製品・サービスを顧客に提供し、顧客は組織にその対価として資金を提供するということが挙げられる。ドメインは組織が自由に設定できるものであるが、組織にとって意味があるドメイン設定というのはタスク環境を構成している利害関係者の合意と支持があって成立するとされている（大月，2018, p. 94）。そのため、組織はタスク環境を構成している利害関係者にとって意味がある、もしくは何か望ましいものを提供していると判断されなければならない。もし、利害関係者にとって組織のドメイン設定が望ましいものと判断されない場合は、組織の存続に必要な経営資源の交換が難しくなるのである。例えば、事業ドメインを拡大して海外展開する組織があるとすれば、海外展開したとしても、そこに製品・サービスを享受する顧客がいなければ、そこでの

ビジネス活動は何ら意味をなさないのである。

　このように、組織と外部環境のやり取りを通じて形成されるドメインを「ド
メイン・コンセンサス」と呼ぶ。組織と利害関係者の間で経営資源の交換が行
われるかどうかはドメイン・コンセンサスに依存している。ドメイン・コンセ
ンサスは、組織が何をし、何をしないかということについて、組織メンバーな
らびに彼らと相互作用関係にある人々（利害関係者）との双方の期待集合を規
定するものである（Thompson, 1967；翻訳, 2012, p. 40）。ドメイン・コンセンサ
スは図 12-2 のように表記される。組織側のドメイン定義に関する集合と、顧
客や供給業者といった外部環境（利害関係者）がそのドメインについて持って
いる認識という集合が重なり合う部分（斜線）が、ドメイン・コンセンサスと
いうことになる。このドメイン・コンセンサスが大きければ大きいほど、組織
が顧客に受け入れられていることを指し、逆に小さければ小さいほど、組織は
顧客に受け入れられていないか、もしくは知られていないということになろう。

　ドメインの視点からみれば、アントレプレナーが提供する製品・サービス
は、従来のビジネス環境で提供されている製品・サービスとのギャップが大き

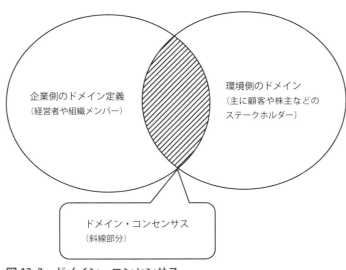

図 12-2　ドメイン・コンセンサス
出所：筆者作成。

く、まだ顧客から受け入れられていないことが考えられる。そのため、アント
レプレナーは、起業家的機会を追求して事業化するだけではなく、その事業化
を継続しなければならない。この会社を興した後に行われるアントレプレナー
の活動にこそ、制度的アントレプレナーシップの役割がある。

4　制度的アントレプレナーシップと正統性

　制度的アントレプレナーシップとは、特定の制度において利害関係を有し、
新しい制度を生成する、または既存の制度を変革するために資源を動員する行
為主体の活動の総体として定義されることが多く（Maguire, Hardy, and Lawrence,
2004）、アントレプレナーによる新しい制度の生成や既存の制度を変革する活
動を指している。制度的アントレプレナーシップの目的は、アントレプレナー
が既存の制度に影響を及ぼすことで新しい規範や行動様式を生み出すことであ
る。本章で焦点が当てられているアントレプレナーによる新規性の高い製品・
サービスの定着は、既存のビジネス環境において新しい規範を確立することで
あり、制度的アントレプレナーシップで捉えることが可能となる。
　制度的アントレプレナーシップの研究が始まった段階では、アントレプレ
ナーによる制度生成や制度変革のための機会認識や資源の保持が重視されてき
た。例えば、DiMaggio（1988）は、制度の生成や変革を説明するための概念と
して制度的起業家（Institutional Entrepreneur）[2]を提示し、新たな制度の創造ない
し既存の制度を変革するために、機会を認識し、十分な資源を持っている行為
者が重要であることを述べている。そのため、アントレプレナーによる機会認
識や資源の保持の重要性が先行研究により強調されてきた。だが、制度の生成
や既存の制度を変革するためには、アントレプレナーによる機会認識や資源の
保持だけでは不十分である。アントレプレナーが制度を生成したり、既存の制
度を変えていくためには、資源を活用しながら機会を追求していかなければな
らない。そのため、制度的アントレプレナーシップの研究では、アントレプレ
ナーの機会追及や資源活用に研究関心が寄せられている。したがって、制度的
アントレプレナーシップとは、アントレプレナーによる制度の生成や変革活動
に焦点を当てている概念である（古田，2021）。

　制度的アントレプレナーシップでは、制度に拘束されないような英雄としての個人や組織を想定してはいない。新制度派組織論では、環境決定論の視座を有しており、制度的同型化（DiMaggio and Powell, 1983）や正統性などの研究で強調してきた制度の影響を軽視したり、無視することはできない。本章で想定している起業家も同様に、既存のビジネス環境からの圧力を無視できない。なぜならば、起業家により生み出された製品やサービスは従来のビジネス環境と比べると新規性が高いからである。新規性が高いために、顧客からの支持を集めれば、従来のビジネス環境を覆す可能性がある。従来のビジネス環境で活動している既存企業は自らの地位を守るために、アントレプレナーが生み出す製品・サービスに対して抵抗する可能性がある（Hensman, 2003；土肥, 2022, pp. 42-43）。例えば、音楽産業におけるナップスターとアメリカレコード協会との関係においては、この既存企業によるアントレプレナーの反撃として挙げられるだろう。ナップスターはファイル共有ソフトを利用することで、音楽ファンがそれぞれの音源ファイルを共有し合えるシステムを構築していた。だが、ソニーミュージックをはじめとした大手音楽レーベルが加盟しているアメリカレコード協会（RIAA）は、ナップスターを、著作権侵害行為を行う海賊として見なしたうえで、著作権侵害訴訟を起こすなどして既存の音楽システムを死守しようとした。このように、制度的アントレプレナーシップの議論において重要なのは、制度からの影響を前提とすることである。制度からの影響を前提としたうえで、アントレプレナーが既存制度から逸脱している新規性の高い製品・サービスをいかに市場に定着させるかが重要となる。

　制度的アントレプレナーシップでは、正統性を検討しなければならない。新規性の高い製品・サービスは、従来のビジネス環境では不確実性が高くなっており、顧客からの支持を得ることが難しい。そのため、製品・サービスが生き残っていくためには、いかにしてステークホルダーから正統性を獲得するかが重要である（中西, 2022, p. 6）。なぜならば、製品・サービスが正統なものとして社会に認められなければならないからである。正統性とは、「社会的に構成された規範、価値、信念、定義のシステムにおいて、ある実体の行為が望ましく、適正あるいは適切であるという一般化された認知や仮定（Suchman, 1995）」として理解されることが多い。新制度派組織論では、組織の存続や成長を考え

る上では、技術的な要因よりも、制度化されている環境要因のほうが重要である（Meyer and Rowan, 1977）。具体的には、法律や規範、社会的な価値観などが制度化された環境要因として考えられており、一括りで制度として捉えられている。正統性はこの制度的な環境要因からもたらされていることが明らかになっている（髙木・鈴村，2019, p. 78）。例えば、法律を環境要因として捉えれば、組織は自らの製品・サービスが法律に照らし合わせたうえで、違法性があるかどうかをチェックしている。また、NPO 法人などは、企業に起因する不公平な構造や状況を批判するという社会的な義務を負っている。そして、企業は自らが合理的に活動していることを株主などのステークホルダーに認知させるために、官僚制組織を採用しているのである。このように、組織は正統性を獲得するために組織を取り巻く制度化された要因に自らを合致させることで、正統性を獲得していくのである。

　また、正統性を獲得することはステークホルダーから支持を得ることにも繋がる。新規性の高い製品・サービスは、これまでのビジネス環境に存在していなかった製品・サービスである。そのような新規性の高い製品・サービスが登場した段階では、新規性という点についての社会的評価は確立していない。そのため、アントレプレナーは新規事業を推進するにあたって、事業が経済的に成立するように事業化を試みるだけではなく、社会から認められるように努めなければならない。社会とは言わばステークホルダーを指しており、どのようにステークホルダーから認められるかが問題となる。正統性は受容、適切さ、および望ましさに関する社会的判断（Zimmerman and Zeitz, 2002）でもあるため、いかにステークホルダーが新規性の高い製品・サービスの正統性を判断するかが重要になる。例えば、新しい組織構造や業務実践というのは、そもそも組織にとって合理性があるから普及しているわけではない。むしろ、ビジネスマンや専門職、研究職による議論・対話を通じて正当化されている。そして、その正統化された結果として、ビジネス環境に普及するのである。組織に正統性があると判断されるためには、根拠が重要となる（尾田，2019）。Suchman（1995）は、正統性が判断される根拠を提示したうえで、次の 3 つの正統性が重要になると述べている。第 1 に、実利的正統性である。実利的正統性では、メリットがデメリットを上回ることが根拠となっている。メリットがデメリットを上

回っているからこそ、組織やステークホルダーにとって有益だから望ましいと判断される。第2は、倫理的正統性である。倫理的正統性では、制度との一致度が重視される。例えば、既存のカテゴリーに属していたり、一定の手続きに従っているからこそ、組織が望ましいとされる。第3は、認知的正統性である。認知的正統性では、ステークホルダーから疑義を生じさせられないことが重要である。組織に対して正統性があると自明視されているため、組織に正統性があると判断される。新規性の高い製品・サービスが市場に定着するためには正統性を獲得する必要があるが、その際はどのようにステークホルダーが正統性を捉えるのかについて考慮する必要があるだろう。ある物事が望ましいもしくは適切であると判断するためには、何らかの根拠が必要である。その根拠をもとに正統性があると判断するためのプロセスはいくつかのパターンが想定されるだろう。実利的正統性に評されるように、ステークホルダーにとっての損得勘定による判断をもとに製品・サービスの正統性を判断する場合もあれば、倫理的正統性のように、別のカテゴリーをベースに類推しながら正統性を判断する場合もあるだろう。このように、ステークホルダーが正統性を判断する根拠は一律で決まるわけではなく、ステークホルダーが置かれている状況によって異なってくるのである。

　だが、新規性の高い製品・サービスは、正統性が曖昧である場合が多い。なぜならば、新規性の高い製品・サービスを評価するための基準やカテゴリーが定まっていないからである。そのため、正統性の評価というのは社会全般にわたってしまう可能性があり、ステークホルダーがどのような評価をしているかどうかが判明しにくいという事情がある。また、ステークホルダーは正統性に関する評価基準をそれぞれ心の中に抱えていることが明らかになっている（Bitektine, 2011；Tost, 2011；Bitektine and Haack, 2015）ものの、それぞれのステークホルダーが抱えている正統性に関する評価基準を測定する方法を探ることはほとんど不可能に近いだろう。新規性の高い製品・サービスを存続させるためにすべてのステークホルダーから正統性を認知してもらう必要性はないものの、製品・サービスがステークホルダーにとって正統性を認知しやすい状況でなければ、製品・サービスが正統性を獲得することはない。あくまでも、ステークホルダーの状況を踏まえた制度的アントレプレナーシップが求められる

のである。したがって、新規性の高い製品・サービスがステークホルダーに正統性を付与してもらうためには、ステークホルダーが置かれている状況を理解したうえで、正統性を獲得する活動に従事しなければならないのである。

5　制度的アントレプレナーシップの3つのフェーズ

　制度的アントレプレナーシップについては先行研究でさまざまな研究が行われてきたが、制度的アントレプレナーシップのプロセスに着目すると、大きく3つのフェーズに分けることができる。それは、アントレプレナーのポジショニング、ビジョン形成、仲間づくりの3つである（Battilana, Leca, and Boxenbaum, 2009）。以下では、それぞれについて説明していこう（**図 12-3**）。

　まずは、アントレプレナーのポジショニングである。アントレプレナーといっても、ビジネス環境におけるアントレプレナーの位置づけは大きく異なっている。例えば、従来のビジネス環境におけるアントレプレナーは、既存企業と比べると周辺に位置づけられていることが想定される。また、コーポレート・アントレプレナーのような社内企業家は、従来のビジネス環境では中心に位置づけられていると言えるだろう。周辺と中心に位置づけられているアントレプレナーはその後の制度的アントレプレナーシップに関わる活動は異なっている。

　制度的アントレプレナーシップでは、アントレプレナーのポジショニングが

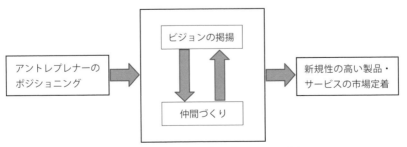

図 12-3　制度的アントレプレナーシップのプロセスモデル

出所：Battilana, et al.（2009）を一部修正。

重視され、アントレプレナーが既存制度の中心と周辺どちらに位置するのか、という議論がなされてきた。まず、アントレプレナーを既存制度の中心に位置づける議論である。既存制度の中心に位置づけられているアントレプレナーは保有している経営資源の多様性や量が多いため、制度的アントレプレナーシップによる制度の生成や変革活動は起こしやすいことが明らかになっている。だが、アントレプレナーを制度の中心に置けば、いかにして既存制度から逸脱したアイデアとそれを広めていく動機が問題となってくる。なぜならば、制度の中心に位置づけられているアントレプレナーは、既存制度から利益を得ているからである。そのため、アイデアの発生と動機づけが問題となってくるのである。この問題に関して、制度ロジックの研究では、制度的影響の多元性の観点から、説明を試みている。人々は通常、会社や家族をはじめとして複数の制度からの影響を多元的に受けていることが考えられるだろう。また、それらの制度的影響を前提としたうえで、制度的影響に対する重みづけは、個人や集団によって異なっている。例えば、ある人は会社よりも家族を優先する可能性があるし、会社によっては伝統を重視するということも考えられ得るだろう。そのため、制度の中核にいる個人や組織に出会っても、重きを置いている異なる制度からの影響により、既存制度から逸脱した変革の推進に向けて行動する可能性があることが明らかになっている。例えば、Rao（2008）は、フランス料理の文化で中心的な地位を占めているシェフたちが、日本料理などの調理方法といった制度的影響から影響を受けたことで、従来のフランス料理の調理法に疑問を抱き、新たな調理法のアイデアとそれを制度化していく動機を持つに至ったことを指摘している。また、Greenwood and Suddaby（2006）は、アメリカの会計事務所が従来の会計業務から合併・買収に関わるコンサルティング業務へと業態を拡大していった背景として、会計事務所と取引関係にあるクライアント企業の制度的影響を受けたことを指摘している。クライアント企業が国際化したことにより、会計事務所がコンサルティング業務へと業態を変化させていくに至るアイデアと動機を持つに至ったことを説明している。このように、アントレプレナーは中心に位置づけられていたとしても制度生成や変革へのアイデアや動機づけさえあれば、新しい制度の定着に向けて活動をしていくのである。

　一方で、アントレプレナーを制度の周辺に位置づける議論も存在している。周辺に位置づけられているアントレプレナーは、新たなアイデアとそれを進める動機の保有については説明することができる。なぜならば、周辺に位置づけられているアントレプレナーは、既存の制度から利益を得ていないからである。だが、周辺に位置づけられているアントレプレナーは、保有している経営資源の種類や量が中心に位置づけられているアントレプレナーと比べると乏しい点が問題となっている（Leblebici, Salancik, Copay, and King, 1991）。そのため、周辺に位置づけられているアントレプレナーは、制度の生成や変革活動は起こしにくいとされている。

　制度的アントレプレナーシップでは、アントレプレナーを既存の制度において周辺と位置づけるのか中心と位置づけるのかについて、それぞれの行動に違いが出てくることを明らかにしてきた。本章は、会社を興してイノベーションを図ろうとする起業家を対象としている。起業家は従来のビジネス環境では周辺として位置づけることが妥当であろう。なぜならば、起業家は従来のビジネス環境の基準では捉えることができない新規性の高い製品・サービスを提供しているからである。そのため、以降の議論では、アントレプレナーを既存の制度の周辺に位置づけた研究を展開していく。

　アントレプレナーは、アイデアやそれを広める動機づけは有しているものの、制度の生成や変革活動を起こしていくための経営資源の種類や量が乏しいことが問題であった。そのため、制度的アントレプレナーシップでは、活動に必要な経営資源を提供する利害集団の支援を得るために政治的な働きかけが鍵となる（酒井，2016）。DiMaggio（1988）は、アントレプレナーを支援する利害集団を補助的行為者（subsidiary actors）と定義して、支援者の重要性を示している。補助的行為者は、既存制度からある程度の自立性を持っている。アントレプレナーが既存制度の補助的行為者から支援を受けても、単純に既存制度が再生産されるのではなく、制度の創造に導かれることになる。このように、制度的アントレプレナーシップでは、補助的行為者となるべき多様な利害集団の存在を認めるという点が大きな特徴と言えるだろう。つまり、新規性の高い製品・サービスが市場に定着するには、いかにこの補助的行為者に働きかけるかが重要となるのである。

　周辺に位置づけられているアントレプレナーによる制度的アントレプレナーシップでは、支援者たる補助的行為者にいかに働きかけるかが重要となる。ここでもさまざまな研究が行われてきたが、次の2つのフェーズが重要となるだろう。それは、ビジョンの掲揚と仲間づくりである（Battilana, Leca, and Boxenbaum, 2009）。

　まず、アントレプレナーは新規性の高い製品・サービスが市場に定着するために、ビジョンを掲げなければならない。ビジョンを掲げる目的は、既存の制度に対して異を唱えるとともに、自らの製品・サービスの正統性を示すためである。さまざまな補助行為者に対して、既存のビジネス環境に問題点があることを示すことが重要である。自らの製品・サービスがより望ましい状況を生み出すことを明確に示すことも重要であろう。アントレプレナーと類似している利害的関心を持つ利害関係者同士は、利害的関心を持たない利害関係者集団と比べて、同盟を結ぶ傾向にあることが指摘されている。したがって、利害的関心を共通していることが認められれば力を貸してくれる可能性が出てくるため、ビジョンを掲揚する必要がある。

　ビジョンの掲揚で重要な点は、フレーミングである。フレーミングとは経営学よりも社会運動論で中心的に議論されてきた概念である。フレームとは解釈のスキーマを指しており、社会的な出来事にあてがわれる主観的な意味を規定する枠組みのことである。フレームは出来事や事件が意味あるものになることを助けるとともに、経験を組織化して、行為を導く機能を有している（Benford and Snow, 2000, p. 614；松野, 2021, p. 63）。個人や組織はフレームを用いることで、特定の環境に注意を払ったり、言及されていない側面に注目し、従来とは違った新しい推測をしたりする。このフレームを生み出して他社に提示していく行為をフレーミングと言い、既存企業に比べて経営資源に乏しいアントレプレナーが、利害集団が共鳴するようにビジョンをフレーミングすることによって、その支援を引き出し、新規性の高い製品・サービスをビジネス環境に定着させていくことができるのである。

　ビジョン掲揚では、次の3つのフレーミングを強調する必要がある。まずは、診断的フレーミング（diagnostic framing）である（Battilana, et al., 2009）。診断的フレーミングとは、既存のビジネス環境が現実に照らし合わせて不都合に

なっていることを示すフレーミングを指している。既存のビジネス環境で活動している顧客や企業組織は自発的に自らのビジネス環境の問題点に気づくことが難しい。そのため、従来のビジネス環境における問題点や現実とは異なっていることをアントレプレナーが示すことで、自らの製品・サービスの有効性に気づいてもらおうとするものである。次は、予知的フレーミング（prognostic framing）である（Battilana, et al., 2009）。予知的フレーミングとは、新しく提示する製品・サービスによるビジネス環境が既存のより優れていることを示すとともに、既存のプレイヤーにとっても望ましい状況になることを示すことである。アントレプレナーは主に補助的行為者に対して自らの製品・サービスを導入することで、これまでのビジネス環境を変えていくことができる可能性を示している。同じ価値観や利害的関心を持つ補助的行為者はアントレプレナーに共鳴し、製品・サービスが市場に定着するよう協力してくれるようになる。なお、このフレーミングでは潜在的な協力者にも焦点を当てており、従来のビジネス環境における行為者にも共鳴を働きかけるものである。アントレプレナーが提供する新規性の高い製品・サービスは、従来のビジネス環境にいる企業にとっては未知のことであり、不確実性が高くなっている。予知的フレーミングでは、理解不能もしくは反撃する可能性を回避するために、既存のプレイヤーにとっても新規性の高い製品・サービスはこれまでのビジネス環境を壊すものではないことを強調しなければならない。そして、3点目は動機づけフレーミング（motivational framing）である（Battilana, et al., 2009）。動機づけフレーミングとは、新しい製品・サービスを支援することが、既存のビジネス環境の人々にとって重要なことを示すことである。アントレプレナーはコンテクストを認識する能力が求められており、従来のビジネス環境と関連づけたうえで他のアクターが支持するようなビジョンを掲揚することが重要となる。新規性の高い製品・サービスを従来のビジネス環境に沿ったものとしてビジョンを掲げることで、従来のビジネス環境において自らの正統性を証明することができるとともに、既存のプレイヤーからも反逆ではなく支援の活動を得ることができる（**表12-1**）。

　例えば、マザーハウスという鞄メーカーは、ビジョン掲揚を重視した経営をしている事例として挙げられるだろう。マザーハウスでは「途上国から世界に

表 12-1　ビジョンの掲揚

ビジョンの掲揚	
既存のビジネス環境に異を唱えるとともに、自らの有効性を示す	
診断的フレーミング	既存のビジネス環境が現実に照らし合わせて不都合や問題があることを示すこと
予知的フレーミング	新しく提示する製品・サービスによるビジネス環境が既存のより優れていることを示すとともに、既存のプレイヤーにとっても望ましい状況になることを示すこと
動機づけフレーミング	新しい製品・サービスを支援することが、既存のビジネス環境の人々にとって重要なことを示すこと

出所：筆者作成。

通用するブランドを作る」というビジョンを掲げながら、従来のビジネス環境では当然とされてきた安い労働力の供給源としての先進国という常識の問題点を明らかにしている（診断的フレーミング）。そして、途上国現地の工場や従業員との対等な関係作りやジュートというバングラディシュ産の素材を使った鞄づくりを通した社会貢献をしながら、社会貢献に関心のあるメディアや顧客といった支援者を獲得している。なお、このような中、ただ社会貢献をするだけではなく、良いモノづくりをするというビジョンを示すことで、従来のビジネス環境を壊す意思がないことを既存企業に対して示している（予知的フレーミング）。そして、社会貢献と良いモノづくりというビジョンを提示しながら、従来のビジネス環境のプレイヤーである松屋銀座といった百貨店への出店に成功している（動機づけフレーミング）。マザーハウスはビジョンを上手に用いながら、徐々に正統性を確立して市場に定着していった成功例として捉えることができるだろう。

　このように制度的アントレプレナーシップでは、新規性の高い製品・サービスの市場定着に対して、従来のビジネス環境からの逸脱を正統化し、他者が理解できるようにビジョンを掲揚することが重要である。だが、ビジョンを掲揚するだけでは、利害関係者が支援をするとは限らない。アントレプレナーは製品・サービスの定着にあたり、アントレプレナー単独では製品・サービスを定着させることは難しい。アントレプレナーは周囲に支援者を作り、仲間を増やして巻き込んでいくことが重要である。したがって、いかに支援者を巻き込

み、どのように動かしていくのかという仲間づくりをしなければならない。

　仲間づくりでは、言説の活用と社会関係資本の活用が重要とされている。言説の活用（Battilana, et al., 2009）では、制度的影響に基づいたレトリック戦略を展開していくことが求められている。アントレプレナーは潜在的な協力者である補助的行為者の価値観や関心と共鳴することを予期したうえで、言葉の使い方を変えなければならない。例えば、フランスにおいて社会的責任投資を推進する人々は、活動家の支援よりも金融界の支援のほうがより決定的であるという考えのうえで、環境よりも金融の制度的影響に依拠し、ビジョン掲揚をしている。また、自らの製品・サービスを正統化するためにアナロジー（類推）を利用することも明らかになっている。例えば、持続可能性報告の制度化を目指した Global Report Initiative（GRI）は、財務報告との共通点などを強調したうえで、正統性を獲得している（Déjean, Gond, and Leca, 2004）。そして、GRI のガイドラインが受け入れられるようになると、アナロジーを用いる度合いを減らし、2 つの報告形態の非類似性も強調している。ただし、言説の活用で重要な点は、自らをどのように既存のビジネス環境と位置づけるかである。組織が自らの製品・サービスに関するカテゴリーをあいまいに設定してしまうと、ステークホルダーは組織の正統性を判断できないために、企業の成長が止まってしまうことが明らかになっている（Negro, Koçak, and Hsu, 2010）。そのため、仲間づくりをしていくうえでは、従来のビジネス環境における規範や慣行との共通点と相違点を探りながら、言説を活用していくことが重要であろう。

　アントレプレナーは、社会関係資本を活用したアントレプレナーシップが求められる。なぜならば、アントレプレナー単独では、市場へのアクセスや情報が限られているからである（Maguire, et al., 2004）。そのため、社会関係資本という非公式ネットワークを活用することで、周囲の仲間や支援者を巻き込むことが求められている。支援者として重要なのは、支援者のポジションであろう。制度的アントレプレナーシップの仲間づくりに関する研究では、アントレプレナーの仲間づくりでは、支援者のステータスの高さが重要であることが明らかになっている。ステータスが高い支援者としては、研究者や従来のビジネス環境において支配的な地位を築いている企業などが挙げられるだろう。ステータスが高い支援者はアントレプレナーとは異なる幅広い人的繋がりなどを

表 12-2　仲間づくり

仲間づくり 支援者を作って、新規性の高い製品・サービスが市場に定着するよう巻き込むこと	
言説の活用	従来のビジネス環境における規範との共通点と相違点を探りながら、自らの独自性を語る
社会関係資本の活用	ステータスが高い支援者と繋がり、支援してもらうこと

出所：筆者作成。

保有している可能性がある。そのため、ステータスが高い支援者と繋がることで、アントレプレナーが提供する製品・サービスの情報発信や多様なステークホルダーの協力を得ることが可能となる（Maguire, et al., 2004）。また、ステータスが高い支援者と繋がることで、アントレプレナーが提供する製品・サービスの正統性を高めることにも結び付くだろう（Hwang and Powell, 2005）。このように、新規性の高い製品・サービスが市場に定着するには、制度的アントレプレナーシップにより仲間づくり（言説の活用と社会関係資本の活用）が重要となるのである（**表 12-2**）。

●注

1）「Entrepreneurial Opportunities」は、「起業家的機会（新藤，2015）」や「企業家的機会（清水，2022）」と 2 つの訳がされている。本章では、あくまでもベンチャー企業やスタートアップを対象とした創業者である起業家としてアントレプレナーを想定している。そのため、本章では、「Entrepreneurial Opportunities」を「起業家的機会」として訳している。

2）なお、制度的起業家については、制度的企業家という訳語も用いられる。本章では、アントレプレナーを起業家として想定しているため、制度的起業家の訳語を用いている。

【参考文献】

Battilana, J., Leca, B., and Boxenbaum, E. (2009) "How Actors Change Institutions: Towards a Theory of Institutional Entrepreneurship," *Academy of Management Annals*, Vol. 3, No. 1, pp. 65-107.

Benford, R. D. and Snow, D. A. (2000) "Framing Processes and Social Movements: An Overview and Assessment," *Annual Review of Sociology*, Vol. 26, pp. 611-639.

Bitektine, A. (2011) "Toward a Theory of Social Judgements of Organizations: The Case of Legitimacy, Reputation, and Status," *Academy of Management Review*, Vol. 36, No. 1, pp. 151-179.

—— and Haack, P. (2015) "The 'macro' and the 'micro' of Legitimacy: Toward a Multilevel Theory of the Legitimacy Process," *Academy of Management Review*, Vol. 40, No. 1, pp. 49-75.

Déjean, F., Gond, J. -P., and Leca, B. (2004) "Measuring the Unmeasured: An Institutional Entrepreneur Strategy in an Emerging Industry," *Human Relations*, Vol. 57, No. 6, pp. 741-764.

DiMaggio, P. J. and W. W. Powell (1983) "The Iron Cage Revisited: Institutional Isomorphism and Collective Rationality in Organizational Fields," *American Sociological Review*, Vol. 48, No. 2, pp. 147-160.

―――― (1988) Interest and Agency in Institutional Theory, In Zucker, L. G. (Ed.), *Institutional patterns and organizations: Culture and Environment*, Cambridge, MA: Ballinger.

Eckhardt, J. T. and S. A. Shane (2003) "Opportunities and Entrepreneurship," *Journal of Management*, Vol. 29, No. 3, pp. 333-349.

Greenwood, R. and Suddaby, R. (2006) "Institutional Entrepreneurship in Mature Fields: The Big Five Accounting Firms," *Academy of Management Journal*, Vol. 49, No. 1, pp. 27-48.

Hensman, M. (2003) "Social Movement Organizations: A Metaphor for Strategic Actors in Institutional Fields," *Organization Studies*, Vol. 24, No. 3, pp. 355-381.

Hwang, H. and Powell, W. W. (2005) Institutions and Entrepreneurship, In S. A. Alvarez, R. Agarwal, and O. Sorenson (Eds.), *Handbook of Entrepreneurship Research* (pp. 179-210), Dordrecht, The Netherlands: Kluwer Academic Publishers.

Leblebici, C., Salancik, G. R., Copay, A., and King, T. (1991) "Institutional Change and the Transformation of interorganizational Fields: An Organizational History of the U.S. Radio Broadcasting Industry," *Administrative Science Quarterly*, Vol. 36, No. 3, pp. 333-363.

Maguire, S., Hardy, C., and Lawrence, T. B. (2004) "Institutional Entrepreneurship Emerging Fields: HIV/AIDS Treatment Advocacy in Canada," *Academy of Management Journal*, Vol. 47, No. 5, pp. 657-679.

Meyer, J. W. and Rowan, B. (1977) "Institutionalized Organizations: Formal Structure as Myth and Ceremony," *The American Journal of Sociology*, Vol. 83, No. 2, pp. 340-363.

Negro, G., Koçak, Ö., and Hsu, G. (2010) Research on categories in the sociology of organizations, In G. Hsu, G. Negro, and Ö. Koçak (Eds.), *Research in the Sociology of Organizations*, Vol. 31, Emerald Group Publishing Limited.

Rao, H. (2008) *Market Rebels: How Activists Make or Break Radical Innovations*, Princeton Univ Press.

Samuelsson, M. and P. Davidsson (2009) "Does Venture Opportunity Variation Matter? Investigating Systematic Process Differences between Innovation and Imitative New Ventures," *Small Business Economics*, Vol. 33, No. 2, pp. 229-255.

Stevenson, H. H. and C. J. Jarillo (1990) "A Paradigm of Entrepreneurship: Entrepreneurial Management," *Strategic Management Journal*, No. 11, pp. 17-27.

Suchman, M. C. (1995) "Managing Legitimacy: Strategic and Institutional Approaches," *Academy of Management Review*, Vol. 20, No. 3, pp. 571-610.

Thompson, J. D. (1967) *Organizations in Action*, McGraw-Hill. (大月博司・廣田俊郎訳『行為する

組織─組織と管理の理論についての社会科学的基盤』，同文舘出版，2012 年）

Tost, L. P. (2011) "An Integrative Model of Legitimacy Judgements," *Academy of Management Review*, Vol. 36, No. 4, pp. 686-710.

Zimmerman, M. A. and Zeitz, G. J. (2002) "Beyond Survival: Achieving New Venture Growth by Building Legitimacy," *Academy of management Review*, Vol. 27, No. 3, pp. 414-431.

大月博司（2018）『経営のロジック：謎が多いから面白い経営学の世界』，同文舘出版。

尾田基（2019）「新事業の社会的正当化における無料提供の効果─グーグル・ストリートビューを事例として」，『組織科学』，第 52 号第 3 巻，57-68 頁。

酒井健（2016）「支援者の選別とフレーミングが新技術の制度化に及ぼす影響─斜面補強工法を事例として」，『組織科学』，第 50 号第 2 巻，69-81 頁。

清水洋（2022）『アントレプレナーシップ─Entrepreneurship from Basics to Frontiers』，有斐閣。

新藤晴臣（2015）『アントレプレナーの戦略論─事業コンセプトの創造と展開』，中央経済社。

髙木俊雄・鈴村美代子（2019）「組織と制度」高橋正泰監修，髙木俊雄・四本雅人編『マクロ組織論』，学文社，73-86 頁。

角田隆太郎（2002）「起業家とベンチャー企業」金井一頼・角田隆太郎編『ベンチャー企業経営論』，有斐閣，27-57 頁。

土肥将敦（2022）『社会的起業者─CSI の推進プロセスにおける正統性』，千倉書房。

中西善信（2022）『公共調達の組織論─正統性とアカウンタビリティの罠』，千倉書房。

藤田誠（2001）「制度としての組織」，大月博司・藤田誠・奥村哲史共著『組織のイメージと理論』，創成社，208-227 頁。

古田駿輔（2021）「制度的企業家研究の課題と展望」，『JASM 経営戦略研究』，第 20 号，21-39 頁。

松野奈都子（2021）『NPO と企業のパートナーシップの形成と実行─センスメーキングからの分析』，中央経済社。

第13章
起業家による実践アントレプレナー

堀川　宣和

1　起業家精神と企業家精神

（1）　はじめに

　最初に断っておくが、筆者は元経営者である。筆者が過去に起業した経験があることと、実際に大学で経営学の教鞭を執るという、2つの側面を持っており、その経験と知識に基づいて執筆するものである。したがって学術的側面よりも、多くの起業家たちや企業家たちとの繋がりから得た情報や自分自身の経験を基に、経験則的に書く部分もあり、あくまでも起業家の1人の、もしくは私の周りの多くの起業家、企業家たちの考え方としての主観的な考察が中心になることを御理解いただきたい。筆者が元経営者であるからこそ、現状言われるアントレプレナーという、現状の認識に捉われず、新たな論点を提案するものである。

　まず本章の最初として、起業家と企業家の違いを明確にしたい。言うなれば、起業家精神と企業家精神の違いである。本章では特に、企業家精神と分けた上で、起業家精神を取り扱うものであり、企業家精神と起業家精神を混同してはいけないと考える。この2つを分けることで、現状の日本における起業家創出のヒントがあるかもしれないと考えているからである。

　この2つの精神には当然ながら、同じ要素、もしくは両者が持たなければならない要素もあるが、相反するものも多くあるというのが、本章で述べたいこ

とである。特に本節では私の生い立ちを中心に話を展開し、次節で現状言われている、起業家精神と企業家精神との比較を考察していきたい。

　ドラッカーの「イノベーションと企業家精神」という邦題に訳されている原題は「Innovation and Entrepreneurship」であり、余計に起業家と企業家が混合されやすくなっている。そもそも、アントレプレナーという言葉を作ったとされるJ・B・セイの日本語訳が「企業家」であり（Drucker, 2015）、そもそもその辺りのところから、非常に混合しやすくなっている背景であるとも言える。しかしながら、現実的に世界的にもアントレプレナーという言葉は、これらのことから実際に起業することと企業経営が混合されて使われていると考える。

　本章では、起業する人物が起業家であり、企業を営む人物が企業家であることを分ける。そして、起業家の持つ精神が起業家精神であり、企業家の持つ精神を企業家精神として扱うことを前提とすることを繰り返し述べたい。

　そして、その上でこの2つの精神の持つ、相反する要素に対して、起業家本人や周りが理解する必要があるということである。私の考える現状の起業家の取り巻く環境において、この相反する要素が理解できていないことが、日本における起業家の輩出と成長を妨げているように感じる。そのことを明確に分けることでより本質的な起業家精神がわかると考える。そのために本章では起業家と企業家の精神の違いについて考察していく。

　もう少し持論を拡大すると、ビジネスにおける、成長の目指す方向として、スペシャリストとゼネラリストという分け方がされることが多く、起業家や企業家はゼネラリストになる必要があると言われる。例えば、Lazear（2004）は、幅広い分野でバランスのとれたゼネラリスト的能力をもつ人は、スペシャリスト的能力をもつ人よりも、そうした能力を得るため、意識的に幅広い学業・職務経験を積むと言っている。しかし、この場合でも、スペシャリスト的能力というのは起業家としてのスペシャリストのことを言っているのではない。本章ではあくまでも起業家は起業家としてのそのスペシャリストになるべきだと考える（そのように考えることを前提として述べる）。

　そのようなことからも、現在の日本において、多くの起業家精神の育成を求める人物が最初から、企業家精神の育成も合わせて目指すべきではないと考える。

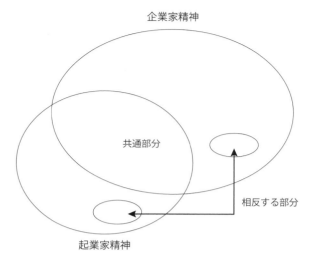

図 13-1　起業家精神と企業家精神

出所：筆者作成。

　なぜなら、起業家精神を育成するべき要素が、企業家精神の育成を目指す時点で、逆にそれが障害になり、それが多くの起業家の輩出を邪魔しているように感じるからに他ならない。その理由として、起業家精神と企業家精神として求める規範的行動が異なることが多いと考えるからである。ダイバーシティの時代において、起業家と企業家は分けることが可能だと考えるべきである。もちろん、お互いがそれぞれ知識を持ち合わせることは重要だが、初期の段階からそうなることが重要ではない。多くの研究では実際に企業家精神の中に起業家精神の部分が内包されているが、本章ではそこは分けて考えないといけないということである。以上のことをまとめると**図 13-1** のように表すことができる。

(2)　生い立ちから見る起業家精神の育成の可能性

①　やりたことへの執着とリスクテイク
　私の周りの企業家たちの多くが親も自営業を営んでおり、私も同じく、父親

が自営業を営んでいた。もちろん、すべてがそうとは言えないが、幼いころから自営業が普通に存在しており、企業に勤める両親を持つ家庭に比べ、起業家精神があるというよりも、知識として社会に出るときの選択肢として、企業に勤めるということ以外に自営業というのも選択肢が存在しているだけで、起業家精神が高いかと言われると、そうではないような人物も多くいたように思う。

　そういう点を踏まえると、親が自営業を営んでいる家庭で育った人物と、親が企業に勤める家庭で育った人物が起業する場合を考えると、親が企業に勤めている家庭で育ったのにも関わらず、それでも起業する道を選んだ人物こそ、起業家精神の特徴を多く持っていると考えるのが自然である。なぜなら、前例がないことにチャレンジする精神そのものが起業家精神そのものだからである。親が自営業をしていたから自分も独立するというのはある意味、前例が近くにあり、それがリスクとして、前者よりも大きく考えられない。親が自営業をしていた人物が親の後を継ぐことや、そこから新たな事業を始めることは、起業家精神よりも企業家精神の要素が高い方が有効だと考えることができるかもしれない。

　いうなれば、前例に拘らない要素が高ければ高いほど、そのリスクは高くなり、それに向かえることが、起業家精神の持つ要素の1つである、リスクテイカー的な要素が高い方が、起業家精神が高いことになると考えられるからである。対して、前例をしっかり理解した上で、それをどう次に高めるかを考えることが企業家精神の重要性の1つの指標として考えられる。極端な話、初期の段階でリスクのことを無視することができるくらいやりたいことをしたいと思う気持ちが起業家として必要だということである。その後、リスクのことは考えるのであって、あくまでもやりたいことが先にあるということである。もしくは独立したいという思い自体がやりたいことかもしれない。このタイプの多くは、最初は経営学やビジネスプランなどについては初期の時点ではあまり興味がない。ただやりたいことがあるだけだ。それをどうやって実現していくかは、彼らの今までの経験則でなんとかなると考えてことに当たる傾向が強いということである。その実現のために経営学やビジネスプランについて学び始めると考えることができる。比べて企業家精神では、その辺りについては、経験

則を重視するだけでなく、経営学などの一般的な知識なども重視して、バランスを持って、ことに当たる傾向が高くなると言える。勘違いしないでいただきたいのは、今は極端に起業家精神と企業家精神を分けるにあたり、そうしているだけで、当然ながら、1 人の人間がどちらも持ち合わせているのは当然のことであり、それのどちらが強いかという話である。やりたいことを実現したいということに対する妥協をしない精神が起業家精神であり、それをより確実にリスクを軽減し、ことに当たるかが重要とする考え方が企業家精神と言える。

② **感覚と価値観**

　また、私の場合、親が共働きでもあり、早い時期から保育園に朝早くから夕方まで預けられていた。この状況が、私が他の人よりも起業家精神が高まった大きな要因だと考えられる。これは多くの人たちと触れる機会が幼いことから多いことで、身内や身近な人の影響を多く受ける、もしくは優先するというよりも、広く多くの人と自然に触れる機会が多くなり、さまざまな知識に対して、偏見なく客観的に見る癖がついたことに繋がったと考えられる。価値観の主軸が身内や身近な人よりも、広い情報網から来る情報とを、自然に客観的に比較して、価値観がコロコロ変わる、主軸がない傾向が大きくなるということである。この多くの情報を元に、次に述べるチャレンジ的な行動、経験から必要な情報を取捨選択する能力が鍛えられたと言える。まさに現代でいうところのダイバーシティな感覚が幼い頃から身に付くことと関係すると考えられる。

　前述したところの、前例が何かという話で言うと、広い情報網の中から最適解を探すので、そうでない（起業家精神がない）人から見ると、前例のない、リスクの高い行動をとるように見えるが、実はそうでもないということが、本能的、無意識的にできていることに繋がると見ることができる。言い方を変えると、起業家精神の高い人はそうでない人に比べて、偏見的にモノの価値観を決めつけない能力が高いと考えられる。一般的にいわれる常識と言われるものに捉われない感覚が自然と、幼い頃から多くの異なる価値観のある人と触れる時間が多くなることで育つと考えることができる。

　したがって、起業家精神の高い人物はそうでない人から見たときに、非常識に見られる傾向が高くなる。しかし、起業家精神が高い人物から見ると、それはどちらが正しいとか間違っているではなく、そういう考え方も存在するのだ

という感覚、すなわちダイバーシティな考え方が自然とそうでない人物よりも高くなると考えることができる。

　逆に、企業家には周りを納得させるためにも、一般的にいわれる常識から外れることへのリスクを本能的に感じることが重要であり、それが常識と非常識との違いであることへの判断ができることも重要な要素である。しかし、起業家精神の高い人物はその常識と非常識の違いに対して、一般的な人以上に鈍感であると言える。これは起業家精神の重要な特徴であり、それは状況によっては長所にも短所にもなるものである。

③　チャレンジ精神と臨機応変

　筆者の家庭は非常に自由だった。したいことをしたいようにさせてもらった。もしくは私が単にわがままで、両親がいうことを聞いた方が楽だと思っていただけかもしれない。もし、後者であれば、それはそれで自分のしたいことを意地でも通すことが、自分の好きなようにできるという思いの素地を作ってくれたのかもしれないと考えることもできる。結果的に自分のしたいことに対して貪欲になり、やりたいことを諦めたり、強制的に何かをさせられるという記憶があまりない。もちろん、親に迷惑をかけて、怒られることはよくあったが、それも結果的にやりたいことをするためにどうやって怒られずにできるかということも考えてすることに繋がったと考えられる。そういう面では、やりたいことを意地でもするという起業家精神と、やりたいことをどうやったらよりやりやすい状況でできるのかという企業家精神が身に付いたとも言える。

　重要なポイントは親がいる環境の中で、したいことをして、失敗しても怒られるだけということである。もちろん怒られることは避けたいところだが、やりたいことをする利得と失敗した時の損失のバランスとして、利得が非常に大きい。怒られるレベルの損失をできるだけ回避しつつ、やりたいことをする方法が容易に思いつきやすい環境だったということである。余談だが、そのことも要因となるのか、幼少期の頃から骨折や何針も縫うような怪我は絶えず、常にギブスか包帯が巻かれている状況だった。これは私の周りの起業家たちからも聞く話でもある。怪我をすることの損失と、したいことをする利得のバランス感覚が一般的な感覚ではなかったことになるとも考えられるかもしれない。言い方を変えると、小さい頃はやりたいことをやる利得のために損失のことを

考えないくらい、やりたいことに対する執着が、そうでない人に比べ高かったと考えることができる。やりたいことをするために慎重にことを考えるより先に、リスクを顧みず、大胆な行動に出るというのが起業家の特徴と言える。

　トキソプラズマという寄生生物が寄生すると、その動物の生理機能、健康、恐怖行動に影響を与えるとされており、ネズミの脳に寄生すると、行動が大胆になり慎重さが欠如され、恐怖を感じにくくなるため、リスクの高い行動をとるようになるとされている。

　また、その寄生生物が人体に寄生することで、ネズミと同じく人も大胆になるとされており、それがその人物の起業思考を強めるとされている。社会人約200人を対象とした検査の結果、トキソプラズマの寄生された人物は、そうでない人物よりも 1.8 倍多く「起業経験」があるとされており（Johnson, Fitza, Lerner, Calhoun, and Beldon, 2018）、まさに、この寄生生物が関与しているかどうかは定かではないが、実際に起業家はこのような行動をとっていると言って良いだろう。

　こういう感覚が良いか悪いかではなく、起業家精神の高い人物はそのような要素を備えていると考える。リスクテイカーというか、そこにある利得の追求の欲求が非常に高いと捉えることができる。しかし、企業家精神の要素の 1 つ（マネジメント能力）としては、事故や怪我は絶対にしてはいけないことであり、その状況をできるだけ抑えることも重要である。そのバランス感覚は企業家精神として非常に重要な要素と言えるだろう。

　私は学生時代にミュージシャンを目指していた。多くの人が通る道でもあるかもしれないが、少なくとも私の周りにおいて、本気でプロを目指している人はいなかった。そして、卒業間近の頃、それを諦められず、1 年休学してアメリカに渡った経験もある。当時、私の周りはまだ海外旅行さえ行った知人がなかった。当然ながら 1 年という時間を犠牲にして、それだけの価値があったのかはやってみないとわからないし、実際、挫折もした。利得と損失のバランスをそこまで考えることはできなかったと思うが、その経験が何よりの利得であり、結果、さらなるチャレンジ精神の基礎となったことは間違いない。

　加えて、次節で詳しく述べるが、やりたいことを実現するための重要な要素として、現状のリソースを基にどう効率的に活用すればそれが実現できるのか

が、それを成し遂げるために重要である。当然ながら、若年の頃はビジネススキルも知識もないことからもその実現の計画は稚拙なものとなる。現状のリソースをどう活用すれば実現できるのかだけでなく、その場その場でその拙い計画を補い、やりたいことを実現するための臨機応変な対応も身に付く。

　当然ながら、幼少期のやりたいことのスケールは歳とともに大きくなる。しかし、やりたいことを実現する経験もリスクマネジメント、臨機応変さも、やりたいことの実現を繰り返すうちに、その感覚を身体が覚えていったと考えられる。やりたいことを意地でもするという、起業家精神と企業家精神を育んできたことが実現できたことだと考える。このような失敗と成功（利得と損失）の繰り返しが起業家精神を基礎として企業家精神が育ち、実現できることが多くなってきたと考える。

　しかし、逆に企業家精神が先に立つとどうしてもリスクに対する防御が先になり、新しいことをする足枷になることは間違いない。ある意味、幼少期の頃のようになんでもやりたいことを実現する気持ちが起業家には大切で、それをどうするかは企業家として別のスキルだと考えなければならない。

（3）　起業家精神と企業家精神の違い

　本節では、自分の生い立ちを元に経験則や周りの起業家、企業家たちの取材の中から、特出できる起業家に必要な要素を起業家精神と企業家精神との違いとして述べた。

　次節では現在学術的にいわれる「アントレプレナーシップ」と比較していきたい。そのために上述したことをまとめる。

　重要なポイントは、起業家も企業家もどちらのスキル、もしくは知識を持ち合わせる必要があり、その精神の持つ特徴に対して正しく分離して理解することで、それぞれの持つ特徴の不足部分をお互いの精神における知識や特徴で、どう補うかが重要であるということである。

　最初に起業家精神の基本は、「やりたいことが先にある」ということであり、偶然それがビジネスになった場合に起業家と周りが勝手に言うだけのことである。当然、やりたいことイコール起業することだ、という人物もいるが、この

場合、彼らは企業家精神を学ぶことから始めるか、起業したいこと（シーズ）を探すことから始めることになる。

　それも含めて、起業家はやりたいことを実現するためにどうすれば実現できるのかを、あらゆる発想力を駆使して実現する。どうすればそれが実現できるのか、手持ちのリソースであるスキル、知識、お金、時間、人脈を活用して、いかに効率的にやりたいことを実現するために活用するのかを考え実現していく。そのやりたいことを実現するための発想的なアイデアを説得力や熱意で関係者に伝えることなど、関係者を巻き込む力を備えていることも起業家精神として重要なポイントである。

　次に起業家精神の大きな特徴として、感覚が非常にダイバーシティであり、固定概念がなく、悪く言えば、一般的な常識と非常識の区別が起業家精神を持つ人がそうでない人と比べると持ち合わせていないということである。当然ながら、一般的社会常識に捉われない発想を持つためには、常識に捉われてしまうブレーキはない方が当然ながら発想も豊かになる。

　しかし、逆に企業家精神では一般的な常識と、非常識をきちんと理解する能力も必要である。実際に企業を営むためには多くの人の理解と、一般的な常識の持つリスク回避判断も必要になる。その辺りのバランス感覚が重要であり、そのために起業家精神と企業家精神を持ち合わせる必要がある。

　最後にチャレンジ精神とリスクテイクのバランス、そして、臨機応変力が必要となる。起業家の持つ上述したそのダイバーシティの感覚が幼少期から育つことにより、より一般常識では捉えにくいことも含め、より高度なチャレンジへと繋がっていくということである。そして、やりたいことを実現していく上で、その場その場の状況における最適解を導く、臨機応変力も育成される。そして、それら経験からより高度なチャレンジ精神が育ち、言い換えれば、人と違うこと、より難しいこと、もしくはよりリスキーなことへのチャレンジに関心の方に向かいやすい。しかし、起業家精神を多く持つ人物にとってそれは特殊なことをやっているつもりがない。本人にとってはあくまでもいつもの普通の挑戦である。しかし、その経験を積み上げていない人物からすると非常にリスキーに見える。一般的な常識レベルからすると利得と損失のバランスが悪いように映る。それをきちんと理解し、きちんと説明できる能力こそ企業家精神

表 13-1　起業家精神と企業家精神の相反する要素

	起業家精神		企業家精神	
	創業		守成	
	スペシャリスト（追求）		ゼネラリスト（幅広い知識）	
	やりたいことへの執着		マネジメント能力	
	長所	短所	長所	短所
発想	柔軟な発想	他者からの理解が困難		発想が常識的
感覚・価値観	ダイバーシティ的な感覚・価値観	常識がない	常識的な感覚・価値観	
行動	大胆	慎重さに欠ける	慎重	
環境変化	環境の変化を好む		現状維持（安定的成長）	変化を恐れる
リスク対応	リスクテイカー	危険を顧みない	安全(リスクを避ける)	
計画性	臨機応変	緻密な計画性が弱い	緻密な計画性	

出所：筆者作成。

として重要なことであり、それをきちんと違う精神として分けて考える必要があるということが本節で言いたいことである。まとめると**表 13-1**のようになる。

　このようなことから、起業家精神の育成はその特徴として、幼少期から育てられた感覚が大きく関わるので、企業家精神の育成よりも難しいと考えることもできる。次節では、それら精神が実際の企業運営に関してどう関わっていくかを考察していく。

2　起業家精神の現状の課題

（1）　起業家精神とイノベーション

　シュンペーターの「イノベーション理論」では、イノベーションとは「価値の創出方法を変革して、その領域に革命をもたらすこと」としている。価値の

創出の変革である「新結合（ニューコンビネーション）」とその領域に革命をもたらし、経済発展の重要な要素となる。言い換えれば、新たな価値創造と経済発展とを繋げる 2 つの要素が必要であり、企業家（起業家）に求められるイノベーションとは、この 2 つの要素ということである。しかし、私はここが問題だと考える。この 2 つの要素を実現するための人物を、価値創造としての新たな新結合が考えられる起業家精神と、それがその領域に革命をもたらすまで普及させ、経済発展させる企業家精神とに分けるべきだと考える。

　起業家精神の役割として、新たな新結合の実現には、詰まるところ発想力が重要なポイントとなる。新たな発想には人と異なった経験や常識に捉われない価値観が重要であると考える。そういう面では、まさに起業家精神が持つダイバーシティな常識に捉われない感覚が、非常に有利な点になる。

　新たな新結合を実現するその発想が、その領域に革命をもたらし、経済発展の重要な要素まで、持っていくためには、企業家精神としての総合的なマネジメント能力として、その発想をどう実現するかが大きな鍵となる。当然ながら、それを実現するための過程において、あらゆる点で発想が重要になる。その発想において、起業家精神における発想力はイノベーションの実現には非常に重要なポイントとなる。

　イノベーションを実現するためにはその重要なポイントは 2 点あり、柔軟（非常識）な発想力とその実現性のバランスである。この個性は全く別物と捉えて良い。リスクの少ない実現性の追求は柔軟な発想の障害となり得る。

　後で詳しく述べるが、現在のベンチャー企業に課せられる能力として実現性の高いビジネスモデルの作成は重要なポイントである。それは当然のことである。しかし、能力の高い発想力を持った起業家にとって、その実現性の説明能力まで問われることが条件となっており、多くの発想力の高い起業家精神の持ち主たちがそれに応えられないのが現状である。極端な言い方をすると、一般的な説明能力が欠如するくらいの方が面白い発想力を持っていると言っても過言でない。特に日本においてはその傾向は非常に高くなる。それも次節で詳しく述べるが今の日本の教育体制では、よほどの天才的な人物でもない限り、非常識な発想力を持った人物はアウトサイダー的な扱いを受けることになりかねない。上述したように、起業家精神として、チャレンジ精神を育てるために

は、本人の好きなことを本気でできる環境がないとその発想力は育ちにくい。好きなことを本気でし続けながら、高学歴な学校に進むための学力が要求されることになる。その下地が今の日本の教育で可能なのか疑問が残る。きちんとした日本の教育を受け、経済学部や経営学部でちゃんと勉強すれば企業家精神的な面は育つ可能性は高いと考えるが、起業家が育つかは疑問である。誤解ないように言うがそれがすべてではない。あくまでも傾向的な話である。

　日本においても世界においてもイノベーションとは発想とその実現性が重要なことはすでに説明したが、この 2 つを 1 人の人間がなし得るには、今の日本では非常に厳しい状況であると考える。

　企業家精神を学んだものが、イノベーションの種（シーズ）である新結合を実現する発想と、それを実現過程の課題を解決する発想力を持った起業家とコラボレーションすることが、より多くのイノベーションを実現するためには今の日本には有効だと考えることも重要である。しかし、今の日本の企業家（起業家）に要求されるものは、本章でいうところの、企業家精神の方であり、それに比べ起業家精神が軽視させているように感じる。しかし、多くのイノベーションを輩出するためには企業家精神と分けて、起業家精神にもっと目を向けることが重要であると考える。

(2)　起業家精神とビジネスプランのジレンマ

　企業家にとってビジネスプランの作成は重要な作業である。本節ではビジネスプランの立て方は詳しく述べないが、当然ながら、多くのビジネスモデルの設計手法は存在する。企業家はそれらの手法を学び、それに基づいてビジネスプランを漏れなく設計する。例えば、オスターワルダーらのビジネスモデルは必要な要素を 9 つに分けてそれぞれを明確にすることで漏れなくすることが重要としている（Osterwalder and Pigneur, 2010）。

　当然ながら、このようにビジネスモデルの作成作業により、ビジネスを実現するために重要なことを漏れなく理解し、ビジネスをより確実に実現することが目的だ。さらにはこれらを作成することにより、資金調達として、投資家たちへの説得材料とする要素も重要だ。

　このような作業は本章では基本的に企業家精神に含まれると考える。基本的に起業家は昔からしたいことを実現するためにはどうしたら良いか、何が必要かなどを経験上、わかっている場合が多い。実際に起業家精神が旺盛で、とりあえずビジネスを始める起業家は、ビジネスプランの作成の過程を的確に踏まず始める場合が多いのが今の日本の現実だ。しかし、上述したようなビジネスモデルの構成について、彼らに質問とその関係を説明すると、的確な答えを導き出すことも少なくない。これは非常に重要なポイントである。

　しかし、たいていの場合、ビジネスプランをそこまで練らずに始める経営者は多いのも事実。当然、銀行からお金を借りるなどで形式上作ることはあっても、それを中心に動くという感覚はない。

　それでもそれなりに事業は進むが、その過程を踏まないことで、多くの場合、行き詰まることとなるが、そこを発想で乗り切ることも多い。もちろん、そのような事業のやり方では、事業を拡大するのに時間がかかることは当然なこととなる。

　ここまでを整理すると、ビジネスプランのスタートとして、やりたいことを事業化として始めることは起業家が得意であり、そのことに対して、経営学的な側面からしっかり理論づけ、リスクを軽減すること（マネジメント能力）は企業家が得意だということである。そして、事業が思い通りに行かないときの機転の切り替えとしての発想力による打開策の発想（臨機応変力）は起業家が得意、そしてそれが本当に最適解かどうかの鳥瞰的な視点を経営学などにより総合的に知識として持っている企業家の方が得意と考えることができる。

　ここでは詳しく述べないが、ビジネスプランから外れた状況になったときなどに、その時点のリソースを活用し、最適化を導き出す、発想は起業家精神として重要なポイントであり、それをエフェクチュエーションという（Stuart, Saras, Dew, Robert, and Anne-Valérie, 2018）。

　たとえ、どんなに正しいビジネスモデルを設計しても、必ず想定外のことが起こる可能性はあり、また、状況に応じて当初想定していたことよりも好転することもある。そのような状況でエフェクチュエーションを発揮できるその能力の根幹は、的確な情報処理能力と、それを基とする発想力である。起業家精神として、このような情報処理能力として、情報の取捨選択ができる能力は大

きな特徴と言える。

　企業家精神としてビジネスプランを作る能力が高いことはスキルとして学ぶことができるが、予想以上に状況が好転したり、逆にピンチになったときに、臨機応変に最適解を提案できる、情報の取捨選択とそれを元に次の行動を発想する力は、こういう経験を幼い頃から培ってきた起業家精神のその特徴である特徴が優位に働き、発揮されると考えられる。

　加えて言うならば、今のこの変化の早いデジタル社会において、ビジネスモデルについて細かいところまで気にするというタイプよりも、とりあえず、動きその中で瞬時に答えを導いていくタイプの方が上手くいくケースも多くなっていると感じる。しかし、これについてはすでに研究されているかもしれないが、筆者の研究不足で今のところ感じるとしか言えない。しかし、投資家や社会の風潮、特に日本では前者の細かいところまで気にする企業家精神の方を重要視していると考える。これも日本が起業家精神の方に重きが置けない理由の１つであると考える。

（3）　起業家精神と組織マネジメント

　企業を運営していく中で組織マネジメントは非常に重要になる。当然、企業家精神として、組織マネジメント能力は非常に重要な要点である。今や企業（起業）家精神は企業（起業）家だけでなく、従業員スタッフも社内企業（起業）家としてその精神を持つ必要があるといわれている。果たして、起業家精神と企業家精神を分けた場合、それぞれに対して同じように言えるだろうか。その辺りを考察していく。

　まずは、リーダーシップについて考察する。「優秀な選手は優秀な監督になれない」という言葉をよく聞くが、起業家はどうだろうか。先に答えを言うと、企業家精神が優秀な従業員・スタッフは優秀な企業家（管理職としての経営陣）にはなれる可能性は高いが、優秀な起業家精神を持つ従業員・スタッフが優秀な管理職としての経営陣になれるかと言われると、答えは「No」ではないだろうか。

　なぜなら、起業家精神の持つ多くの特徴は長年培った経験の積み重ねで得

た、発想力や情報の取捨選択能力は感覚的な部分が多いからである。

　したがって、起業家精神に関して、その感覚を説明しても起業家精神の少ない人物には理解できない可能性が非常に高い。そういう面では、企業家精神の育成のマニュアル化は比較的容易だが、それに比べ起業家精神の持つ特徴を育成のマニュアル化は非常に困難だと考えられる。

　同系統の起業家精神を持ち合わせている人材の集まりで、そのような感覚が理解できる関係が築けることができれば可能かもしれない。もしくは、そのような課題を理解し、起業家精神の感覚的なもので接するのではなく、企業家精神の部分で部下の指導や組織の結束にあたることで、それらの課題は解決できる可能性はあるとも考えられる。

　要するに、起業家精神の感覚的な特徴を指導することや、起業家精神があることが前提で組織を動かすことは困難であり、企業家精神としての能力を伸ばす指導、企業家精神に則って、組織を動かすことがより組織をマネジメントしやすくなると考えることができる。

　そして、起業家精神の特徴の要素である、発想力や情報の取捨選択が重要になるような活動のために、起業家精神の高い彼らのその能力を邪魔することなく、彼らの長所を伸ばす環境を整え、その能力を引き出すようなことも重要となってくると考えられる。

（4）　環境変化への対応力

　現在の企業を取り巻く環境の 1 つとして、企業の社会的責任が大きく問われている。それまでの企業は利益を出し、成長し、存在し続けることが社会を豊かにするという、社会的責任を果たしてきたと言える。しかしながら、近年ではソーシャル・マーケティングといわれ、ただ単に世に商品を送り出し、その利用者がその恩恵を受けるだけでなく、より広く社会の多くの人々に社会的利益をもたらすことがマーケティングとして必要とされる時代になった（嶋口，1992；芳賀，2002）。

　当然ながらこのような環境変化に対応する能力こそが、企業家精神において重要な要素である。極端な話で言うと、このような環境の変化による、企業の

対応が必要だと言われると、それに対して迅速に応じる能力こそが、企業家精神であり、それに対して、そのような環境の変化を肌で感じ、対応が必須だと自ら思える感覚が起業家精神と言える。

　言い換えると、できることなら現状維持が望ましいが、環境変化に対応しないといけないと、経営学で学んだからそれに応じるのが企業家精神である。対して、起業家精神はどちらかというと現状維持に対して価値に重みを置かず、どちらかというとそれに対して不安を持ち、常に変化を好むことが起業家精神と考えることができる。

　まさに企業家精神としては、あまり変化を好まず、変化こそに不安を抱き、現状の発展を重んじ、より安全にビジネスを営む方向であり、あくまでも必要最小限に変化を抑えるべきだと考える傾向がある。それに対して、起業家精神としては、現状維持にこそ不安を抱き、誰よりも早く、環境の変化に敏感に反応することこそが重要だと考える傾向があると言える。企業が持つリソースによって、できることに注力し、そこに力を注ぐことこそ企業家には必要で、起業家にとってリソースは次のステップのためのものと捉える傾向にあると言えるだろう。

　例えば、先述した、現在の企業活動における社会的責任が重要とされる、ソーシャル・マーケティングの時代において、いかに対応するかは現在の企業にとっては重要なことである。しかし、起業家は社会的責任とか、ソーシャル・マーケティングなど世間や経済評論家などが問う前に、すでにその環境の変化を肌で感じて、現状のリソースをどう活用すれば良いかなど、すでにさまざまな策を講じて、行動しているくらいである。

　現状の商品が今のままでは社会的責任を果たしていないなどと言った場合、多くの情報網から最適なソリューションをいち早く導く能力が起業家精神として重要な特徴だということである。要するに社会や経済評論家などよりも先にそのような環境の変化の必要性を肌で感じ、すでに策を講じるくらいのセンスが起業家精神として必要な感覚だと言える。

　起業家精神の特徴である、偏見のないダイバーシティな感覚で多くの情報に接し、その情報の取捨選択のセンスから、環境の変化を逸早く察知し、企業のリソースを基にいかに環境変化に対応するかのアイデアを導くことこそ、起業

家精神として最も重要なポイントである。

　しかしながら、当然このような環境変化への対応がすべて正しいとは限らない。したがって企業家精神では、無駄に終わる環境変化への対応を抑えるためにも、できるだけ効率的に環境変化に対応するためにリソースの消費を抑えることも重要なポイントであり、変化への対応を最小限に抑える方向への傾向が高くなると考えることもできる。

　しかし、起業家にとって環境変化は本質的にチャンスと捉える場合が非常に多い。したがって、起業家精神はそれらに１つでも多く対応し、チャンスを的確に得ることを優先するだろう。何度も言うが、どちらが正しいというわけではなく、バランスの問題であり、あくまでも二者の違いの傾向として論じている。

3　現在の日本における起業家の課題

（1）　起業家精神と企業家精神の違い

　今後の日本における起業家のさらなる輩出の向上のためにも起業家精神と企業家精神の違いを明確にする必要があると述べた。その中で、起業家精神と企業家精神には当然ながら共通の部分も多く存在するが、それぞれ個別の特徴もあると述べた。さらに今回、課題としたいのは、この個別の特徴の中に、全く相反する部分があるということである。この相反する部分についてまとめると、**図 13-1** のように表すことができることは冒頭で述べたとおりである。当然、企業家精神と起業家精神には共通する部分も多くあるが、異なる部分も当然あるということ。そして、その異なる部分に相反する部分が存在しているということである。

　有名な言葉で「創業は易く、守成は難し」というのがある。まさに、創業に重要な要素、この場合は起業だけでなく、新たな商品開発やプロジェクト、難局の打開など、その時のスタートに肝心なものを用意し、的確に立ち上げる能力こそまさに起業家精神であり、立ち上がったものをどう維持（守成）するか、

もしくは維持するためにもスタート時点でどんな布石を打っておくべきなのか
を考えることが企業家精神と言える。

　企業家精神は後天的に学び、得ることが起業家精神に比べて、比較的容易で
あるが、起業家精神は幼少期からのその経験の積み重ねによる、感覚的な成長
の部分が多いため企業家精神のように学びやすいものではないと先述した。

　したがって、起業家精神の育成には向き不向きが大きく関わり、同時に企業
家精神も起業家精神と相反する部分が存在するからこそ、向き不向きもあると
考える。1人の起業家精神の特徴を多く持つ人物に、企業家精神の考え方を入
れ込むことはその違いにより、その人物の持つ起業家精神的な発想を産み出す
感覚能力を落とす、もしくは発揮できなくなってしまう可能性を感じる。もち
ろん、起業家が企業家精神についてしっかり理解しておくことは重要である
が、それをすべて自分ができなければいけないと思うことが起業家精神を多く
持っている人間が起業家として輩出できない原因だと筆者は考える。

(2)　日本における起業家の課題

　詰まるところ、現在の日本において、企業家精神と起業家精神のそれぞれが
同じと思われていることが、日本における起業家の輩出の低下に繋がる大きな
要因だと述べた。

　今のアントレプレナーシップを論じる上で、この2つを明確に分けることが
ほとんどない。したがって、起業家精神の高い人間が起業する時点で、そのほ
とんどが企業家精神の要素を期待される。特に日本においてはその結果、相反
するそれぞれの精神の持つ特徴の中で、企業家精神の方を重視される傾向が非
常に高いということである。起業家精神の要素の持つ傾向が高ければ高いほ
ど、企業家精神として必要な要素、かつ起業家精神に相反する部分が、一般的
な人間に比べて欠けている可能性が高くなる。

　現在の経営環境の変化スピードが急速な時代、創業時点で銀行やベンチャー
キャピタルから資金を調達することは、ますます重要になってきている。そん
な中、特にベンチャーキャピタルなどでの資金調達において、企業家としての
企業家精神の知識、スキルを問われることが非常に大きい。その結果、起業家

精神の高い人間が企業家としてのスキルや知識を学んで、結果的にそれを実現するために多くの時間がかかることは当然のことである。本章で述べている起業家精神と企業家精神とを分けた上で、起業家精神の高い人間こそ、企業家精神として必要な要素に関しては、それぞれが相反する特徴を持つために、逆に弱点である可能性が高い。しかし、当然ながら、現在の日本におけるベンチャーキャピタルやアントレプレナーに関わる人物たちが、彼らの持つ、アントレプレナーの精神という面で、この起業家精神と企業家精神の違いを理解していない場合が非常に多いことから、起業家精神が高い人物ほど、企業家精神に向かない部分を持つ可能性があり、結局、そのような周りの力を結局借りることができないのが、今の日本の現状だと考えられる。したがって、結果的に誰もが理解しやすいビジネスモデルを描けるような、もともと、企業家精神が高い人間が起業する方が今の日本は結果的には起業しやすくなる。

　現状、多くの企業家と出会った中で、起業家精神の高い人物が経営学などの勉強で企業家精神を学び、その知識をしっかり活用している人物や、逆に企業家精神の高い人物で起業家精神の要素であるその感覚の高い人物を兼ね備えている人物は非常に希少に思える。

　これが今の大きな日本の起業家、企業家に関する課題だと考える。それぞれを補い合える環境を作ることが重要であり、そのためには本章であえて分けている企業家精神と起業家精神を分けて論じることのできる、企業支援、創業支援ができる環境が必要だと考える。

【参考文献】

Drucker, P. F. 著，上田惇生編訳（2015）『イノベーションと企業家精神』，ダイヤモンド社。

Johnson, S. K., Fitza, M. A., Lerner, D. A., Calhoun, D. M., and M. A. Beldon (2018) "Risky business: linking *Toxoplasma gondii* infection and entrepreneurship behaviours across individuals and countries," *Proceedings of The Royal Society B*, Vol. 285.

Lazear, E. P. (2004) "Balanced Skills and Entrepreneurship," *The American Economic Review*, Vol. 94, No. 2, pp. 208–211.

Osterwalder, A. and Pigneur, Y. 著，小山龍介訳（2010）『ビジネスモデル・ジェネレーション：ビジネスモデル設計書』，翔泳社。

Stuart R., Saras S., Dew, N., Robert W., and Anne-Valérie, O. 著，吉田孟史監訳，寺澤朝子・弘中史子訳（2018）『エフェクチュアル・アントレプレナーシップ』，ナカニシヤ出版。

嶋口充輝（1992）「企業の社会的責任とそのかかわり方―マーケティング・コンテクストか
　　らの考察―」,『組織科学』, 第 26 巻第 1 号, 44-55 頁。
芳賀康浩（2002）「マーケティングにおける公共性の概念とマーケティング戦略への示唆」,
　　『産業経営』, 第 33 巻, 147-168 頁。

主要索引

■編者紹介

高橋　徳行（たかはし　のりゆき）／修士（経営学）第2章・第9章・第11章担当
慶應義塾大学卒業。バブソン大学大学院修士課程修了。国民生活金融公庫総合研究所主席研究員、武蔵大学経済学部教授、武蔵大学副学長を経て、現在、武蔵大学学長。

大驛　潤（おおえき　じゅん）／博士（経済学）
序章・第4章・第6章・第9章・第10章・第11章担当
メリーランド大学卒業。東京大学大学院博士後期課程単位取得退学。バブソン大学大学院アントレプレナー・プログラム修了。東京大学助手、九州大学大学院特任准教授、スタンフォード大学大学院客員准教授、東京理科大学経営学部・大学院経営学研究科教授を経て、現在、中央学院大学大学院商学研究科教授。

大月　博司（おおつき　ひろし）／博士（商学）第1章担当
早稲田大学卒業。早稲田大学大学院博士後期課程単位取得退学。北海学園大学経営学部・大学院経営学研究科教授、早稲田大学商学学術院教授等を経て、現在、中央学院大学大学院商学研究科特任教授。

■執筆者紹介

水野　学（みずの　まなぶ）（日本大学商学部教授）第3章担当
神戸大学大学院経営学研究科博士後期課程修了　博士（経営学）

真木　圭亮（まき　けいすけ）（九州産業大学地域共創学部准教授）第5章担当
早稲田大学大学院商学研究科博士後期課程単位取得退学　修士（商学）

廣田　章光（ひろた　あきみつ）（近畿大学経営学部教授）第7章担当
神戸大学大学院経営学研究科博士後期課程修了　博士（商学）

松野　奈都子（まつの　なつこ）（日本大学商学部准教授）第8章担当
早稲田大学大学院商学研究科博士後期課程修了　博士（商学）

古田　駿輔（ふるた　しゅんすけ）（早稲田大学商学学術院商学部助手）第12章担当
早稲田大学大学院商学研究科博士後期課程在学中　修士（商学）

堀川　宣和（ほりかわ　のぶかず）（星城大学経営学部准教授）第13章担当
京都大学大学院経済学研究科博士後期課程満期退学　修士（総合政策科学）

アントレプレナーシップの原理と展開
企業の誕生プロセスに関する研究

2023 年 4 月 28 日　初版第 1 刷発行

編著者　高橋徳行・大驛潤・大月博司
発行者　千倉成示
発行所　株式会社 千倉書房
　　　　〒 104-0031　東京都中央区京橋 3-7-1
　　　　TEL 03-3528-6901 ／ FAX 03-3528-6905
　　　　https://www.chikura.co.jp/

印刷・製本　藤原印刷株式会社
表紙デザイン　冨澤　崇

© TAKAHASHI Noriyuki, OHEKI Jun, OHTSUKI Hiroshi 2023 Printed in Japan
ISBN 978-4-8051-1274-8　C3034